MARIA FIRMINA DOS REIS

faces de uma precursora

1ª reimpressão

malê

MARIA FIRMINA DOS REIS

faces de uma precursora

ORGANIZAÇÃO:

Constância Lima Duarte
Luana Tolentino
Maria Lúcia Barbosa
Maria do Socorro Vieira Coelho

malê

URSULA,

ROMANCE ORIGINAL BRASILEIRO,

POR

UMA MARANHENSE.

SAN' LUIZ:
Na Typographia do Progresso
r. de Sanct Anna, 49.
1859.

MARIA FIRMINA DOS REIS

URSULA

ROMANCE ORIGINAL BRASILEIRO

EDIÇÃO FAC-SIMILAR

Rio de Janeiro
1975

ISBN 978-85-92736-34-7

Organização: Constância Lima Duarte; Luana Tolentino; Maria Lúcia Barbosa e Maria do Socorro Vieira Coelho

Revisão: Maria do Socorro Vieira Coelho; Francisco Jorge

Capa: H23 Produções visuais

Editoração: Márcia Jesus

Projeto gráfico: Francisco Jorge

Editores: Francisco Jorge; Vagner Amaro

Texto revisado segundo o novo Acordo Ortográfico da Língua Portuguesa.

Dados internacionais de catalogação na publicação (CIP)
Vagner Amaro CRB-7/5224

S237i Maria Firmina dos Reis: faces de uma precursora / Constância Lima Duarte ... [et al.] - Rio de Janeiro: Malê, 2018.

356 p.; 21 cm.

ISBN 978-85-92736-34-7

1.Literatura brasileira – História e crítica II. Título

CDD – B869.09

Índice para catálogo sistemático: Literatura brasileira: História e crítica B869.09

www.editoramale.com.br
contato@editoramale.com.br
2018

Sumário

APRESENTAÇÃO

ABERTURA

ENSAIOS

Apresentação

A visibilidade acadêmica que a escritora maranhense Maria Firmina dos Reis vem obtendo nos últimos anos, após sua obra ter permanecido fora de circulação por mais de um século, é mais que oportuna. As seguidas reedições de *Úrsula* e de *A escrava,* bem como a divulgação de *Cantos à beira-mar* e *Gupeva,* estão sendo decisivas para a revisão de nossa história literária, até porque esta é uma obra que inaugura uma perspectiva diferenciada quanto ao trato do problema da escravidão, em tudo distinta da dos demais autores do período romântico.

Maria Firmina, uma das pioneiras da ficção de autoria feminina em nosso país, ao lado de Nísia Floresta (1810-1885) e Ana Luísa de Azevedo e Castro (1823-1869), assume o ponto de vista do *Outro* tanto na representação dos escravizados, quanto no inédito enfoque das relações de dominação patriarcal, a partir da perspectiva da mulher. "A mente! Isso sim ninguém pode escravizar!", afirma em certo momento uma de suas personagens.

O parâmetro moral existente em seus textos não se coaduna com os valores sociais hegemônicos, assim como o ponto de vista gendrado que critica as formas de subordinação da mulher no patriarcado brasileiro, herdeiro das relações coloniais. Numa reflexão inédita na escrita de seu tempo, Maria Firmina dos Reis fala como mulher e associa a dominação de raça à de seu sexo, vinculando, portanto, gênero e etnia. Em *Úrsula*, seu romance mais conhecido, a ausência de liberdade do negro emana do mesmo sistema que subordina a mulher, e, isto, muito antes de Simone de Beauvoir promover a equiparação destas categorias. A mulher é o *Outro*, tanto quanto o negro.

Tais questões, que estão na ordem do dia na contemporaneidade, por si só justificam a ampla divulgação da escritora, bem como a organização de um volume específico contendo estudos sobre sua obra.

Para que melhor a pudéssemos visualizar em sua grandeza, foram reunidos ensaios e artigos de autores que são referência em sua fortuna crítica, como também de jovens pesquisadores que nos revelam novas possibilidades de leitura que a obra firminiana oferece.

Para a "Abertura" trouxemos o conhecido texto de Josué Montello, publicado no *Jornal do Brasil* por ocasião do lançamento da segunda edição de *Úrsula*, em 1975. Em seguida, escritos de conhecidos pesquisadores, como Zahidé Lupinacci Muzart, Norma Telles, Eduardo de Assis Duarte, Dilercy Aragão Adler, Cristina Ferreira Pinto-Bailey, Bárbara Simões e Vânia Vasconcelos, que, além de reiterar o pioneirismo de Firmina em diversas frentes, e corrigir sua data de nascimento, apontam para importantes aspectos como a desconstrução da razão negra ocidental e o tema da maternidade, entre outros.

Os jovens estudiosos de Maria Firmina estão aqui representados por Juliano Carrupt do Nascimento e Laísa Marra, que tratam da construção do sujeito negro, em *Úrsula* e *A escrava;* por Rafael Balseiro Zin, que afirma a consolidação de uma literatura abolicionista brasileira a partir do conto *A escrava;* Rilza Rodrigues Toledo, Karina de Almeida Calado e Fernanda Rodrigues de Miranda, cujos textos refletem sobre a escritora e seu diálogo com outras ficcionistas negras brasileiras; Rosangeli de Fátima Batigniani, que aborda a loucura na obra firminiana; Imaculada Nascimento e Jéssica Catharine Barbosa de Carvalho, que revelam suas incursões poéticas pelo cenário oitocentista; Luciana Martins Diogo, que compara personagens da escritora com outros de Joaquim Manuel de Macedo; e, finalmente, Kelen Benfenatti Paiva e Geraldo Ferreira da Silva, que fazem interessantes abordagens do discurso religioso na obra firminiana.

Assim, tendo em vista a pluralidade das abordagens aqui reunidas, acreditamos que o leitor contemporâneo terá a oportunidade de conhecer melhor essa história oculta que o texto literário vem iluminar, além de acrescentar definitivamente uma nova escritora ao conjunto das letras nacionais.

As organizadoras

Abertura

A primeira romancista brasileira

Josué Montello

No dia de hoje, transcorre o sesquicentenário de nascimento de Maria Firmina dos Reis. Este nome, isolado no papel, sem uma explicação da vida e da obra que o tornaram memorável, nada dirá ao leitor comum. Também os estudiosos, que se debruçam sobre os textos fundamentais de nossa cultura, ficarão em silêncio, de sobrancelhas contraídas, sem saber ao certo de quem se trata. Maria Firmina dos Reis? Nascida há 150 anos? E daí?

Dois pesquisadores maranhenses, Antônio de Oliveira e Nascimento Morais Filho, são os responsáveis pela ressurreição literária de Maria Firmina dos Reis: o primeiro, falando em voz baixa, como é de seu gosto e feitio: o segundo, falando alto, ruidosamente, com uma garganta privilegiada, graças à qual, sem esforço, pode fazer-se ouvir no Largo do Carmo, em São Luís, à hora em que se cruzam os automóveis, misturando a estridência de suas buzinas e de seus canos de descarga ao sussurro do vento nas árvores da praça.

Desta vez, ao que parece, Nascimento Morais Filho ergueu tão alto a voz retumbante que o país inteiro o escutou, na sua pregação em favor de Maria Firmina dos Reis. Há quase dois anos, ao encontrar-me com ele na calçada do velho prédio da Faculdade de Direito, na Capital maranhense, vi-o às voltas com originais da escritora. Andava a recompor-lhe o destino recatado, revolvendo manuscritos, consultando jornais antigos, esmiuçando almanaques e catálogos, como a querer imitar Ulisses, que reanimava as sombras com uma gota de sangue.

E a verdade é que, no dia de hoje, Maria Firmina dos Reis dá pretexto a estudos e discursos, e conquista o seu pequeno espaço na história do romance brasileiro – com um nome, uma obra, e a glória de ter sido uma pioneira.

Maria Firmina dos Reis é, a rigor, a primeira romancista brasileira[1]. E a Teresa Margarida da Silva e Orta, irmã de Matias Aires, autora famosa das *Aventuras de Diófanes*. Este livro, como se sabe, saiu pela primeira vez em Lisboa, em 1752, assinado com o pseudônimo de Dorothea Engrassia Tavareda Dalmira. Moldado pelas *Aventuras de Telêmaco*, conforme nos sugere o seu título, não constitui matéria pacífica, quanto à sua autoria. Por outro lado, assinala Antônio de Oliveira, não é um livro brasileiro, quanto ao seu assunto.

Tudo quanto se sabia, sobre Maria Firmina dos Reis, antes dos estudos dos dois pesquisadores maranhenses, cingia-se a um verbete do sexto volume do *Dicionário bibliográfico brasileiro*, de Sacramento Blake. A escritora nasceu em São Luís, a 11 de novembro de 1825[2], e foi professora de primeiras letras no interior do Maranhão. Sem indicação das datas de publicação, Sacramento Blake relaciona

1 Na verdade, até que outras descobertas sejam divulgadas, cabe à norte-rio-grandense Nísia Floresta (1810-1885) o título de primeira brasileira a publicar um romance no país. Em 1850 ela publicou, na Typographia Fluminense de Lopes & Cia, em Niterói, *Dedicação de uma amiga*, em 4 volumes.

2 Pesquisas recentes, realizadas pela professora Dilercy Adler no Arquivo Público do Maranhão, informam que a data correta do nascimento de Maria Firmina dos Reis é 11 de março de 1822.

três livros de sua autoria: um de poesias, *Cantos à beira-mar*, e dois romances: *Úrsula* e *A escrava*.

Orientado por uma indicação de Reis Carvalho, que suponho ter lido no seu estudo sobre a Literatura Maranhense, constante de um dos tomos da Biblioteca Internacional de Obras Célebres, lembro-me de ler compulsado na Biblioteca Nacional, ao tempo da administração de Rodolfo Garcia, o primeiro desses romances, pertencente à coleção Teresa Cristina. Mais tarde, tendo ali voltado para consultá-lo, com vistas a uma informação que Viriato Correa me solicitara, já não mais o encontrei.

Vejo agora, por uma informação de Horácio de Almeida, que se trata da maior raridade bibliográfica das letras maranhenses. Encontrou-a Horácio de Almeida, há uns seis ou oito anos, num lote de livros velhos, e adquiriu-a. Sobre esse exemplar, por ele doado ao Maranhão, fez-se agora uma edição fac-similar, destinada a comemorar o sesquicentenário de nascimento da escritora. Por seu lado, Nascimento Morais Filho descobriu um romance indianista de Maria Firmina das Reis, *Gupeva*, publicado em 1861 num periódico maranhense, *Echo da Juventude*.

A edição fac-similar de *Úrsula* permite-nos agora aprofundar, à luz de um de seus textos, que parece ser o mais importante que lhe saiu da pena, o talento literário da escritora.

Diz Maria Firmina dos Reis, abrindo o seu livro:

> Mesquinho e humilde livro é este que vos apresento, leitor. Sei que passará entre o indiferentismo glacial de uns e o riso mofador de outros, e ainda assim o dou a lume. Não é a vaidade de adquirir nome que me cega, nem o amor-próprio de autora. Sei que pouco vale este romance, porque escrito por uma mulher, e mulher brasileira, de educação acanhada e sem o trato e a conversação dos homens ilustrados, que aconselham, que discutem e que corrigem, com uma instrução misérrima, apenas conhecendo a língua de seus pais, e pouco lida, o seu cabedal intelectual é quase nulo. Então por que o publicas? perguntará o leitor. Como uma tentativa, e

> mais ainda por este amor materno, que não tem limites, que tudo desculpa — os defeitos, os achaques, as deformidades do filho — e gosta de enfeitá-lo e aparecer com ele em toda parte, mostrá-lo a todos os conhecidos e vê-lo mimado e acariciado.

Cinco anos antes da publicação de *Úrsula*, que era assinado apenas com esta indicação: "Uma maranhense", no lugar do nome de seu autor, tinham saído no Rio de Janeiro as *Memórias de um Sargento de Milícias*, também sem nome de autor, apenas com a indicação: "Um brasileiro" (1854). Maria Firmina dos Reis ter-se-ia inspirado nesse recurso de Manoel Antônio de Almeida? Se o fez, só aí o imitou, porque o estilo de seu livro, marcadamente romântico nos tipos e na urdidura, destoa da singeleza e do realismo das *Memórias de um sargento de milícias*.

Amadeu Amaral, no estudo que consagrou à literatura da escravidão, no seu livro *Letras floridas* (RJ, 1920), lembra que o "principal introdutor do negro em nossa literatura foi o maranhense Trajano Galvão". O poema que lhe daria essa precedência intitula-se "O calhambola", incluído no livro *Sertanejas* (RJ, 1898), datado de 1854. Outra de suas poesias, "A crioula", escrita no ano anterior, não tem o sentido de contestação que caracteriza "O calhambola".

Enquanto prosseguem as buscas nas bibliotecas públicas e particulares, no sentido de localizar-se um exemplar de *A escrava*, de Maria Firmina dos Reis, já se pode assinalar, pela leitura de *Úrsula*, que a romancista maranhense tem também precedência na fixação do problema do negro escravo na ficção nacional, quando descreve a separação de mãe e filho cativos, no capítulo consagrado à preta Susana.

Situada entre a geração de Gonçalves Dias e a de Aluísio Azevedo, nos quadros do Maranhão literário, Maria Firmina dos Reis reflete a atmosfera provinciana, no seu gosto das letras, e é isso que explica, a despeito da precariedade de recursos intelectuais, que ela própria reconhece na introdução de *Úrsula*, a sua vocação e a sua obra.

Convém assinalar que, embora nascida em São Luís, a romancista viveu no interior do Maranhão, como professora de primeiras letras, afastada de todos os estímulos possíveis, e ali morreu, já nonagenária, sem qualquer ruído de glória à sua volta.

No dia de hoje, o seu busto será inaugurado na Praça do Panteão, em São Luís. A cidade que lhe serviu de berço ressarce a dívida que tinha para com ela e todos nós ignorávamos. E é de justiça reconhecer que isto se deve à pertinácia, ao espírito de pesquisa e ao metal da voz de Nascimento Morais Filho.

Referência:

Jornal do Brasil, 11/11/1975, ano 85, número 217, página 6.[3]

3 Disponível em http://memoria.bn.br/DocReader/030015_09/131021. A versão espanhola do artigo foi publicada na Revista de Cultura Brasileña (Madrid, n. 41, junho de 1976, p.111 a 114).

Uma pioneira: Maria Firmina dos Reis[4]

Zahidé Lupinacci Muzart

> Qual é a cor de minha forma, do meu sentir? Qual é a cor da tempestade de dilacerações que me abala? Qual a de meus sonhos e gritos? Qual a de meus desejos e febre?
> (Cruz e Sousa, "Emparedado")[5]

Antes da emergência, no século XX, dos movimentos literários negros, houve alguns precursores no Brasil do século XIX: os poetas negros João da Cruz e Souza (1861-1898) e Luís Gama (1830-1882)

4 Neste artigo, utilizo informações já publicadas, principalmente no livro *Escritoras brasileiras do século XIX*, Florianópolis: Mulheres, 2000. Artigo publicado em Muitas Vozes, Ponta Grossa, v.2, n.2, p. 247-260, 2013.

5 Poeta negro (1861- 1898), nascido em Desterro, atualmente, Florianópolis, é considerado o iniciador do Simbolismo no Brasil em 1893, com a publicação de *Broquéis*, poemas, e Missal, poemas em prosa. "Emparedado", um belíssimo texto de revolta contra a invisibilidade do negro no século XIX, encontra-se na coletânea *Evocações*, de publicação póstuma, em 1898.

e também algumas mulheres: Auta de Souza (1876-1901), Luciana de Abreu (1847-1880) e Maria Firmina dos Reis (1825[6]-1917).

O ano de 1859 é um marco na história do romance escrito por mulheres no Brasil, pois neste ano duas pioneiras publicam narrativas: a catarinense Ana Luisa de Azevedo Castro (1823?-1869) e a maranhense Maria Firmina dos Reis.

O romance de Maria Firmina é considerado o primeiro romance de autoria feminina no Brasil, mas, na verdade, os dois acima citados foram publicados no mesmo ano, sendo a primazia de Ana Luiza, pois em 1858 já publicara sua narrativa em capítulos, em *A Marmota*, jornal do Rio de Janeiro, entre 13 de abril e 6 de julho de 1858. A autora, como tantas outras mulheres do século XIX, escondeu-se sob pseudônimo. Assinou com o curioso nome de "Indígena do Ipiranga", tanto os capítulos do jornal quanto o livro em que os enfeixa no ano seguinte. Este pseudônimo já remete para a própria temática do romance, ligada ao indianismo. Maria Firmina dos Reis também prefere o pseudônimo. "Uma Maranhense" é o que usa para assinar o romance *Úrsula*. Os dois romances privilegiam em seus enredos a marginalização do outro: da mulher e do índio, no primeiro, *D. Narcisa de Villar*, e da mulher e do negro, em *Úrsula*.

A pesquisadora Luiza Lobo, autora de diversos estudos sobre Maria Firmina dos Reis e sua obra, afirma que *D. Narcisa de Villar não é um romance, mas uma novela. A distinção, na literatura brasileira, entre romance e novela é muito tênue e, com relação aos dois romances, não permite a diferenciação. D. Narcisa de Villar* é classificado como romance por outros ensaístas como Marisa Lajolo (2004, p.55). Sobre a questão da prioridade, o estudioso Wilson Martins já havia assinalado, em sua monumental *História da inteligência brasileira*, qual seria o primeiro romance publicado por uma brasileira:

---

6 O ano correto é 1822.

> O público feminino não era esquecido, com a *Biblioteca das Mulheres, Moral e Divertida*, de Bráulio Jaime Moniz Cordeiro (1829-?); no Maranhão, Maria Firmina dos Reis (1825-1881), autora também de *A escrava*, publicou o romance *Úrsula*, apontado incorretamente como o primeiro do seu gênero escrito por mulher e impresso no Brasil (cf. *Anais do Cenáculo Brasileiro de Letras e Artes*, 1973, p. 72 e s.).
>
> Antes dela [...], seria preciso considerar Nísia Floresta, com *Daciz ou A Jovem Completa* (1847) e *Dedicação de uma Amiga* (1850), ainda que excluíssemos da competição, aliás sem maior interesse, *A Filósofa por Amor*, de Eufrosina Barandas, no qual há páginas de ficção (1845), e a *Lição a Meus Filhos* (1854), de Ildefonsa Laura, que são dois contos em verso. (MARTINS, 1977, p.94).

Em 1850 é publicado em Niterói o romance histórico de Nísia Floresta, intitulado *Dedicação de uma amiga*, em quatro volumes, trazendo apenas as iniciais B. A. como assinatura. Este livro deve ser considerado o primeiro romance escrito por uma mulher no Brasil. As duas narrativas de Nísia Floresta, publicadas em 1847, no Rio de Janeiro – *Daciz ou A jovem completa*, e *Fany ou O modelo das donzelas* – são pequenas e com objetivos muito didáticos e moralistas. E não podemos esquecer o romance de cunho político, *Misterios del Plata*, de Juana Paula Manso de Noronha, publicado no *Jornal das Senhoras*, por ela fundado em 1852. E, ao classificarmos *Úrsula* e *D. Narcisa de Villar* por sua organização, extensão, enredo completo, podemos afirmar que estão entre as primeiras publicadas no Brasil, com formato de romance propriamente.

Maria Firmina dos Reis nasceu na Ilha de São Luís, MA, em 11 de março de 1822[7]. Foi registrada como filha de João Pedro Esteves e Leonor Felipe dos Reis. Mulata e bastarda, Firmina é prima do escritor maranhense Sotero dos Reis por parte de mãe. Em 1830, mudou-se com a família para a Vila de São José de Guimarães, no continente, município de Viamão. Viveu parte de sua vida na casa de uma tia

7 A data foi corrigida para uniformizar a informação e contribuir para sanar o equívoco anterior.

materna "melhor situada economicamente" (MOTT, 1988, p.61). Em 1847, concorreu à cadeira de Instrução Primária nessa localidade e, sendo aprovada, ali mesmo exerceu a profissão, como professora de primeiras letras, de 1847 a 1881. Em 1880, fundou uma escola gratuita para crianças de ambos os sexos.

Segundo Raimundo de Meneses, essa aula mista "escandalizou os círculos locais, em Maçaricó [...] e por isso foi a professora obrigada a suspendê-la depois de dois anos e meio." (1978, p.570). Conforme afirmou Nascimento Morais Filho, a escola de Maria Firmina dos Reis era "uma revolução social pela educação e uma revolução educacional pelo ensino, o seu pioneirismo subversivo de 1880." (1975, p. 310). O fato de ter fundado a primeira escola mista do país mostra as ideias avançadas de Maria Firmina para a época. Pense-se no tipo de educação que recebiam as meninas no século XIX: leitura, com o objetivo religioso, bordado, piano e para algumas o ensino do francês, língua da sociedade!

Mas gostaria de destacar o pioneirismo de outra brasileira, desta vez, do extremo sul: Maria Josepha Barroso Pereira Pinto que também fundou uma escola mista, bem antes da maranhense. É uma lástima que não tenhamos encontrado quase nada dessa mulher pois foi pioneira em muitos aspectos, inclusive na fundação de um periódico de cunho político, de nome *Belona Irada Contra os Sectários de Momo*, em 1833.

Voltando ao tema do presente artigo, em 1880 Maria Firmina conquistou o primeiro lugar em História da Educação Brasileira, o que lhe valeu o título de Mestra Régia, segundo informa a pesquisadora Maria Lúcia de Barros Mott (1988, p.62). Em 1881, mesmo aposentada do ensino público oficial, continuou ensinando no povoado de Maçaricó a filhos de lavradores e de fazendeiros demonstrando sua vocação primeira: a de mestra.

Hoje, em virtude do Movimento Negro, há um renascimento dos estudos sobre a narrativa de Maria Firmina, mas isso também se deve à linha de pesquisa "Mulher e Literatura" do Grupo de Trabalho

"A mulher na literatura", da ANPOLL, que realizou um trabalho de resgate importante em torno das escritoras do século XIX. Ao lado do crescimento de associações negras, organizações não governamentais (ONG's) e movimentos de resistência, há também o aparecimento de uma intelectualidade negra e o surgimento de periódicos e livros que vão fazendo surgir a produção literária dessa intelectualidade.

> A produção literária dos afrodescendentes encontra nas últimas décadas uma atenção mais singularizada por parte de escritores e críticos que buscam mapear uma tradição negra vernacular no âmbito da Literatura Brasileira, sublinhando o diverso leque de matizes e linhagens que traduzem a afrodescendência, caligrafada na e pela letra literária. A expansão do olhar sobre textos, autores, temas, situações e experiências, de certa forma até então exilados da reflexão crítica, dos meios e circuitos de veiculação e de reconhecimento, distende nossa cartografia literária e desafia as redes discursivas formadoras de juízo e de opinião. (MARTINS, 2010).

Um dos primeiros trabalhos sobre literatura negra no Brasil foi do inglês David Brookshaw, *Raça e cor na literatura brasileira*, de 1983. E especificamente sobre a literatura das mulheres negras, salienta-se o de Maria Lúcia de Barros Mott, *Escritoras negras: resgatando a nossa história*, de 1989, um marco de relevância nesses estudos, reivindicando nomes, numa tradição afro-brasileira, como os de Rosa Maria Egipcíaca de Vera Cruz, Teresa Margarida da Silva e Orta, Maria Firmina dos Reis, Luciana de Abreu, Auta de Souza, Antonieta Barros e outros.

No século XIX tivemos vários escritores negros, alguns com plena consciência do racismo, como Cruz e Sousa, outros que venceram e conseguiram sobressair-se numa sociedade branca, como Machado de Assis, e algumas escritoras negras que ficaram esquecidas, tal como as brancas. O romance de Maria Firmina foi descoberto em 1962, em um sebo no Rio de Janeiro, por Horácio de Almeida que, depois de pesquisa, identificou o pseudônimo da romancista maranhense e fez um fac-similar do texto. No prólogo a esta edição, Horácio de Almeida salienta a ausência da escritora nos estudos críticos dedicados à literatura maranhense. O único autor a mencioná-la foi Sacramento Blake (1970, p.232).

Maria Firmina deixou um álbum de recordações publicado por Nascimento Filho, na reunião de textos que fez em 1975, que foi escrito, aparentemente, a partir de 1853, visto ser essa a data do primeiro texto. Digo aparentemente, porque a publicação contempla só uma parte dos manuscritos de Maria Firmina, os quais tendo sido deixados com um filho adotivo, foram dele roubados. Informou o Sr. Leude Guimarães ao pesquisador Nascimento Morais Filho o seguinte:

> Quando vim para São Luís, depois de sua morte, trouxe muitos manuscritos seus. Eram cadernos com romances e poesias e um álbum onde havia muita coisa de sua vida e da nossa família. Mas os ladrões, um dia, entraram no quarto do hotel onde estava hospedado, arrombaram o baú, e levaram tudo o que nele havia. Só me deixaram, de recordação, os restos desse álbum, que encontrei pelo chão! (1975, p. 211).

O "Álbum" é composto de pequenos textos, a maioria versando sobre a dor da partida: seja pela morte, seja pela mudança de Guimarães para outra cidade. De qualquer modo, os textos expressam a tristeza da separação. Imaginando-se as distâncias e os meios de transporte da época, pode-se perceber que uma mudança de cidade equivalia muitas vezes a uma despedida para sempre. O tom que domina é o elegíaco e, dentre as lamentações, encontram-se dados que nos permitem concluir que a vida de Maria Firmina foi árdua e solitária.

O "Álbum" tem também teor de diário íntimo com anotações não só dos seus estados de alma, mas ainda de pequenos fatos como, por exemplo, em 11 de janeiro de 1860, mudou-se de casa, em 1862, adotou um órfão, recém-nascido que faleceu um ano depois, e assim por diante. Mas o texto mais interessante, para o conhecimento da escritora, é o intitulado "Resumo da minha vida" que, em tom evidentemente romântico e por demais melancólico, fala de sua infância e de sua solidão.

Sobre a educação recebida, é muito curioso o trecho abaixo que demonstra, com clareza, a plena consciência da escritora sobre os problemas da educação patriarcal:

> De uma compleição débil e acanhada, eu não podia deixar de ser uma criatura frágil, tímida, e por consequência melancólica: uma espécie de *educação freirática* [grifo meu], veio dar remate a estas disposições naturais. Encerrada na casa materna, eu só conhecia o céu, as estrelas e as flores que minha avó cultivava com esmero; talvez por isso eu tanto amei as flores; foram elas o meu primeiro amor. Minha irmã... minha terna irmã, e uma prima querida, foram as minhas únicas amigas de infância; e nos seus seios eu derramava meus melancólicos e infantis queixumes; por ventura sem causa, mas já bem profundos. [....] Vida!... Vida, bem penosa me tens sido tu! Há um desejo, há muito alimentado em minha alma, após o qual minha alma tem voado infinitos espaços, e este desejo insondável, e jamais satisfeito, afagado, e jamais saciado, indefinível, quase que misterioso, é, pois, sem dúvida, o objeto único de meus pesares infantis e de minhas mágoas. Eu não aborreço os homens, nem o mundo, mas há horas e dias inteiros que aborreço a mim própria. (MORAIS FILHO, 1975, p.154-155).

O que é curioso observar, no texto acima, é, em primeiro lugar, a consciência dos limites da educação recebida. A escritora não afirma aqui que existam desigualdades entre meninos e meninas, mas fica bem claro que a "educação freirática" não foi bem aceita por ela. O que seria esse tipo de educação senão a educação da mulher voltada para os afazeres domésticos? Recebeu uma educação segregada e, por essa razão, quis ministrar uma educação diferente, dirigida a ambos os sexos, educados juntos.

Outra questão que me parece importante nesse pequeno texto é o núcleo matriarcal em que viveu Maria Firmina. A casa não é paterna mas materna, ela não fala de nenhum homem, nem pai, nem avô nem irmãos, mas da avó, que cultiva flores e da irmã e da prima, amigas de infância: "... eu lembro esses dias de infância que passei no regaço de minha mãe, e entre folguedos tecidos por mim, e por minhas duas amigas..."

Mas gostaria de assinalar que, apesar do isolamento, Maria Firmina deve ter recebido conhecimentos bem sólidos de parte do núcleo familiar, pois sabe-se que o ensino público e o particular no Maranhão eram muito precários e quase inexistente o ensino voltado às meninas (MOTT, 1989, p.61). Maria Firmina dos Reis, em seu romance *Úrsula*, segue os ditames do Romantismo, da narrativa sentimental. Mas o que nos interessa aqui é fundamentalmente refletir sobre o ponto de vista da autora, uma mulher negra, vivendo na época da escravidão no Brasil, no estado do Maranhão, tendo publicado ainda em pleno tempo de escravos. Este romance é considerado o primeiro romance abolicionista no Brasil, sendo anterior, portanto, ao famoso romance de Bernardo Guimarães, *A escrava Isaura*, de 1875.

Ao lado do amor entre os jovens protagonistas, Úrsula e Tancredo, a trama põe em cena, como personagens importantes, dois escravos que vão dar a nota diferente à narrativa, pois, pela primeira vez o escravo negro tem voz e, pela memória, vai trazendo para o leitor uma África outra, um país de liberdade. Repetindo palavras de Charles Martin, em sua análise introdutória à reedição do romance:

> A luta psicológica dos personagens pela própria identidade supera as simples descrições de navios negreiros. A visão de Maria Firmina é bem mais ampla e refinada que em geral. Neste romance, ela escapa ao estereótipo da "mulata sensual" (como a Rita Baiana, de Aluísio Azevedo) como o principal ponto de interesse nos enredos sobre a raça negra. (1988, p.9).

O enredo é muito romântico, ligando-se ao veio que buscou inspiração num passado inexistente, medieval, à moda europeia. Os temas são os do amor e morte, castigos e loucura. A autora também segue as regras do gênero romance do Romantismo: as personagens da trama central são jovens, belas, apaixonadas e brancas.

A questão da escravidão só vai aparecer nas personagens secundárias que, hoje, por uma reviravolta teórica, tornaram-se dominantes nas análises. Com isso, quero destacar a importância que tomaram os estudos e resgates sobre a literatura negra entre nós, já tendo sido muito acentuados nos Estados Unidos há mais tempo. Isso talvez se deva a que a literatura negra americana, mesmo no século XIX, deixou abundante produção, inclusive entre as mulheres. Maria Firmina dos Reis é mulata e tendo sofrido, seguramente, o preconceito racial vigente no Brasil, ainda assim escolhe o par romântico pertencente à etnia dominante.

O racismo imperante é muito bem retratado em pinturas da época, além, naturalmente, de o ser na literatura. Schuma Schumaher cita o quadro do pintor espanhol Modesto Brocos y Gómez (1852-1936), "A redenção de Cã", em que aparece retratada "uma senhora negra que levanta as mãos aos céus em sinal de gratidão e reconhecimento pela graça proporcionada pela divina bondade. Seu neto foi redimido, embranqueceu, pois sua filha, já miscigenada, casou com um homem branco" (SCHUMAHER, BRAZIL, 2007, p.35).

Para conhecermos o pensamento de Maria Firmina sobre a questão do negro, a resposta estará nas personagens negras de *Úrsula*. As que aparecem nos romances do século XIX são invariavelmente subalternas: amas-de-leite, como em *A Família Medeiros* ou em *A Silveirinha*, de Júlia Lopes de Almeida, e escravos, como em *Úrsula*.

Como analisa a pesquisadora Maria Consuelo Cunha Campos,

> A romântica escrava – praticamente branca – Isaura, de Bernardo Guimarães, em aberto contraste com as demais personagens cativas do romance, estas, sim, negras; a sensual mulata Rita Baiana, do Aluísio de Azevedo naturalista de *O Cortiço*, onde também encontramos a negra escrava Bertoleza, fugida de seu senhor, mas sempre trabalhando de sol a sol no estabelecimento com o companheiro branco: as donzelas casadouras alencarianas, todas

> eurodescendentes, são exemplos de representações de gênero e de relações raciais contemporâneas de uma política pública de branqueamento. (CAMPOS, 2008, p. 95-98).

Teríamos de chegar ao século XX para ter uma personagem como Clara dos Anjos, de Lima Barreto, a principal do romance de mesmo nome. Daí ser preciso concordar com Maria Lúcia Mott, quando afirma que:

> É preciso lembrar a posição corajosa de Maria Firmina ao denunciar a ilegitimidade e violência da escravidão, justamente no Maranhão, província que era considerada como sendo fortemente escravista. O fato de o vilão da história, aquele que persegue a irmã, mata o cunhado e o pretendente da sobrinha, ser o pior e mais cruel dos senhores, não quer dizer que a escravidão seja legítima para os escravos que possuem um bom senhor. Túlio e Susana, escravos de Luiza B., proprietária boa e compreensiva não aceitam sua condição de "míseros e cativos". Maria Firmina situa-se ao lado daqueles autores que condenam a escravidão porque ela era contrária às leis de Deus, e que acreditavam que o negro, apesar dos anos vividos sob o cativeiro, não tinha perdido as suas qualidades naturais. Difere neste ponto de autores contemporâneos, como Macedo, que condenavam a escravidão, dentre outras razões, porque ela corrompia o escravo e consequentemente contaminava a família branca. (MOTT, 1989, p. 61).

A ideia de que os escravos contaminavam os brancos com suas maneiras, crenças e vícios, muito disseminada na época, é derivada da política de branqueamento, que se alimentava do biologismo do século XIX, classificando a variedade humana em raças superiores e inferiores. Já Montesquieu pensava que era prejudicial a escravidão para o escravo, mas, igualmente, para o dono.

Algumas viajantes estrangeiras que estiveram no Brasil, no século XIX, como a Baronesa de Langsdorff e Mme. van Langendonck, também já traziam, antes mesmo de aqui conhecerem a escravidão, as mesmas ideias. Em vários diários dessas viajantes, a presença da escravidão é uma constante e ora teremos críticas, ora aceitação. A viajante belga, Mme. van Langendonck, se depara com a escravidão, prática contra a qual reagira e até escrevera, na Europa, mas no Brasil, ao conviver com essa realidade, deixa transparecer os mesmos preconceitos dos escravocratas e demonstra ideias arraigadas de branca de classe média alta e religiosa. E em seu diário de viagem, encontramos certa intolerância racial ao analisar as relações entre homens e mulheres negros da perspectiva de sua classe, não conseguindo vê-los de outra maneira. Suas observações acerca dos escravos negros baseiam-se no que viu do relacionamento entre crianças negras e brancas. E a educação recebida como mulher, com todas as amarras e preconceitos, traduz-se no que escreve a respeito:

> Em suma, a escravidão, tal como a vi no Brasil, me pareceu menos funesta aos negros que prejudicial à raça branca. Quaisquer que sejam as causas disso, o fato é que os maus instintos inerentes à natureza do negro deixam nele bem pouco espaço para os sentimentos de probidade, de pudor e de moral. No entanto, é entre essas criaturas que os brasileiros deixam seus filhos chegarem à idade da razão: essas crianças são educadas com os negrinhos e brincam com eles, que, para algumas coisas, nunca são crianças. Que os negrófilos europeus não se indignem com as minhas livres apreciações. Mais do que qualquer um deles, indignei-me, de longe, contra a escravidão. Enderecei em prosa e em verso aos proprietários de escravos epístolas enternecedoras. Minha simpatia pelo povo negro era profunda, eu me compadecia deste, censurava os brancos, com confiança, e certamente não foi sem combate que renunciei a minhas convicções. Mas depois vi de perto os negros, eu os vi dos dois sexos em diferentes condições e estou firmemente persuadida de que sua moralização, se não é impossível, exigiria vários séculos de esforços. (LANGENDONCK, 2002, p. 41).

Maria Firmina dos Reis vai se inspirar na ideia do "bon nègre" que, tal como o "bon sauvage" também nasceu na França. É importante notar que, além de dar voz ao negro em seu romance, a escritora maranhense segue o caminho traçado pela literatura ocidental com o romance *Oroonoko*, primeiro romance da escritora inglesa Aphra Behn (1999). Segundo a pesquisadora cubana Nara Araújo, a tipologia do "bon nègre" se consolida com este romance, um dos mais lidos na França, no século XVIII: "*Oroonoko* fijó el modelo para el bon nègre de la literatura francesa posterior" (ARAÚJO, 1998, p. 104).

Também no romance de Maria Firmina dos Reis as personagens negras são leais, honestas e cumpridoras dos deveres para com seus senhores. Podemos nos perguntar se Maria Firmina dos Reis teria lido a escritora americana Harriet Beecher Stowe e seu conhecidíssimo romance *A cabana do Pai Tomás*, que fez bastante sucesso no Brasil...

A questão da Abolição vai ser quase um *leitmotiv* da pena feminina e isso tanto no Brasil como em outros países. Na França, por exemplo, com Olympe de Gouges, Germaine de Staël, la Duchesse de Duras, Marceline Desbordes-Valmore e, na Inglaterra, com Aphra Behn – todas escritoras brancas e da classe alta. Somente com *Úrsula* teremos uma visão diferente do problema. A autora escreveu de acordo com a consciência possível para a época. E conferiu grande importância às personagens negras escravas, além de uma forte voz à escrava Mãe Susana, que é quem vai falar das memórias de sua amada África, uma terra de liberdade.

A fala de Mãe Susana é realmente um dos pontos altos do romance e o tom de paixão, saudade e dor que transparecem deste texto bem mostram o engajamento de Maria Firmina na defesa do negro. Mas, importa ainda notar que, além de dar voz ao negro, Maria Firmina adota o já referido modelo do "bon nègre", o "negro de alma branca".

Enquanto outros escritores que escreveram sobre a escravidão o fizeram de fora, com um olhar neutro, ela, Maria Firmina, em cujas veias corria o sangue de ancestrais africanos, escreve de dentro, como um deles. Por tal razão, a voz negra é tão forte neste romance e tão verossímil, pois a autora privilegia a identidade com a cultura negra, com a camada dos despossuídos. Não escreve um romance para negros, mas esforça-se por ascender socialmente à classe letrada do Maranhão e deseja realizar uma literatura que se inclua na chamada literatura erudita para que seu nome não seja esquecido.

No século XIX, a imagem do negro na literatura era a do escravo maltratado, submisso ou louco. Podem ser citados alguns exemplos em contos, como *A escrava*, da própria Maria Firmina dos Reis (2004, p. 241-262), ou "O tio Job" (2009, p.1070-79), de Ridelina Ferreira (1867-?), ou no romance, como *A família Medeiros* (2009), de Júlia Lopes de Almeida (1862-1934), citando somente escritoras mulheres.

Ao ler os textos de mulheres negras, nota-se que a dominante é ainda a de literatura de testemunho. A voz negra se inicia, pois, com Maria Firmina dos Reis, na denúncia dos males da escravidão. É ela quem, pela primeira vez, na literatura brasileira, dá a voz ao negro. Não é a primeira vez que um/a autor/a inclui escravos negros em sua narrativa, mas é a primeira vez em que os negros têm voz. Essa voz trará uma África desconhecida do branco da Corte, como um continente de liberdade.

Depois de Maria Firmina e sua voz de resistência, devemos registrar outro grande poeta negro, revoltado e resistente, que foi o catarinense Cruz e Sousa. Conforme assinala o Professor Alfredo Bosi, com muita pertinência:

> No mesmo Brasil culto do final do século XIX, em que Nina Rodrigues e seus discípulos na área de Medicina Legal apontavam a degenerescência das populações de origem africana, um poeta negro retinto, neto de escravos, filho de forros, João da Cruz e Sousa, acusava "a ditadora ciência d'hipóteses" de negar à sua raça "as funções do Entendimento e, principalmente do entendimento artístico da palavra escrita". Compondo a prosa poética do "Emparedado", que fecha o livro das Evocações, foi possível a Cruz e Sousa lançar o seu protesto contra os argumentos da ideologia dominante no discurso antropológico. Trata-se de um fenômeno notável de resistência cultural pelo qual o drama de uma existência, que é subjetivo e público ao mesmo tempo, sobe ao nível da

> consciência inconformada e se faz discurso, entrando assim, de pleno direito, na história objetiva da cultura. (BOSI, 2002, p.238).

Tanto Maria Firmina como Cruz e Sousa lançam apaixonados libelos. A escritora, pela voz dos oprimidos como Mãe Susana e Túlio. Já Cruz e Sousa, em sua poesia, em sua narrativa ou texto sobre o abolicionismo, fala de si próprio. A escritora, porém, não ousa incluir uma personagem principal como negra, enquanto o poeta, sob o manto da poesia, luta contra o racismo de maneira contínua e forte.

Na literatura negra pioneira, uma literatura de testemunho, não há primordialmente preocupação com o estético. Por isso, muitos desses textos ficaram esquecidos e negligenciados, pois trazem em alto grau um tom de agravo pessoal frente às inúmeras injustiças que sofreram. São textos que traduzem uma experiência de marginalização e exclusão social e, ao estudá-los devemos ter sempre em mente essas razões profundas para não julgá-los pelo estilo, pela preocupação estética: são os textos primeiros, os desbravadores.

Pela leitura de sua obra e por depoimento, escrever foi a própria vida para Maria Firmina dos Reis. Escreveu sempre e abundantemente. É provável que não tenhamos nem a metade dos textos que essa mulher confiou às páginas de cadernos e blocos. Foi uma mulher sozinha, amou e não foi correspondida (LOBO, 1993, p. 222-235). Generosa, adotou várias crianças e deixou também muitos filhos espirituais, entre seus incontáveis alunos. Foi mestra e escritora.

No prólogo de Maria Firmina dos Reis ao romance *Úrsula* (1859), os *topoi* da modéstia são numerosos. O livro é "mesquinho e humilde", é "pobre avezinha silvestre", "tímida e acanhada", sem dotes da natureza... Mas traz uma frase importante, chave para o entendimento da autora:

> Sei que pouco vale este romance, porque escrito por uma mulher, e mulher brasileira, de educação acanhada e sem o trato e conversação dos homens ilustrados [...] com uma instrução misérrima

> [...] e pouco lida, o seu cabedal intelectual é quase nulo. (REIS, 2004, p.13).

Como se lê neste livro de Maria Firmina, já aparecem alguns princípios que nortearão a crítica feminista, no século XX. O reconhecimento e o resgate das pioneiras não se darão pelas qualidades estéticas dos livros. Não serão comparadas às "grandes obras" dos homens da mesma época, mas como livros de mulheres que não puderam ter a mesma educação. Mulheres para quem estavam fechadas as portas das instituições e o convívio com pensadores ilustres. Tais livros são estudados e resgatados como válidos porque primeiras manifestações de mulheres brasileiras. E é sobre isso que trata Maria Firmina dos Reis. Ela estabelece, com clareza, os limites aos quais estavam confinadas as mulheres do tempo e tem nítida noção da importância da educação, das vivências e das oportunidades culturais.

Ao final do prefácio, no último parágrafo, Maria Firmina dos Reis expõe seus objetivos. Se o livro for amparado pela crítica, talvez sua autora publique livros melhores. Ou então, ideia bem interessante, talvez outras mulheres "com educação mais acurada, com instrução mais vasta e liberal" igualmente publiquem livros.

Referências

ALMEIDA, Horácio de. Prólogo. *Úrsula*. Ed. fac-símile. Maranhão: Governo do Maranhão, 1975. p. i-viii.

ALMEIDA, Júlia Lopes de. *A família Medeiros*. Atualização e fixação do texto por Marco Antonio Toledo Neder e introdução de Norma Telles. Florianópolis: Mulheres, 2009.

ARAÚJO, Nara. *Visión romântica del outro: estúdio comparativo de Atala y Cumanda, Bug-Jargal y Sab*. México: Universidad Autónoma Metropolitana, 1998.

B. A. [Nísia Floresta Brasileira Augusta]. *Dedicação de uma amiga*. Niterói: Typographia Fluminense de Lopes e Cia, 1850.

BEHN, Aphra. *Oroonoko ou o escravo real*. Romance. Tradução e introdução de Élvio A. Funck. Florianópolis: Mulheres, 1999.

BLAKE, Augusto Victorino Sacramento. *Diccionário bibliographico brazileiro*. Ed. fac-símile. Brasília: Conselho Federal de Cultura, 1970. v. 6, p. 232.

BOSI, Alfredo. Poesia versus racismo. *Estudos Avançados*, São Paulo, v.16, n.44, p.235-253 Jan./Apr., 2002.

BROOKSHAW, David. *Raça e cor na literatura brasileira*. Porto Alegre: Mercado Aberto, 1983.

CAMPOS, Maria Consuelo Cunha. Representações da mulher negra na literatura brasileira. In: SACRAMENTO. Sandra. *Gênero, identidade e hibridismo cultural: enfoques possíveis*. Ilhéus: Editus, 2009. p. 95-98.

CRUZ E SOUSA, João da. *Obra completa*. Organização de Andrade Muricy. Rio de Janeiro: Aguilar, 1961.

FERREIRA, Ridelina. O tio Job. *A Mensageira*, v. II, p. 51-58. Republicado em *Escritoras brasileiras do século XIX*: antologia. Florianópolis: Mulheres, 2009. v. 3. p. 1070-79.

LAJOLO, Marisa. *Como e por que ler o romance brasileiro*. Rio de Janeiro: Objetiva, 2004.

LANGENDONCK, Madame van. *Uma colônia no Brasil*. Tradução de Paula Berinson. Introdução de Augusto Meyer. Florianópolis: Mulheres, 2002.

LANGSDORFF, Baronesa E. de. *Diário de sua viagem ao Brasil*, 1842- 1843. Tradução de Patrícia Chittoni Ramos e Marco Antônio Toledo Neder. Introdução de Míriam Lifschitz Moreira Leite. Florianópolis: Mulheres, 1999.

LOBO, Luiza. Auto-retrato de uma pioneira abolicionista. *Crítica sem juízo*. Rio de Janeiro: Francisco Alves, 1993. p. 222-238.

MARTIN, Charles. Uma rara visão de liberdade. In: REIS, Maria Firmina dos. *Úrsula*. 3 ed. Rio de Janeiro: Presença, 1988. p. 9-14.

MARTINS, Wilson. *História da Inteligência brasileira*. São Paulo: Cultrix, 1977. v. 3.

MARTINS, Leda. A fina lâmina da palavra. Disponível em: http://www. letras.ufmg.br/poslit Acesso em: 11/fev/10.

MENESES, Raimundo de. Dicionário literário brasileiro. 2. ed. rev., aum. e atual. Rio de Janeiro: Livros Técnicos e Científicos, 1978. p. 570- 571.

MORAIS FILHO, Nascimento. *Maria Firmina dos Reis: fragmentos de uma vida*. Maranhão: Imprensa do Governo do Maranhão, 1975.

MOTT, Maria Lúcia de Barros. *Submissão e resistência: a mulher na luta contra a escravidão*. São Paulo: Contexto, 1988.

_______. *Escritoras negras: resgatando a nossa história*. Rio de Janeiro: CIEC/UFRJ, 1989. (Coleção Papéis Avulsos).

MUZART, Zahidé Lupinacci (Org). *Escritoras Brasileiras do Século XIX*: Antologia. Ed. Mulheres/Edunisc, 2000.

[REIS, Maria Firmina dos]. *Ursula*, Romance original brasileiro, por Uma Maranhense. São Luís: Typographia Progresso, 1859. 199 p. Ed. fac-similar. Prefácio de Horácio de Almeida. Maranhão: Governo do Estado, 1975. [Reeditado em REIS, Maria Firmina dos. *Úrsula*. Introdução de Charles Martin e atualização e notas de Luiza Lobo. Rio de Janeiro; Brasília: INL, 1988. (Coleção Resgate); e em REIS, Maria Firmina dos. *Úrsula*. Atualização e posfácio de Eduardo Assis Duarte. Florianópolis: Mulheres, 2004.

Uma Maranhense

Norma Telles

Much Madness is divinest Sense
Emily Dickinson

Em São Luiz do Maranhão foi publicado, em 1859, o romance, *Úrsula* - romance original brasileiro, pela Typographia do Progresso, situada a Rua de Santa Ana, 49. O livro, de autoria desconhecida era atribuído a "uma Maranhense". Logo se tornou público tratar-se da professora e escritora Maria Firmina dos Reis este que foi um dos primeiros romances publicados por uma mulher no Brasil. Estudiosos posteriores, como Sacramento Blake em seu dicionário bibliográfico de 1900 e, mais recentemente, em 1975, Nascimento Morais Filho confirmam a autoria.

No prefácio a autora elenca desculpas necessárias a todas as mulheres que ousavam desobedecer a regras de comportamento social, tomar da pena e escrever: "mesquinho e humilde livro é este que vos apresento, leitor. Sei que passará entre o indiferentismo glacial de uns e o riso mofador de outros, e ainda assim o dou à lume". Note-

-se, porém, que entre as desculpas de praxe há uma afirmação forte, "eu o dou *à* lume", e nos parágrafos seguintes sugere que o traz à luz porque, mesmo que seja defeituoso, tem prazer em mostrar por toda parte esse fruto de sua imaginação. Afirma que sua *Úrsula* – "tímida e acanhada" – merece se apresentar e talvez dar alento à autora para que continue pelo caminho da escrita e "sirva de incentivo para outras [...] que tenham mais timidez do que nós".

Anota Nascimento Moraes Filho que a entrada de Maria Firmina dos Reis, primeira maranhense a escrever e publicar, foi festejada pela imprensa de sua terra com palavras de entusiasmo. São Luís, em meados do século XIX, era culturalmente dominada por latinistas e helenistas de valor, mas a situação do ensino em geral era precária, como aliás em todo o Império. Oportunidades de estudos para as moças eram mínimas e muito aquém das oferecidas aos rapazes. Gonçalves Dias (1823-1864), o grande romântico maranhense, estudou em Coimbra enquanto sua contemporânea, Maria Firmina dos Reis, estudou sozinha. Pela documentação é difícil conhecermos as leituras de Reis, mas como ela fez traduções do francês para várias publicações, sabemos que dominava este idioma.

Maria Firmina dos Reis nasceu em São Luís do Maranhão em 1825, "não era de casal" no dizer de Nhazinha Goulart (MMF), cresceu em uma família extensa constituída pela avó, a mãe e a tia materna e mais uma irmã. Uma casa de mulheres. No Concurso Estadual de 1847, foi a única aprovada para a instrução primária na Vila de Guimarães, onde passou então a residir. A tia materna, que possuía alguns recursos e era proprietária de uns poucos escravos ali construíra uma casa de alvenaria, igual a tantas que ainda hoje existem pelo interior do Brasil, para as férias de veraneio da família. Mais tarde, a casa se tornou residência permanente de Maria Firmina dos Reis. Na ocasião da vitória no concurso, a tradição maranhense registra que a mãe queria que fosse tomar posse conduzida em um palanquim por escravos. Ela se revoltou: "Negro não é animal para se andar montado nele!" E foi a pé, informa Nascimento Moraes Filho.

A professora Régia ficou conhecida pelos alunos como enérgica, sem nunca levantar a voz ou aplicar castigos corporais, não ralhava, comentaram, mas aconselhava. Quando se aposentou, em 1881, como informa Sacramento Blake, criou uma sala de aprendizado mista, em Maçaricó, com meninas e meninos que iam até o barracão onde eram ministradas as aulas em carro de boi, junto com a mestra. Maria Firmina dos Reis não foi, porém, somente uma mestra dedicada, ela foi durante toda sua vida uma escritora, de poesia, romances, charadas e também compositora de música popular.

Deixou registros pessoais, em um dos quais, em 1863, se descreve:

> "de compleição débil, e acanhada, eu não poderia deixar de ser uma criatura frágil, tímida, e por consequência melancólica [...] Encerrada na casa materna, eu só conhecia o céu, as estrelas e as flores que minha avó plantava com esmero"

No final de sua vida, os que a conheceram já idosa, com mais de 80 anos, a descreveram como sendo pequena, parda, de rosto arredondado, olhos escuros, cabelos crespos e grisalhos presos na altura da nuca. Em outra anotação de seus cadernos a encontramos dizendo que ninguém a conhece bem porque não se dá a conhecer; que jovem, sonhara com um futuro radiante e belo, mas esse sonho as desilusões desfizeram, deixando a amargura em seu lugar. Parece que por detrás da figura plácida e acessível, havia uma mulher torturada. O mundo é "um espelho impassível, cruel", desfez sonhos apagou o ardor da mente, matou a esperança, explica:

> "Amo a noite, o silêncio, a harmonia do mar, amo a hora do meio-dia, o crepúsculo mágico da tarde, a brisa aromatizada da manhã [;;;] amo o afeto de minha mãe querida, as amigas [...] e amo a Deus; e ainda assim não sou feliz, porque insondável me segue, me acompanha, esse querer indefinível".

Úrsula, romance original brasileiro, é tido em geral como um livro de exageros românticos, mas é muito mais do que isso, como notamos em uma leitura mais atenta.

"São vastos e belos os nossos campos; porque inundados pelas torrentes do inverno semelham o oceano em bonançosa calma...", assim se inicia o livro que transcorre na província, em qualquer lugar do Brasil. A "beleza, amena e doce" desse cenário aprazível logo se mostra enganosa, o contraste entre a paisagem, que poderia estar em qualquer província do Brasil, e a vida que por ali se desenrola não pode ser maior, se o cenário é calmo e belo, dois parágrafos depois surgem outras estações de tempestades que marcam a vida numa sociedade injusta e dividida entre livres e escravos e que impõe limites a vida de pessoas supostamente livres, como a das mulheres, dos pobres e a dos escravos. A paisagem que se assemelha à bonança é também personagem, sua aparência é enganosa à primeira vista.

A trama gira em torno da jovem Úrsula e de sua paixão por um jovem e da tentativa de escapar a ira do vilão, seu tio Fernando, senhor de posses, de muitas terras e escravos a quem maltrata com afinco e esmero. O jovem do enredo vem de fora, de uma academia de Direito, então tem valores diferentes dos locais.

Em uma bela manhã de agosto, um jovem mancebo melancólico atravessa os campos, exausto de uma longa viagem, distraído, ocultando partes de suas formas em um capote de lã, sem notar que seu cavalo estava exausto, prossegue até o cavalo cair sem fôlego e o derrubar em acidente do qual é salvo por Túlio, um escravo que por ali passava e lhe presta os primeiros socorros. Depois o leva para a casa onde Úrsula morava com sua mãe, Luisa B. Quando começa a se recobrar, Tancredo, o mancebo, agradece a Túlio, pedindo que acredite em seu reconhecimento e amizade. O escravo fica perplexo com este tratamento e ficará ainda mais surpreso quando Tancredo, recuperado, comprar sua alforria. Túlio mal acredita em sua liberdade, "era livre como o ar, como o haviam sido seus pais, lá nesses adustos sertões da África".

Luiza B, a mãe de Úrsula se casara com um homem que amou, contra a vontade do irmão. Inconformado, o vilão Fernando perseguira os dois, matara o cunhado e comprara as dívidas do casal transformando a irmã em sua prisioneira. Luiza B. depois de tantos desgostos e sofrimentos ficara paralítica, para sempre presa a uma cama. Seu único consolo era a filha, Úrsula, anjo de inocência, presa a ela pelas cadeias invisíveis do amor e dever filial. As duas, mãe e filha são, portanto, prisioneiras do vilão que amara a irmã e depois se enamorara da sobrinha que espionava sempre enquanto ela pensava estar sozinha e protegida descansando em uma clareira da floresta.

Teodoro conta suas desventuras. Era rico e estudara Direito na Academia de São Paulo. Adorava a mãe, uma santa e não gostava do pai, "o tirano de sua mulher, e ela triste vítima, chorava em silêncio, e resignava-se com sublime brandura." O pai, enciumado da relação amorosa entre mãe e filho, o mantivera sempre longe de casa, estudando fora ou viajando a trabalho. Num de seus retornos encontrara no lar Adelaide, prima materna, e por ela se apaixonara perdidamente, mas o pai não consentira no casamento porque a moça era pobre. Finalmente, diante de tantas súplicas, impôs uma prova: o moço deveria passar um ano fora e se depois disso não tivesse mudado de ideia, poderia casar-se.

Ele obedeceu e partiu para outras plagas, mas ao retornar encontrou Adelaide "distraída, no meio de tão opulento esplendor, afagando meigamente as penas de seu leque dourado." Custou a perceber, mas finalmente se deu conta que ela agora era sua madrasta. Ela o repele friamente e então, tresloucado, ele contempla aquela mulher "um demônio de traições [...] desferindo chamas dos olhos [...] dando estrepitosas gargalhadas." Desvairado ele parte em desabalada carreira e só para quando cai do cavalo. Meio aos delírios e a febre provocados pelos ferimentos esquece Adelaide e apaixona-se por Úrsula. Decidem casar-se e ele, uma vez mais, viaja. Úrsula fica só. Vendo Teodoro partir com o ex-escravo agora liberto, ela "invejava vagamente a sorte de Túlio, e achava mor ventura do que a liberdade poder ele acompanhar o cavaleiro".

Úrsula inveja Túlio não porque se sentisse muito enamorada do rapaz, na verdade é tão inocente que mal consegue identificar o anseio que sente no peito. O que mais inveja é a possibilidade de viajar, de correr mundo. Ela mal se atreve a escapar para a floresta onde costuma fazer longos passeios, solitária e pensativa. E nem assim tem momentos de liberdade porque é lá que o vilão a avista e, flechado por cupido, resolve possuí-la. Ela o enfrenta e se safa. Ele não desiste, visita a irmã que não via há mais de vinte anos e participa-lhe a intenção de casar-se com a sobrinha. Luiza não resiste a ang*ú*stia e morre, mas não antes de ter recomendado a filha que fugisse. Esta fica meio indecisa à espera de Teodoro que, finalmente, volta e a encontra, meio desmaiada, sobre o túmulo da mãe. Sabedor das intenções do tio Fernando, ele foge com a jovem e deixa-a em um convento à espera do dia do casamento.

O vilão, porém, não se dá por vencido, tortura todos os escravos para tentar saber o paradeiro dos dois; não consegue nada. Prende Túlio que também nada conta. Ele, porém, acaba descobrindo sozinho onde o casal se refugiara. Túlio foge e tenta avisar Teodoro, mas chega bem na hora em que o jovem casal saia da Igreja e era avistado por Fernando, o vilão. Túlio recebe um tiro no peito e morre. O segundo tiro mata o esposo e Úrsula, desmaiada, é capturada pelo tio. Quando acorda está louca, mas perdida em seus pensamentos, não perde a oportunidade de amaldiçoar o tio. Este começa a sentir remorsos e quando Úrsula morre refugia-se em um convento.

Dois anos se passam "e ninguém mais na província se lembrava dos execrandos factos [...] A justiça, se a pintam vendada, completamente cega ficou, e os assassinos do apaixonado mancebo e do seu fiel Túlio impunes." A maldição de Úrsula, que provocara o remorso do vilão, encarrega-se da vingança. Ele se torna Frei Luiz de Santa Úrsula "a quem chamavam – o louco". No último momento, antes de exalar o derradeiro suspiro, incitado pelos frades que queriam salvar sua alma, arrepende-se. "De todas estas vítimas do amor, apenas restam vestígios sobre a terra da desditosa Úrsula." Seu nome está sobre a lápide rasa sob a qual repousa.

O enredo tem elementos românticos, até melodramáticos: o amor dos jovens, a dor, o incesto, a maldição, o cemitério e a morte. Tem também claros traços do Gótico. Nesta história, porém, a heroína não está presa em um castelo, mas amarrada à cama da mãe paralítica numa das casas do vilão seu tio. Suas aventuras não são por corredores escuros, labirintos e alçapões e sim pela floresta, por veredas, clareiras, paços escuros. É ali que toma suas decisões, é lá que escapa ao vilão. A segunda vez que dele escapa, quando todos já estão mortos, é através da loucura, solução que Harriet Beecher Stowe, entre outras, também sugeriu para se fugir da opressão. Como a americana, que embora não dê indícios, mas talvez Reis conhecesse, em *Úrsula* o elo entre mãe e filha e a falta de poder feminino são as únicas coisas razoáveis num mundo amaldiçoado pela agressividade masculina. O escravo tanto quanto a esposa – a mãe de Teodoro ou mesmo Luiza B. – são usados e abusados e o livro dirige as simpatias do leitor para os desafortunados.

Não há solução possível para a época, Reis não esboça uma sociedade alternativa, por isso a destruição de todos os contestadores, para que assim a sociedade permaneça a mesma, como sempre fora. Mas os jovens, embora tenham morrido para escapar de um previsto destino infeliz, deixaram na região, naquele meio patriarcal e tirano, a lembrança do acontecido e com ela a ideia que mudanças eram necessárias. O renome da moça, única que permanece na memória de todos, introduz marcos diferenciais. Úrsula e Teodoro são descritos como "almas gêmeas" e, no entanto, não conseguem construir um tipo de vida nova, são destruídos pelo vilão. Como personificação da louca ela, por sua vez, o destrói, assombra suas ideias e suas noites, mas para isto trancou-se em vida, foi preciso que deixasse de viver, foi preciso enlouquecer e morrer para deixar sua inscrição, "desditosa vítimas do amor", gravada na pedra do sepulcro.

O que mais distingue este livro é o tratamento que dá à questão do escravo. A autora não fala do escravo em geral, de uma entidade abstrata, mas individualiza-o através de duas personagens. A de Túlio que sofria porque era escravo, embora a escravidão não lhe tivesse embrutecido a alma que o torna um escravo apaixonado pela liberdade, alguém que mesmo sem ela é capaz de sentimentos dignos, de atos de coragem, de desprendimentos desinteressados. À preta Susana, a segunda personagem de destaque, é dedicado todo um capítulo onde é narrada sua vida na África (cuja paisagem descrita não é muito detalhada e se assemelha a outras), sua enorme felicidade junto aos seus e a surpresa da captura quando, despreocupada, caminhava pela mata. É enorme o sofrimento quando percebe que será separada da família e durante a viagem, infecta.

> Para caber a mercadoria humana no porão fomos amarrados em pé e para que não houvesse receio de revolta, acorrentados como os animais ferozes das nossas matas, que se levam para recreio dos potentados da Europa. Davam-nos a água imunda, podre e dada com mesquinhez, a comida má e ainda mais porca: vimos morrer ao nosso lado muitos companheiros [...] Da escotilha lançaram sobre nós água e breu fervendo, que escaldou-nos e veio dar a morte aos cabeças do motim.

A preta Susana resiste, e para quê? Para enfrentar tormentos ainda maiores como escrava do vilão. O período mais ameno de sua vida fora o que passara com Úrsula e a mãe, mas, nem assim era feliz, não esquecia o gosto da liberdade, o calor de sua terra natal e dos seus entes queridos. E, seus males não haviam findado. O vilão supondo que ela ajudara o casal a fugir prende-a num calabouço escuro e úmido, tortura-a, coloca-lhe ferros nos pés e na cintura para que conte o paradeiro de Tancredo e Úrsula. Ela não diz nada, não por lealdade ao casal, mas porque não quer ajudar o vilão. Acaba sucumbindo aos maus tratos, "aos vermes e ao desespero".

No livro de Maria Firmina dos Reis os escravos falam um português castiço, empregam a segunda pessoa do plural, o vós, como tratamento, o que foi criticado por alguns, mais o que importa é que a escritora ao fazer com que falem a mesma língua e não apenas murmúrios grotescos lhes dá um tratamento igual, uma fala que possui o mesmo peso da de seus opressores. O que sobressai é a paixão pela liberdade e o caráter íntegro contrastando com o do senhor de terras e também com o dos clérigos.

O vilão, por outro lado, tem um capelão particular que não concorda com seus métodos, aconselha-o a não ser tão mau, mas não faz nada para modificá-lo e não o abandona. Assombrado ele acaba perdendo sua fala de poder, embora continue a ser tratado pelos frades, no final da história, com empenho visando salvar a alma do criminoso e dar-lhe conforto. Ninguém dentre os poderosos se levanta contra ele. Vence o patriarcado tirânico com seus específicos tratos de poder.

Em termos da literatura brasileira de sua época, a individuação dos negros com ideias próprias na tentativa de sobreviver e recuperar a liberdade são precoces e incomuns. Antonio Candido comenta que o escravizado não podia então ser um objeto estético, pois sua vida decorria em posição de inferioridade nessa estrutura societária.

Em Gonçalves Dias, Alencar ou Macedo o escravo aparece vagamente como problema social, e somente na década de 1870, com Varela e Castro Alves o escravo será individualizado e terá proclamado em versos eloquentes suas infames condições de vida. Esses autores famosos, porém, continuam a esboçar idealizações, mesmo que estas então tenham se tornado. Se a partir dos anos 1870 cresce a presença de personagens negras nos livros, na mesma medida em que crescia a ideia do "perigo negro" em meio as camadas dominantes do Império.

O padrão senhorial dos antigos engenhos começa a se distanciar dos valores burgueses dos fazendeiros modernos, ligados a uma economia comercial e urbana que preferia o trabalho livre. Em 1869, Joaquim Manuel de Macedo publica *Vítimas e algozes*, em que retrata senhores gentis e ingênuos espionados por escravos que estão sempre tramando a perdição da família com planos de envenenamento, feitiços e descaminhos de sinhazinhas. O escravo deixou então de ser o *cão fiel* e se tornou uma *serpente*, pronta para o bote.

Esse panorama breve de retratos de escravos na literatura nos permite avaliar melhor o livro de Maria Firmina dos Reis, de 1859, que discorre de modo peculiar sobre as relações na sociedade, sobre a posição da mulher branca e dos escravos naquela sociedade senhorial e patriarcal. A autora não pinta negros-brancos, isto é, que pensem, se pareçam e se comportem como seus senhores. Ela, por mais que pinte uma paisagem sem muitas cores, tenta retratar africanos em cativeiro: Susana não é 'moreninha', é preta, fuma cachimbo, usa saia de algodão grosseiro e não se esquece jamais de onde veio, é guardiã de sua cultura nativa. A amizade entre um branco e um negro livre retratada no romance é algo chocante e não usual até final do século XIX.

No conto, *A escrava,* publicado na *Revista Maranhense* em 1887, Reis não só se coloca mais uma vez como abolicionista, como descreve uma participação ativa na causa abolicionista ao mostrar uma rede da organização que de São Luís escondia e conduzia a salvo até o Rio de Janeiro escravos fugidos e que rápida e legalmente compravam-lhes a liberdade. Interessante notar aqui que a personagem principal nesse relato é uma senhora, uma mulher que escuta com compaixão a narrativa de vida de uma escrava fugida, perseguida pelo feito, que enlouquecera ao ser separada de seus filhos. A narrativa tem detalhes muito interessantes, a senhora anônima que ajuda na fuga é arguta e age com precisão para conseguir papeis e passes para a libertação.

Reis apresenta também ideias próprias sobre outro tema muito caro aos Românticos, o do encontro da cultura europeia com a cultura indígena autóctone. Em *Gupeva,* conto publicado pela primeira vez no jornal literário *O Jardim das Maranhenses* em forma de folhetim, obteve sucesso de público e foi publicado sempre na mesma forma umas três vezes. Este não é um canto lírico comemorativo do encontro entre as etnias, mas a narrativa de um embate violento entre elas.

A trama é desenvolvida a partir de um episódio narrado nas legendas brasileiras, o batizado de Paraguaçu, princesa do Brasil.

Ao partir para a França para seu batizado do qual a rainha Catarina de Médici seria a madrinha e que seria comemorado com grandes festas e desfiles pelas ruas, Paraguaçu leva uma companheira muito querida, Épica. Na França, em meio às festividades, Épica se apaixona por um conde e vai viver com ele. Logo percebe o desinteresse do conde e resolve voltar ao Brasil onde dá à luz uma filha que recebe seu nome e morre nos braços de Gupeva, o guerreiro que sempre a amara. Anos depois, conta a história de Reis, o velho Gupeva ataca um jovem marinheiro francês que havia se apaixonado por Épica, sua filha, pois havia descoberto que os dois eram meio irmãos. Os três – *Épica, seu meio irmão e Gupeva* – morrem no embate e quando outros marinheiros franceses encontram os corpos ficam impressionados com a semelhança entre os jovens, Épica e seu meio irmão francês.

Esse conto nos fala da impossibilidade de convivência entre as etnias. A princesa do Brasil quando embarca para a França leva a épica consigo, o canto dos feitos, batalhas e glórias dos seus. Mas a jovem companheira da princesa, Épica, é enganada pelo estrangeiro inescrupuloso o que provoca o embate na geração seguinte. A segunda Épica já não conta as glórias, mas os desenganos, os desencontros e engodos do encontro. E no embate some uma etnia, vivos permanece a tripulação do navio mercante e de guerra estrangeiro no qual viera o jovem irmão de Épica e o donatário da capitania a quem a princesa do Brasil, Paraguaçu, cedera os direitos de exploração da terra.

Maria Firmina dos Reis, professora Régia, escritora de poemas, romances, charadas, enigmas, participou da vida intelectual maranhense colaborando na imprensa local. Foi também compositora e estudiosa do folclore local. Morreu em novembro de 1917 e até hoje, conta Mott, em Guimarães, "a uma mulher inteligente e instruída chamam Maria Firmina!"

Referências

Blake, Sacramento. *Dicionário Bibliographico Brazileiro.* Rio de Janeiro: Imprensa Nacional, 1900.

Mello e Sousa, Antonio C. *Formação da literatura brasileira.* 4ª ed., São Paulo: Martins Fontes, 1964.

Moraes, Nascimento Filho. *Maria Firmina dos Reis,* fragmentos de uma vida. *São Luís: Instituto Histórico Geográfico, 1975.*

Mott, Maria Lúcia. *Calendário 1986.* São Paulo: Conselho Estadual da Condição Feminina, 1986.

Reis, Maria Firmina dos. *Úrsula.* Romance original brasileiro. Rio de Janeiro, edição fac-similar, 1975.

_____ *Cantos à beira-mar.* Org. José Nascimento Morais Filho, 2ª ed., fac-símile. São Luís, Maranhão, 1976.

Telles Norma. *Encantações* – escritoras e imaginação literária no Brasil no século XIX. Tese doutorado, Puc-SP, 1987; *Encantações.* São Paulo: Intermeios, 2012.

_____ "Escritoras, escritas, escrituras" in Mary Del Priori, org. *História das mulheres no Brasil.* São Paulo: Contexto/Unesp, 1997.

Úrsula e a desconstrução da razão negra ocidental[8]

Eduardo de Assis Duarte

Nenhum retrato deixou Maria Firmina dos Reis.
Nascimento Morais Filho
Biógrafo

Em seu imprescindível estudo sobre a arqueologia dos sentidos da palavra *negro*, o filósofo camaronês Achille Mbembe (2014) mapeia e questiona o que chama de "razão negra": um conjunto de narrativas míticas, filosóficas e até mesmo "científicas" voltadas para a construção de um saber que estabelece um "paradigma de submissão". Desde seus primórdios, no alvorecer da era das navegações e descobrimentos europeus, o objetivo dessa verdadeira metanar-

8 O presente texto reproduz o posfácio da sexta e sétima edições de *Úrsula* (Belo Horizonte: Editora PUC Minas, 2017 e 2018, respectivamente).

rativa sempre foi confinar o negro num permanente "atributo de inferioridade", voltado para transformá-lo em um ser infra-humano. Ou seja, num humano "diferenciado", porque desprovido de razão e dominado pelos instintos.

Uma vez naturalizado e internalizado, tal atributo termina por forjar o que Mbembe chama de "complexo psiconírico" assimilado em muitos casos pelas próprias vítimas. Tal conjunto de crenças, "espécie de enorme jaula", vincula o substantivo *negro* a uma rede complexa e perversa de qualificativos que tem na ideia de *raça* um de seus alicerces principais. Enquanto "forma de representação primária", a ideia de *raça* estabelece o que o filósofo chama de "complexo perverso" a afetar tanto europeus quanto africanos. E que tem como consequência a geração não apenas de um "sistema colonial de exploração e depredação", mas também de "medos, sofrimentos, tormentos e até catástrofes." (MBEMBE, 2014, p. 25-26).

Uma destas catástrofes é o "alterocídio", isto é, a construção do Outro não como um "semelhante a si mesmo", mas como "objeto intrinsecamente ameaçador". (Ibid., p. 26). Logo, como alguém que, mesmo explorado enquanto mão de obra submissa, é preciso repudiar, vigiar e, caso necessário, encarcerar ou eliminar. Nesse contexto, o mito da superioridade racial oriundo da Europa marca indelevelmente a era dos descobrimentos e a expansão do capitalismo mercantil. Serve, portanto, às "estratégias de poder" do hemisfério ocidental, pois tem, na escravização de africanos e seus descendentes e nas narrativas que a respaldam, o que Mbembe classifica como "fontes batismais da nossa modernidade". (ibid., p. 31).

Para tanto, desde meados do século XV, foi sendo necessário "produzir o negro" e, consequentemente, "produzir a raça", ambos resultado do que o pensador chama de "efabulação", lembrando que *raça* à época servia apenas para designar grupamentos humanos não-europeus. Em paralelo, foi também necessário produzir um *locus* – um espaço e uma origem – onde situar esse Outro. E esse *locus* veio a ser a África, embora sempre se soubesse que nem todo negro era africano e nem todo africano era negro. Mas se fez necessário, sim, produzir um sistema discursivo para fazer desse sujeito alguém marcado por um "vínculo social de submissão" e um "corpo de exploração", tanto masculino quanto feminino.

Assim, enquanto conjunto de narrativas e de discursos "pretensamente conhecedores", a razão negra europeia designa também um aglomerado de práticas que envolvem um "trabalho cotidiano" de construção de uma imagem – e de um sentido – de "selvageria, desqualificação moral e instrumentalização prática." Ou seja, um "reservatório" no qual a "dominação de raça vai buscar os seus álibis." (Ibid., p. 56-58). Como se vê, são séculos reproduzindo enunciados, comentários e "saberes", que, por mais disparatados que sejam, findam confinando o negro no atributo de permanente infra humanidade.

Em verdade, o livro de Achille Mbembe apenas mapeia e ratifica algo já conhecido. Do ponto de vista histórico, está estabelecido que, da mesma forma que o Oriente sempre foi uma construção do Ocidente, para ficarmos nos termos de Edward Said, o negro, tal como representado na Europa, sempre foi uma construção do branco interessado em explorá-lo. Para tanto, basta nos recordarmos das afirmações de Hegel, na *Fenomenologia do espírito*, de 1807, e nas *Lições de filosofia da história universal*, vindas a público duas décadas mais tarde. As *Lições* hegelianas simplesmente excluem a África do "Espírito Universal", isto é, do mundo civilizado, pela suposta incapacidade de seus habitantes em atingir a "Ideia da Razão". Vista etnocentricamente como "mundo criança, envolto na negrura da noite", estaria mergulhada na ignorância e no canibalismo, sem cultura e sem religião, submersa na "arbitrariedade sensual" que aproxima humanos de animais. Sendo assim, enquanto "espécie vacilante" entre essas duas formas de vida – a humana e a animal –, o negro construído pela narrativa hegeliana figuraria como "estátua sem linguagem" e sem "consciência de si", portanto "desprovida de universalidade". Para Achille Mbembe, todo esse discurso nada mais é do que fruto de uma "relação imaginária com a África", sustentada por uma "economia ficcional". (Ibid., p. 29 e seguintes).

É evidente que tal manipulação historicamente interpretada como verdadeira, escondia atrás de si interesses políticos e econômicos vinculados ao estabelecimento, sobretudo nas Américas, da colonização amparada no trabalho forçado, seja dos povos autóctones, seja de africanos traficados. Em sua *Fenomenologia do espírito* Hegel idealiza o escravizado como aquele que entrega a liberdade para não perder a vida, conferindo a ele uma espécie de "livre arbítrio" sobre o próprio futuro, como se essa opção existisse de fato e de direito para os milhões de africanos deportados rumo às Américas. Em outro escrito de sua autoria, a *Filosofia do direito* (1821) acrescenta o filósofo:

> Se um homem é um escravo, sua própria vontade é responsável por sua escravidão, assim como é sua vontade a responsável pela sujeição de um povo. Portanto, a injúria da escravidão não se deve simplesmente a escravizadores ou conquistadores, mas também aos próprios escravizados e conquistados. (Apud BOOK-MORSS, 2011).

Os excertos citados, largamente conhecidos, falam por si e dispensam maiores considerações. Fiquemos por aqui em termos de discurso eurocêntrico. A essa vertente branca da *razão negra* contrapõe-se uma segunda, escrita de próprio punho, e resultado de uma *consciência negra do negro*, em que este, luta para resgatar, ativar e reatualizar suas tradições, sua memória. Para reencontrar, enfim, a "verdade de si", sempre "a partir de seu próprio território." (MBEMBE, p. 60-61). A nova corrente se fortalece nos abolicionismos do século XIX, mais tarde no anarquismo, no marxismo, e demais movimentos anticapitalistas. E, no século XX vai assistir ao lento e progressivo vicejar de uma vasta rede mundial formuladora do imaginário negro moderno.

Mas antes disso, Maria Firmina dos Reis – mulher de seu tempo e de seu país, conforme demonstrado no esboço historiográfico inserido na abertura desta edição –, se irmana a seus contemporâneos e contemporâneas do hemisfério norte, mas também da América Latina e do próprio Brasil, para inscrever sua discordância frente à razão negra ocidental. E a voz brasileira se junta à de Wheatley, Equiano, Douglass, Baquaqua, Wilson, Jacobs, Avellaneda, Prince, Northrup, Nísia Floresta, Juana Manso de Noronha e muitas outras. E o faz tanto na poesia quanto na ficção. E o faz capturando no jornal e demais publicações periódicas a novidade capaz de ampliar seu horizonte de receptores. E, no campo da ficção, o faz descobrindo a grande força de atração da narrativa romanesca junto a um público cada vez maior.

O Brasil não ficaria de fora do coro de vozes negras a clamar pelos novos tempos. Autodidata, sem acesso à universidade e aos centros europeus formadores de conhecimento e mentalidades, Firmina soube muito bem avaliar a ignomínia perpetrada pelos colonizadores. E, ao mesmo tempo, avaliar o impacto da narrativa romanesca enquanto formação, se não de consciência, pelo menos de opinião. Sabedora do impacto exercido nos leitores pela nova forma do romance – espécie de coqueluche literária da época –, a autora constrói um enredo folhetinesco para, uma vez fisgada a empatia do leitor, ir aos poucos introduzindo a crítica histórica e social. Assim, no entorno no núcleo central do enredo vivido pelos personagens brancos, introduz a fala do negro que perdeu a liberdade, mas não a humanidade. Fala que se irmana às *slaves narratives* do hemisfério norte a fim de inscrever o drama do escravizado.

Nos primórdios de uma nova Razão Negra

Desde o início de *Úrsula,* Firmina vale-se da axiologia cristã para estigmatizar o regime escravista e seus métodos. A fala do narrador e de quase todos os personagens é perpassada pela crença no catolicismo e em seus valores. Com isso, o texto apela às convicções do público leitor, ao mesmo tempo em que alveja indiretamente a hipocrisia da Igreja que dava sustentação moral à escravidão: "Senhor Deus! Quando calará no peito do homem a tua sublime máxima – ama a teu próximo como a ti mesmo –, e deixará de oprimir com tão repreensível injustiça ao seu semelhante!... a aquele que também era livre no seu país... aquele que é seu irmão?!" (REIS, 2018, p. 32).

A assertiva do narrador se faz presente nas primeiras páginas do livro, quando este encena o encontro do escravo com um jovem "da alta sociedade", perdido numa estrada deserta. Ao representar brancos e negros como "irmãos", o romance se apropria do discurso cristão para fazê-lo voltar-se contra seus pretensos adeptos instalados na casa-grande colonial, que, aliás, sobrevive e ganha força política com a Independência. Não é o caso de percorrer aqui as muitas posições expressas por prelados como António Vieira e outros sobre a escravidão. Para tanto, basta lembrar as inúmeras capelas e até igrejas erguidas nas fazendas, cenários presentes seja nos romances da época seja em narrativas posteriores, ficcionais ou historiográficas. Além de batizados – e ganharem, portanto, um novo nome e um novo deus para crer e adorar – tinham os africanos e seus descendentes que cumprir a liturgia, com sua rotina de cultos e rezas, estando ou não presente o vigário da região.

No romance, o tratamento diferenciado conferido à questão percorre o texto do princípio ao fim. No primeiro capítulo, o jovem Túlio, em cujas veias "refervia o sangue africano" (Ibid., p. 32), depara-se com um homem branco desmaiado na estrada, vítima de um acidente em que fica sob o corpo do cavalo morto. Seu nome é Tancredo e, mais tarde, formará com Úrsula o par romântico que protagoniza a narrativa. Perante o sol escaldante do trópico, Túlio se compadece "em presença da dolorosa cena que se lhe ofereceu à vista", já que "a escravidão não lhe embrutecera a alma." (Ibid., p. 32). Ressalte-se de início que não se trata de condenar a escravidão unicamente porque um escravo específico possui um caráter elevado, como se pode ler em narrativas abolicionistas da época, brasileiras e estrangeiras. Trata-se de condenar a escravidão enquanto sistema que afronta a religião e a moral. E a autora o faz a partir do próprio discurso oriundo da hegemonia branca. Se pensarmos em termos do longínquo ano de 1859 e da longínqua província do Maranhão, poderemos aquilatar o quanto tal postura tem de avançado, num contexto em que o regime escravagista se confundia desde sempre com a própria natureza das coisas e pautava as relações sociais.

A composição do personagem indica a perspectiva que orienta a representação da coexistência entre senhores e cativos no texto de Maria Firmina dos Reis. A escravidão é "odiosa", mas nem por isto endurece a sensibilidade do jovem negro. Eis a chave para compreender a estratégia autoral de combate ao regime sem agredir em demasia as convicções dos leitores brancos. Túlio é vítima, não algoz. Sua revolta se faz em silêncio, pois não tem meios para confrontar o poder dos senhores. Não os sabota nem os rouba, todavia, como os escravos presentes em *Vítimas-algozes*, de Joaquim Manoel de Macedo, publicado dez anos depois do surgimento de *Úrsula*.[9]

O primeiro capítulo objetiva apresentar os dois personagens masculinos que irão encarnar a positividade moral do texto: um branco e um negro. Assim eles entram em cena: primeiro Tancredo; depois, Túlio. Entretanto, ao utilizar-se do artifício do acidente, a autora faz com que o segundo tome a frente do primeiro e cresça como personagem. Já de início, o leitor passa a conhecê-lo em suas virtudes, enquanto do outro sabe apenas do atordoamento mental que provoca sua queda. O negro busca então de todas as formas reanimar o cavaleiro. Consegue a custo realizar seu intento e transportar o jovem ferido até a sede da fazenda onde cumpre seu destino de cativo. Ao despertar do desmaio, Tancredo depara-se com o negro à sua frente

9 A obra de Joaquim Manoel de Macedo reúne três narrativas em torno das relações sempre conflituosas entre senhores e escravos. E condena a escravidão não em si mesma, mas pelo que tinha de pernicioso e impróprio devido à convivência com os negros no seio das famílias. Cf. MACEDO, Joaquim Manoel de. *Vítimas-algozes:* quadros da escravidão. 3. ed. Estudo introdutório de Flora Sussekind. Rio de Janeiro: Casa de Rui Barbosa; São Paulo: Scipione, 1991.

e, apesar do atordoamento que começava a lhe turvar novamente os sentidos, vislumbra no escravo o homem bom que o salvou. De antemão, cabe destacar as primeiras palavras trocadas entre ambos:

> – Quem és? – perguntou o mancebo ao escravo apenas saído de seu letargo. – Por que assim mostras interessar-te por mim?
> – Senhor! – balbuciou o negro – vosso estado... Eu – continuou com acanhamento, que a escravidão gerava – suposto nenhum serviço vos possa prestar, todavia quisera poder ser-vos útil. Perdoai-me!...
> – Eu? – atalhou o cavaleiro com efusão de reconhecimento – eu perdoar-te! *Pudera todos os corações assemelharem-se ao teu.* (Ibid., p. 33, grifos nossos).

Já na cena de abertura, portanto, o texto deixa à mostra os fundamentos da visão de mundo que o sustenta. Diante da pergunta, o escravo titubeia, pois, sabe estar diante de um representante do estamento senhorial. Já Tancredo é grato a quem o salva e, mais tarde, saberá o leitor ter sido ele traído pelo próprio pai, que abusa de sua confiança e amor filial. Diante disso, sua fala ganha um sentido especialíssimo: é o branco jovem e sensível – ideal de um novo homem, para uma nova sociedade – que encontra no negro desconhecido nada menos que um *modelo de virtude*:

> Apesar da febre, que despontava, o cavaleiro começava a coordenar suas ideias, e as expressões do escravo, e os serviços que lhe prestara, tocaram-lhe o mais fundo do coração. *É que em seu coração ardiam sentimentos tão nobres e generosos como os que animavam a alma do jovem negro*: por isso, num instante de íntima e generosa gratidão o mancebo arrancando a luva, que lhe calçava a destra, estendeu a mão ao homem que o salvara. (Ibid., p. 34, grifos nossos).

A cena é única em toda a literatura brasileira do período. Em pleno apogeu do escravismo no Brasil, o gesto inusitado do branco

– de cumprimentar o escravizado como a um semelhante – ganha sentido paradigmático frente ao contexto de redução deste último aos atributos de inferioridade apontados por Mbembe. A mão estendida vem coroar a elevação do negro a referência moral da narrativa. Charles Martin analisa a cena e destaca acertadamente que a autora faz do escravo a "base de comparação para o jovem herói branco." (MARTIN: 1988, p. 11). Todavia, o gesto humanitário soa natural ao caráter elevado de Túlio, que agradece a Deus por ter chegado ao local do acidente naquele momento. Desde então, o romance estabelece a forte empatia que liga o negro ao branco deprimido pelo mandonismo paterno, em consonância, aliás, com o título do capítulo: "Duas almas generosas".

A narrativa prossegue destacando o desconcerto experimentado por Túlio diante da atitude do acidentado. Premido por sua condição e da "distância que os separa", quer beijar a mão branca estendida à sua frente. Ao que retruca Tancredo: "– não foste por ventura o meu salvador?", para em seguida apertar a "mão grosseira", na qual "descobria com satisfação lealdade e pureza." (Ibid., p. 34). E acrescenta: "Túlio meu amigo, eu avalio a grandeza de dores sem lenitivo, que te borbulha na alma, compreendo tua amargura, e amaldiçoo em teu nome ao primeiro homem que escravizou seu semelhante." (Ibid., p. 35). Surpreso com o gesto, o negro não se contém de felicidade, ao que arremata a voz narrativa: "era o primeiro branco que tão doces palavras lhe havia dirigido." (Ibid., p. 36).

No discurso do narrador onisciente, o negro é, pois, *parâmetro de elevação moral*. Tal postura inverte os valores da sociedade escravocrata e polemiza ainda com as teorias "científicas" a respeito da "inferioridade natural" dos africanos. Assim fazendo, o discurso do romance mostra-se, desde o início, comprometido com a dignificação do personagem, ao mesmo tempo em que expressa com todas as letras qual o território cultural e axiológico que reivindica para si: o da afrodescendência empenhada em se contrapor à razão negra então hegemônica. Esse pertencimento se traduz ainda na simpatia que o texto devota a Túlio e aos demais personagens submetidos ao cativeiro, conforme estamos a demonstrar. Deste modo, o discurso de Maria Firmina dos Reis se posiciona nos antípodas da doxa eurocêntrica e bate de frente com o *alterocídio* mapeado por Achille Mbembe, que traz em si toda a carga histórica de *etnocídio* e, também, de *epistemicídio*.

Ao abrigar o cavaleiro ferido na casa de sua senhora, Túlio propicia o encontro dos dois e o início da paixão que os leva à breve felicidade. Mais uma vez, sobressaem nesses momentos o zelo e a dignidade de jovem, que termina ganhando a alforria como sinal de gratidão do homem branco. Um forte elo de amizade passa a uni-los e, a partir de então, o negro torna-se companhia inseparável do jovem branco. E faz a figura do moço de bom caráter, que respeita a senhora por não tê-lo maltratado, e se julga em dívida com aquele que o libertou. No entanto, sua nova condição é questionada por Mãe Susana, quando esta ironiza a "liberdade" do alforriado – que, afinal, irá conduzi-lo à morte – comparando-a à vida que levava em África:

> – Tu! tu livre? Ah não me iludas! – exclamou a velha africana abrindo uns grandes olhos. (...) Liberdade... eu gozei em minha mocidade! – continuou Susana com amargura. Túlio, meu filho, ninguém a gozou mais ampla, não houve mulher alguma mais ditosa do que eu. (Ibid., p. 101-102)

Além de reforçar a própria identidade afro-brasileira do texto, a entrada em cena da velha africana confere maior densidade ao sentido político do mesmo. Mais uma vez, o território de origem é mencionado sem rodeios, ao contrário do que se vê em outros escritos do século XIX, inclusive assinados por afrodescendentes. Sobressai, então, a condição diaspórica vivida pelos personagens arrancados de suas terras e famílias para cumprir no exílio a prisão representada pelo trabalho forçado. De acordo com Zahidé Muzart (2000, p. 266), "é Mãe Susana quem vai explicar a Túlio, alforriado pelo Cavaleiro, o sentido da verdadeira liberdade, que não seria nunca a de um alforriado num país racista". A propósito da tensão que funda o conflito central do romance, observa Cristina Pinto-Bailey:

> Em *Úrsula,* a única solução concreta para sanar a injustiça da escravidão é a alforria de um escravo em particular, Túlio, pelo herói branco. (...) Esta poderia ser vista como uma das falhas do romance, pois realmente não chega a oferecer nenhuma solução estrutural para a questão da escravidão. Pode-se argumentar, porém, que a principal função social de uma obra literária não é a de resolver problemas, mas simplesmente denunciá-los e expô-los, o que Maria Firmina faz muito bem e com grande apelo ao público leitor. (PINTO-BAILEY, 2013)

De fato, não cabia à literatura por si só interferir na estrutura escravagista que dominava o país desde a colonização para, num passe de mágica, alterar a realidade. A narrativa firminiana atua noutra frente ao expor pelo confronto as tensões étnicas então vigentes e ao denunciar, valendo-se da moral branca e cristã, toda a injusta brutalidade daquele modo de exploração do trabalho. E é o que fica explícito quando a narrativa dá espaço ao relato da africana Suzana, que ocupa todo o capítulo IX:

> Tinha chegado o tempo da colheita, e o milho e o inhame e o mendubim eram em abundância em nossas roças. Era um destes dias em que a natureza parece entregar-se toda a brandos folgares, era uma manhã risonha e bela, como o rosto de um infante, entretanto eu tinha um peso enorme no coração. [...]
> Ainda não tinha vencido cem braças de caminho, quando um assobio, que repercutiu nas matas, me veio orientar acerca do perigo iminente, que aí me aguardava. E logo dois homens apareceram, e amarraram-me com cordas. Era uma prisioneira – era uma escrava! Foi embalde que supliquei em nome de minha filha, que me restituíssem a liberdade: os bárbaros sorriam-se de minhas lágrimas, e olhavam-me sem compaixão. Julguei enlouquecer,

> julguei morrer, mas não me foi possível... a sorte me reservava ainda longos combates. [...]
> Meteram-me a mim e a mais trezentos companheiros de infortúnio e de cativeiro no estreito e infecto porão de um navio. Trinta dias de cruéis tormentos, e de falta absoluta de tudo quanto é necessário à vida passamos nessa sepultura até que abordamos as praias brasileiras. (Ibid., p. 102-103).

Dentre as cenas em que se representa o negro na literatura brasileira do século XIX, especialmente a mulher, esta é, sem dúvida, a mais impactante. O aprisionamento e o sequestro da Preta Suzana adquirem a meu ver a mesma importância e o mesmo simbolismo da cena de *Memórias póstumas de Brás Cubas,* escrita trinta e um anos depois, em que Machado de Assis coloca seu protagonista ainda criança montado nas costas do menino Prudêncio, para fazer dele uma cavalgadura e, ao mesmo tempo, uma alegoria perfeita da situação do negro diante da escravidão: o pobrezinho é colocado de quatro e serve de montaria para o herdeiro da Casa-grande, que o agride e ainda o nomeia de "besta".

Já Firmina adota outro tom, direto, e sem as sutilezas irônicas do discurso machadiano, quando relata a "brincadeira" do menino Brás: em *Úrsula,* quem fala em primeira pessoa é uma africana adulta, nascida livre, casada, mãe de família, habitante de uma comunidade estruturada, enfim, um ser humano sabedor de seus deveres e direitos no convívio com seus semelhantes. E que não hesita em chamar de "bárbaros" aos seus captores no momento em que perde "pátria, o esposo, mãe e filha." (Ibid., p. 103). E, assim fazendo, não apenas assume a indignação própria do ser humano aprisionado injustamente como também inverte o atributo de inferioridade inerente à doxa presente na razão negra europeia: bárbaro é quem sequestra... bárbaro é quem escraviza.

O tom de confronto com o pensamento hegemônico não teria como ser mais explícito. Não custa lembrar que esta é a primeira vez em que a captura e a escravização de africanos são representados na literatura brasileira, sendo *Úrsula* o gesto inaugural de toda uma linhagem abolicionista em nossas letras. Publicado há mais de século e meio, mas nem assim lembrado pelos manuais de nossa historiografia literária, o romance se destaca pela contundência com que expõe os métodos de abordagem daqueles que transformam seres humanos em mercadoria e força de trabalho submissa. A diegese, o tom, e a própria escolha vocabular explicitam a perspectiva autoral, identificada aos sofrimentos das vítimas.

Os agentes do "comércio nefando" a serviço dos interesses mercantis e coloniais europeus são prontamente classificados como desumanos num pronto desmascaramento da imagem civilizatória ostentada pelos colonizadores nas narrativas que circulavam desde o século dos descobrimentos. Já a mulher transformada em "peça" tem destacada a sua humanidade e a organização social que é obrigada a abandonar: "pátria, esposo, mãe e filha." (Ibid., p. 103). Assim fazendo, o romance se instaura como fenômeno até então inédito na literatura brasileira. Pela primeira vez em nossas letras, a África é tematizada e surge como *espaço de civilização* em que o individual e o comunitário se harmonizam, em que se planta e se colhe, se casa e se fazem filhos, em que existem valores e sentimentos de família e de pátria. Espaço este subitamente invadido por traficantes a serviço do aspecto mais nefasto da expansão europeia, embora corriqueiro desde o início dos descobrimentos.

Além da África – e, sobretudo, a agressão sofrida por seus habitantes –, outro espaço também surge pela primeira vez na literatura brasileira: o porão do navio negreiro. Descrito em detalhes, este lugar submerso na dor é o palco onde se expõem os métodos adotados para atender aos reclamos dos acorrentados – mulheres e homens famintos e sedentos:

> Davam-nos a água imunda, podre e dada com mesquinhez, a comida má e ainda mais porca: vimos morrer ao nosso lado muitos companheiros à falta de ar, de alimento e de água. É horrível lembrar que criaturas humanas tratem a seus semelhantes assim

> e que não lhes doa a consciência de levá-los à sepultura asfixiados e famintos. (Ibid., p. 103).

O ímpeto de denúncia evidencia-se tanto na crueza do sumário quanto no apelo ético. Em ambos, uma inédita voz narrativa em primeira pessoa expressa o drama das vítimas a fim de acusar e julgar seus sequestradores. Este *eu* negro subjugado logo se transmuta num *nós* a fim de ampliar a ancoragem histórica do enredo. Explicita-se tanto o empenho de *informar* pela via do romanesco quanto o de narrar *de dentro do problema*, com vistas a configurar outra interpretação e outro sentido para o regime que se constituía em fundamento central do modo de produção adotado pelo expansionismo colonial nas Américas. Seguindo esse propósito, o tom da narrativa se aproxima da oralidade. E, apesar de castiço – exigência da norma literária de então –, apela, entre outros, às reiterações nominais e verbais, objetivando o reforço da verossimilhança. A estratégia é bem-sucedida e marca em cores vivas tanto o discurso da personagem, que ganha foros de testemunho, quanto os próprios fatos narrados:

> Nos dois últimos dias não houve mais alimento. Os mais insofridos entraram a vozear. Grande Deus! Da escotilha lançaram sobre nós água e breu fervendo, que escaldou-nos e veio dar a morte aos cabeças do motim.
> A dor da perda da pátria, dos entes caros, da liberdade foi sufocada nessa viagem pelo horror constante de tamanhas atrocidades.
> Não sei ainda como resisti – é que Deus quis poupar-me para provar a paciência de sua serva com novos tormentos que aqui me aguardavam. (Ibid., p. 103).

A narrativa de Mãe Susana mescla o relato do aprisionamento e da resistência com o poder judicativo do discurso antiescravagista de Firmina. O texto reitera o libelo que debita ao colonizador não apenas o roubo de seres humanos, tratados por seus captores como "animais ferozes das nossas matas que se levam para recreio dos potentados da Europa" (Ibid., p. 117), mas igualmente as atrocidades sofridas durante a viagem. Contra a barbárie se impõe a resistência, o que só atesta a humanidade dos prisioneiros, cientes do risco e do alto preço a pagar pelo protesto. De imediato, cabe ressaltar que o navio e seu porão configuram-se como *lugares de memória*, conforme nos ensina Pierre Nora. Para ele, a "razão de ser fundamental" do lugar de memória é "parar o tempo, bloquear o trabalho do esquecimento, fixar um estado de coisas, imortalizar a morte, materializar o imaterial – o ouro é a única memória do dinheiro – prender o máximo de sentido num mínimo de sinais." (NORA, 1993, p. 22).

Ao nomear o porão como "sepultura", o texto de Maria Firmina ecoa a designação de "tumbeiro" para o navio utilizado na condução da "mercadoria humana". Segundo Nei Lopes, tal nomeação "alude às condições em que eram transportados os africanos escravizados para as Américas." Derivado de "tumba", remete ainda ao indivíduo responsável por levar os mortos à sepultura. (LOPES, 2004, p. 659). A inscrição conflui, portanto, para a constituição de um campo semântico marcado pelos signos da agonia e da morte. Assim fazendo, o texto traz para a língua portuguesa a fala – e a perspectiva – do africano, fruto da escuta atenta de suas perdas: civilização, liberdade, pátria, família e, para muitos, a própria vida. E o faz sem perder de vista e, mesmo, enfatizando a perspectiva de quem sobreviveu para contar a história.

Sobressai de imediato a postura de *sujeito de rememoração*, na qual o pessoal se irmana ao coletivo. É o discurso do Outro fazendo ouvir a fala dos escravizados. O romance prossegue com o verismo da descrição sobrepujando-se à ficção propriamente dita. Com isto, o texto ganha em densidade histórica e humana, o que perde porventura em termos de aprofundamento psicológico dos personagens e do próprio andamento da trama, suspendendo-se esta para que se ouça a versão das vítimas. A narrativa da vida de Mãe Susana em África e de seu aprisionamento ocupa todo o nono capítulo, e foi inserida no texto justamente no momento em que se dá a alforria de um jovem cativo, a fim de relativizá-la como conquista da liberdade.

Essa perspectiva de leitura se confirma quando cotejada, entre outras, com as memórias de Mahommah Gardo Baquaqua – aqui chamado José da Costa –, escravo que chegou ao Nordeste brasileiro em 1845 e viajou dois anos depois para os Estados Unidos, lá conseguindo escapar de seu senhor e ganhar a liberdade. Alfabetizado em inglês, Baquaqua escreveu uma autobiografia e tornou-se um dos primeiros africanos a publicar suas memórias. Considerado uma preciosidade documental, seu texto antecede em cinco anos o romance de Maria Firmina dos Reis e confirma em muitos momentos o tom e, mesmo, diversos detalhes do inferno narrado pela romancista. Ao descrever a travessia do oceano, ele afirma:

> A única comida que tivemos na viagem foi milho seco cozido. Não posso dizer quanto tempo ficamos presos assim, mas pareceu um tempo muito longo. Sofremos muita sede, mas negaram a água que necessitávamos. Uma caneca por dia foi a dose permitida, nada mais; e muitos, muitos escravos morreram na travessia. [...] Quando um de nós se rebelava, cortavam a pele com faca, e esfregavam pimenta ou vinagre para acalmá-lo (!) Sofri, e os outros também, muito por causa do enjoo do mar no início, mas isso não causou problema para nossos donos brutais. Nossos sofrimentos eram somente nossos. Não tínhamos ninguém com quem compartilhar nossas misérias, nem cuidar de nós, nem para dizer uma só palavra de conforto. Alguns foram jogados no mar antes do último suspiro. Quando suspeitavam que alguém não sobreviveria, era liquidado dessa maneira. (BAQUAQUA, 1997, p. 86)

Como se vê, a ficção e a autobiografia se iluminam e confluem na descrição do tráfico e na condenação de sua desumanidade. A semelhança ostentada pelos dois textos, distantes linguística e geograficamente um do outro, é espantosa: está no tom indignado, transposto numa discursividade que apela a Deus como emblema maior da justiça, passa pela denúncia do assassinato como forma de coerção, até descer a detalhes escabrosos da "sepultura" e do "tumbeiro". Tanto na tortura sádica e prolongada, quanto na eliminação pela queimadura, enfatizam o embrutecimento dos traficantes. Deste modo, a especificidade que distingue a narrativa biográfica da ficcional se dissolve nos porões onde habita a memória da dor. E a distância que separa Detroit – local de publicação dos escritos de Baquaqua – de São Luís do Maranhão desaparece nas histórias comuns vividas no Atlântico Negro, a inaugurar uma perspectiva transnacional, em que ficção e depoimento se somam para edificar outra visão da história da diáspora africana nas Américas.

Vozes aparentemente isoladas, Maria Firmina e Mahommah Baquaqua têm a uni-los a mão que busca na escrita o gesto político, e se irmanam na construção da identidade diaspórica que remete à África e repudia a escravização. Ambos os textos levam o leitor a indagar sobre a barbárie e a respeito de quem verdadeiramente é o civilizado. Note-se ainda que o relato da experiência, se é próprio ao memorialismo de Baquaqua e vem a ser o cerne de sua narrativa, faz-se também presente na ante cena de *Úrsula*, como fonte documental de uma ficção empenhada num acerto de contas com o modo de produção ainda vigente naquele momento em muitos pontos das Américas.

Inscrita na ficção como depoimento, a fala da preta Susana contesta a razão negra ocidental e a desmistifica. Parte do ponto de vista de quem perdeu a liberdade para detalhar o processo em seus momentos mais cruéis, e questionar a lógica que reduz a humanidade do africano a fim de justificar seu aprisionamento e comercialização. Ao chegar ao mundo em que passará a viver, a mulher recém-escravizada "gela de horror" e se compadece de seus irmãos, vítimas de um senhor de "coração de tigre" e de seus instrumentos: os açoites, o "anjinho", o "cepo", e as prisões, onde os "sepultava vivos", "carregados de ferros" (Ibid., p. 118). Amplia-se desta forma o campo semântico da morte, já evidenciado nas cenas acima. Estende-se agora a toda uma vida de submissão e anulação do sujeito – novo destino dos que acabavam de chegar.

Cumpre destacar ainda a distância que separa o texto de Firmina em relação, por exemplo, a *O Guarani*, de José de Alencar, publicado dois anos antes. Nesse, o narrador não apenas entroniza Dom Antônio de Mariz como herói, mas confere endosso ideológico ao poder e à autoridade absolutos do "senhor de baraço e cutelo". Ao fazê-lo, a narrativa alencarina não diferencia os usos correntes do baraço, instrumento utilizado tanto para o aprisionamento do gado ou das feras encontradas nos matos, prendendo-os pelo pescoço, quanto para cercear os movimentos dos escravizados, possibilitando até mesmo levá-los ao enforcamento. A propósito, acrescenta Charles Martin:

> Maria Firmina dos Reis evidentemente traz uma contribuição definitiva para a literatura abolicionista: ela representa um ponto de vista de oposição à tendência geral, dotando o negro de um padrão mental próprio dentro do cenário do Novo Mundo. Isto significa uma revolução na representação do outro e na representação da autoridade. Não só o outro passa a ter um "eu", como também passa a se expressar de modo próprio. Quando Mãe Susana e Antero exprimem as suas reminiscências, estão ao mesmo tempo se auto representando. Noutras palavras, não só se mostram, como se demonstram. (MARTIN, 1988, p. 13).

Por outro lado, o discurso de Maria Firmina é hábil em evitar o maniqueísmo tão comum ao folhetim. Os conflitos narrados não sofrem a generalização que deposita toda a virtude de um lado e toda a vilania em outro. Isto possibilita a Mãe Susana reconhecer que há bondade e compaixão também entre os meandros do estamento opressor, o que mitiga, mas não extingue seu sofrimento. A escrava devota à jovem Úrsula um amor de mãe, o que só amplia seu humanismo. Mas nem por isso esquece suas perdas: "a dor que tenho no coração só a morte poderá apagar! – meu marido, minha filha, minha terra... minha liberdade..." (Ibid., p. 119).

Além das sofridas lembranças da velha africana e da moldura cristã que preside a existência de Túlio, *Úrsula* trata ainda de um outro tipo de escravo: o que perde a autoestima e se entrega ao vício. Surge então a figura decrépita de Pai Antero, sujeito de bom coração, mas dominado pelo alcoolismo. Saudoso dos costumes de sua terra e do "vinho de palmeira" bebido no ritual africano do descanso semanal – que Maria Firmina nomeia "festa do fetiche" –, Antero cumpre na trama o contraponto dramático ao caráter elevado de Túlio. Além disso, ao ressaltar o vício do personagem, o texto busca escapar a uma excessiva idealização, tanto de negros quanto de brancos, regra geral em nossa produção ficcional de cunho romântico.

Com Antero, fecha-se a estrutura encimada por Mãe Susana, e a tríade negra vai aos poucos mobilizando a atenção do leitor e superando em importância o previsível triângulo amoroso vivido pelos personagens brancos. Por outro lado, a remissão ao vinho de palmeira e à festa africana reforça o elo textual com tradições apagadas no processo de colonização e ausentes do discurso hegemônico. Mais uma vez, cabe ao texto ficcional atuar como lugar de memória e remeter a práticas e costumes deixados para trás durante o processo de escravização. A propósito da representação dos escravos no romance, comenta Juliano Carrupt do Nascimento:

> Túlio, Preta Susana e Antero agregam caracterizações morais que os diferem dos estereótipos articulados pelos processos culturais e literários do século XIX, sua função de personagens impõe à narrativa acontecimentos que não seriam possíveis caso fossem construídos de outra maneira. (...) Suas vozes aparecem em dissonância com os discursos histórico e literário tradicionais, porque se caracterizam como africanas e persuasoras, e não aparecem apenas como vozes de escravos, que aceitam a subordinação ao poder patriarcal e escravocrata. (NASCIMENTO: 2010, p. 101).

As peripécias vividas pelos negros se inserem numa estrutura romanesca fundada em encaixes narrativos nos quais os personagens vão contando suas histórias de vida. Do ponto de vista formal, o texto marca-se pela linearidade e por seres desprovidos de maior complexidade psicológica. Tais figuras vivem quase sempre situações extremas, marcadas pelo acaso e por mudanças bruscas do destino. Situando *Úrsula* no contexto da narrativa folhetinesca, pode-se aquilatar o quanto a escritora se apropria das técnicas do romance de fácil aceitação popular, a fim de utilizá-las como instrumento a favor de seu projeto de dignificação dos oprimidos – e não apenas dos escravizados.

Interseccionalidade e crítica à razão patriarcal

O triângulo amoroso formado por Úrsula, Tancredo e o tio Comendador (que surge como encarnação de todo o mal sobre a terra) ocupa o plano principal das ações. Além de assassinar o pai e abandonar a mãe da protagonista durante anos entrevada numa cama, o Comendador compõe a figura sádica do senhor cruel que explora a mão de obra cativa até o limite de suas forças.

Esse tio velho e sem limites encena a paixão incestuosa cara ao *roman feuilleton*. Acrescentem-se ainda outras marcas do gênero ainda hoje caro ao grande público: a multiplicidade de tempos, espaços e ações; o maniqueísmo na construção dos protagonistas e do vilão; os sentimentos exacerbados, a aproximar amor e morte; a presença do remorso e da loucura como punição; o mito do amor à primeira vista (o amor tanto pode adoecer quanto curar); o império dos sentimentos, que leva a cenas típicas do Romantismo (a tristeza mata, a surpresa desagradável leva ao desmaio); tudo isto coroado por uma estratégia narrativa marcada por anúncios e presságios de toda ordem com o propósito de prender a atenção do leitor.

Ao final, enlouquecido de ciúmes, o Comendador mata Tancredo na própria noite do casamento deste com Úrsula, o que provoca a loucura e posterior falecimento da heroína e o inconsolável remorso que também leva o tio à morte, não sem antes passar pela libertação de seus cativos e pela reclusão num convento. O texto descarta o *happy end* e opta pelos esquemas consagrados no romance gótico, a que se pode acrescentar a trajetória cheia de obstáculos a vencer.

O romance situa a escravidão num contexto de supremacia da vontade senhorial como poder absoluto. E percebe-se logo a inserção da mulher também como individualidade sequestrada e elemento submetido, em síntese, uma personalidade moldada para a obediência, numa inédita postura de *interseccionalidade* entre gênero e etnia. Úrsula é a típica mulher branca presa à propriedade da terra e à sua condição de órfã. Algo semelhante ocorre com sua mãe, cujo estar no mundo é agravado pela doença. Ao abrigar Tancredo e antever a possibilidade do enlevo amoroso que o ligará à filha, ela agradece a Deus pela chegada do possível noivo, única possibilidade de alterar seu destino e o da heroína. Por outro lado, pela voz do jovem mancebo, a autora aponta a "tirania" do casamento nos moldes estabelecidos pelo patriarcado escravocrata daqueles tempos como incapaz de gerar amor. Deste modo, o romance denuncia o triângulo social em cujo vértice se coloca a vontade do senhor como intocável, a oprimir os que estão sob sua tutela: a *mulher* e o *escravizado*.

É, portanto, como mulher e como afro-brasileira que a autora põe-se a narrar o drama da jovem Úrsula e de sua desafortunada mãe, ao qual se acrescentam os infortúnios de Tancredo e a tragédia de Túlio, Susana e Antero, que recebem no texto um tratamento marcado pelo já assinalado *ponto de vista interno*, pautado pela fidelidade à história não oficial da diáspora africana em nosso país. Essa solidariedade para com o oprimido, é absolutamente inovadora se comparada àquela existente em outros romances abolicionistas do século XIX, pois nasce de uma perspectiva outra, pela qual a escritora, irmanada aos cativos e a seus descendentes, expressa seu pertencimento a este universo de cultura. A façanha da escritora maranhense ganha em amplitude se inserida no acanhado panorama do incipiente romance brasileiro das primeiras décadas do Romantismo.

Assim, entre a positividade e a ingênua bondade do jovem afro-brasileiro, a negatividade representada pela decadência do velho africano e o assédio permanente do poder patriarcal sobre a mulher indefesa, Maria Firmina abre espaço para o discurso de Mãe Susana, elo vivo com a memória ancestral e com a consciência subalternizada pelo regime. Espécie de *alter ego* da romancista, a Preta Suzana configura aquela voz feminina portadora da verdade histórica e que pontua as ações, ora com comentários e intervenções moralizantes, ora como verdadeira pitonisa a tecer passado, presente e futuro nos anúncios e previsões que, por um lado, preparam o espírito do leitor e aceleram o andamento da narrativa e, por outro, instigam a reflexão e a crítica. Essa voz emerge, pois, das margens da ação para carregá-la de densidade, do mesmo modo que sua autora, que também emerge das margens da literatura brasileira para agregar a ela um instigante suplemento de sentido: o da afro-brasilidade.

Pode-se afirmar que esta lateralidade está em homologia com o próprio desempenho da intelectual afrodescendente, que vai aos poucos superando a exclusão a que foram relegados seus irmãos de cor, para desempenhar uma função *distinta* e *outra* na arena discursiva em que literatura, cultura e política se mesclam, em meio às tensões que vão construindo os vários rostos do país recém-saído da Independência. Ao antecipar o Castro Alves "poeta dos escravos", cuja produção vai de 1876 a 1883, o Joaquim Manoel de Macedo de *Vítimas-algozes* (1869) e o Bernardo Guimarães da virtuosa *Escrava Isaura* (1875), para ficarmos na literatura antiescravagista mais conhecida, Maria Firmina dos Reis desconstrói não apenas a primazia do abolicionismo branco, masculino e senhorial. Não nos esqueçamos que esse discurso, com sua aura paternalista, ao fim e ao cabo prepara o terreno para as teses do "homem cordial", de Sérgio Buarque de Holanda e outros, bem como da "democracia racial" freyreana. Ao estabelecer uma diferença discursiva que contrasta em profundidade com o abolicionismo hegemônico na literatura brasileira de seu tempo, a autora busca construir para seu texto um outro lugar: o da literatura afro-brasileira de autoria feminina.

Maria Firmina dos Reis desconstrói igualmente uma história literária eurocêntrica e masculina. *Úrsula* não é apenas o primeiro romance abolicionista da literatura brasileira. É também *o primeiro romance da literatura afro-brasileira*, entendida esta como produção de autoria afrodescendente, que tematiza o assunto a partir de uma perspectiva interna e comprometida politicamente em recuperar e narrar a *condição* do *ser negro* em nosso país. Texto fundador, polemiza também com a tese segundo a qual nos falta um "romance negro", pois, apesar de centrado nas vicissitudes da heroína branca, tem-se uma narrativa da escravidão conduzida segundo uma nova *Razão Negra* oposta ao discurso senhorial hegemônico. Assim, o romance da escritora maranhense vem fazer companhia às *Trovas burlescas* de Luiz Gama, também de 1859, no momento inaugural em que os afrodescendentes querem tomar com as mãos o sonho de, pela literatura, construir um país sem escravidão e sem discriminação racial. De acordo com Luiza Lobo,

> A consciência da negritude em Maria Firmina dos Reis em sua obra pioneira consiste em ver a questão da abolição não sob um prisma universalista, europeizado e distante do cotidiano, mas sob a ótica do vencido, descrevendo as condições concretas do escravo. Ela insere em toda a sua obra preciosos aspectos antropológicos que permitem ver a existência do escravo no seu aspecto real, sob o jugo de senhores e feitores que agiam sob o amparo das leis, como na cena do assassinato da escrava Susana, em *Úrsula*. (LOBO, 2014, p. 119).

O discurso emancipatório perpassa praticamente toda a obra de Maria Firmina. Seu conto "*A escrava*", publicado na *Revista Maranhense* em 1887, no auge da campanha pela abolição, contém igualmente o testemunho de uma velha cativa, representada agora na personagem Mãe Joana. Essa voz africana traz para a literatura brasileira o sentido suplementar configurado pelo traço ancestral oriundo de outro continente e de outra civilização, aparentemente deixada para trás e, talvez por isso mesmo, recalcada pelo discurso hegemônico.

Esse discurso do abolicionismo branco, presente em Aluísio Azevedo e em tantos mais, tem sua credibilidade abalada pelas vozes postas em circulação por Maria Firmina. As pretas velhas da escritora maranhense carregam a literatura oitocentista de uma historicidade que soa subversiva frente aos estereótipos do bom senhor e do escravo contente. A África está presente e esses relatos, carregados de uma autoridade forjada pelo testemunho, ganham uma dramática autenticidade. Pensando em termos de verismo construtivo na literatura brasileira anterior ao Modernismo, a força narrativa de "*A escrava*" só encontra paralelo nos escritos de Lima Barreto e nos contos de Machado de Assis "Pai contra mãe", "Mariana" e o "O caso da vara".

Outro aspecto a destacar: ambas as personagens refutam em sua configuração dramática o papel de objetos disponibilizados ao apetite sexual da casa-grande e adjacências. Rompem deste modo com o lugar estabelecido pelos costumes implantados desde a colonização, pelo qual entre suas funções estava a de corpo desfrutável, conforme se verifica até mesmo na etimologia do termo "mucama" – do quimbundo *mukama*, "concubina", "escrava amante de seu senhor" (LOPES, 2004, p. 456). Tal função é lembrada, até com certa dose de saudosismo, por Gilberto Freyre em *Casa grande e senzala*, texto em que ressalta o papel da "mulata que nos iniciou no amor físico e nos transmitiu, ao ranger da cama-de-vento, a primeira sensação completa de homem." (FREYRE, 1984, p. 283).

De Gregório de Matos a Guimarães Rosa, a literatura brasileira sempre trouxe à baila figura da mulher afrodescendente *sexy* e disponível ao homem branco. Além disso, notabilizou-se por construir tal imagem com os adereços do prazer sem consequências ou compromissos. E o fez de modo sutilmente dissimulado, pois, sobretudo nas "mulatas", o sexo nunca leva à procriação.[10] Com as personagens

10 Ver, a propósito, nosso "Mulheres marcadas: literatura, gênero, etnicidade", disponível em www.uel.br/pos/letras/terraroxa/g_pdf/vol17A/TRvol17Aa.pdf

de Maria Firmina dos Reis dá-se justamente o oposto. Tanto Susana quanto Joana, além de desprovidas dos encantos da "mulata sensual", figuram como procriadoras e mães zelosas. A primeira lamenta até o fim a ausência da filha deixada em África; e a segunda acompanha o crescimento dos filhos, sofre diante do tratamento que estes recebem do feitor, e chega a enlouquecer quando presencia os menores serem vendidos e partirem para local desconhecido.

Mãe Susana, Túlio e Antero, embora figuras secundárias na trama romântica vivida por Úrsula e Tancredo, recobrem de humanismo antiescravagista o romance publicado em São Luís por uma desconhecida que assina simplesmente "Uma maranhense", conforme detalhado anteriormente. Não satisfeita com o disfarce de autoria, acrescenta no prólogo ser o livro obra de mulher e "mulher brasileira, de educação acanhada e sem o trato e conversação dos homens ilustrados." A autora destaca ainda sua "educação misérrima, apenas conhecendo a língua de seus pais." Indica deste modo o lugar que ocupa na sociedade em que nasceu. É desse lugar intermediário, mais próximo da pobreza que da riqueza, que Maria Firmina corajosamente levanta sua voz por intermédio do que chama "mesquinho e humilde livro". E, mesmo sabendo do "indiferentismo glacial de uns" e do "riso mofador de outros", desafia: "ainda assim o dou a lume".

O prólogo estabelece o território cultural que embasa o projeto do romance. Estamos em 1859 e com seu gesto Maria Firmina aponta o caminho do romance romântico como atitude política de denúncia de injustiças há séculos arraigadas na sociedade patriarcal brasileira e que tinham no escravo – e também na mulher –, suas principais vítimas. Luiza Lobo ressalta ainda que

> Esta posição, bastante rara na literatura nacional, deve-se ao fato de a autora ser mulata e ocupar as camadas subalternas da sociedade brasileira, como professora primária. Pôde observar a vida cotidiana do escravo porque também ocupava um lugar social de oprimida, como mulher e afrodescendente. (LOBO, 2014, p. 119).

Como era comum numa época em que as mulheres viviam submetidas a inúmeras limitações e preconceitos, a autora omite seu nome tanto na capa quanto na folha de rosto de *Úrsula*, ali consignando apenas o pseudônimo "Uma Maranhense"... Desta forma, a ausência do nome, aliada à indicação da autoria feminina e, ainda, a procedência da distante província nordestina, juntam-se ao tratamento dado ao tema da escravidão. O resultado é que uma espessa cortina de silêncio envolveu a autora ao longo de mais de um século. Sílvio Romero e José Veríssimo a ignoram. E muitos dentre os expoentes de nossa historiografia literária canônica fazem o mesmo, à exceção de Sacramento Blake e Raimundo de Menezes.

Somente a partir da edição fac-similar preparada por Horácio de Almeida e vinda a público em 1975, *Úrsula* foi lentamente chegando ao conhecimento dos estudiosos. E no momento que marca o centenário de morte da autora, não deixa de ser auspicioso o interesse de jovens leitoras e leitores para com esse texto precursor até mesmo na Interseccionalidade entre gênero e etnia. Interesse traduzido em dezenas de artigos, monografias acadêmicas, teses e dissertações.

Para finalizar, transcrevemos o único fragmento existente do "Hino à liberdade dos escravos", composto pela autora e incluído por José do Nascimento Morais no volume *Maria Firmina, fragmentos de uma vida*:

Hino à liberdade dos escravos

Salve Pátria do Progresso!
Salve! Salve Deus da Igualdade!
Salve! Salve o sol que raiou hoje,
Difundindo a Liberdade!

Quebrou-se enfim a cadeia
Da nefanda Escravidão!
Aqueles que antes oprimias,
Hoje terás como irmão!

Em sua singeleza, os versos reiteram o tom e a forma dos escritos que abordamos neste trabalho. Acreditava a autora no Deus da Igualdade e no sol que traria finalmente a luz da Liberdade a todos os oprimidos. A segunda estrofe não deixa dúvidas quanto ao destinatário pretendido pela compositora. O hino louva a pátria que pôs fim ao "comércio nefando", mas dirige-se especificamente aos antigos senhores: "aqueles que antes oprimias / Hoje terás como irmão." É o clamor por uma igualdade sem conflitos que embasa a trajetória e a utopia que move a cidadã, professora e mulher de letras. E que a faz inaugurar a primeira sala de aula de seu estado em que meninos e meninas puderam conviver e aprender juntos. Assim, obra e vida se articulam e nos dão belos exemplos não só de resistência, mas, sobretudo, de resiliência.

Referências

ALENCAR, José de. *O Guarani*. São Paulo: Ática, 1972.

BOOK-MORSS, Susan. Hegel e o Haiti. In: *Novos Estudos CEBRAP*, nº 90, Julho 2011. Disponível em http://www.scielo.br/scielo.php?script=sci_arttext&pid=S0101-33002011000200010, acesso em 10 de fev. 2014

BAQUAQUA, Mahomah Gardo. *Biografia e narrativa do ex-escravo afro-brasileiro*. Trad. de Robert Krueger. Brasília: Editora Universidade de Brasília, 1997.

DUARTE, Eduardo de Assis. Maria Firmina dos Reis e os primórdios da ficção afro-brasileira. In: *Literatura, política, identidades*. Belo Horizonte: FALE-UFMG, 2005.

FREYRE, Gilberto. *Casa-grande & senzala*. 23. ed. Rio de Janeiro: José Olympio, 1984.

FRYE, Northrop. *Anatomia da crítica*. Trad. Péricles Eugênio da Silva Ramos. São Paulo: Cultrix, s/d.

GUIMARÃES, Bernardo. *A escrava Isaura*. São Paulo: Ática, s/d.

HEGEL, Georg Wilhelm Friedrich. *Fenomenologia do espírito*. Trad. de Paulo Menezes, com a colaboração de Karl-Heinz Efken e José Nogueira Machado. 7. ed. rev. Petrópolis: Vozes; Bragança Paulista: Universidade São Francisco, 2002.

HEGEL, Georg Wilhelm Friedrich. *Lecciones sobre la filosofia de la história universal* (1837). Trad. José Gaos Madrid: Alianza Editorial, 1989.

LOBO, Luiza. Autorretrato de uma pioneira abolicionista. In: *Crítica sem juízo*. Rio de Janeiro: Francisco Alves, 1993, 2. ed. rev. Rio de Janeiro: Garamond, 2007.

LOBO, Luiza. *Guia de escritoras da literatura brasileira*. Rio de Janeiro: Eduerj, 2006.

LOBO, Luiza. Maria Firmina dos Reis. In DUARTE, Eduardo de Assis (Org.). *Literatura e afrodescendência no Brasil:* antologia crítica. Belo Horizonte: Editora UFMG, 2014, vol. 1, Precursores.

LOPES, Nei. *Enciclopédia brasileira da diáspora africana*. São Paulo: Selo Negro, 2004.

MACEDO, Joaquim Manoel de. *Vítimas-algozes:* quadros da escravidão. 3. ed. Estudo introdutório de Flora Sussekind. Rio de Janeiro: Casa de Rui Barbosa; São Paulo: Scipione, 1991.

MARTIN, Charles. Uma rara visão de liberdade. Estudo introdutório a REIS, Maria Firmina dos. *Úrsula*. 3. ed. Organização, atualização e notas por Luiza Lobo. Rio de Janeiro: Presença Edições; Brasília: INL, 1988.

MBEMBE, Achille. *Crítica da razão negra*. Trad. Marta Lança. Lisboa: Antígona, 2014.

MONTELLO, Josué. A primeira romancista brasileira. *Jornal do Brasil*, 11 nov. 1975. Republicado em Madrid/Espanha, com o título La primera novelista brasileña. In: *Revista Cultura Brasileña*, n. 41, junio 1976.

MORAIS FILHO, José Nascimento. *Maria Firmina, fragmentos de uma vida*. São Luiz: COCSN, 1975.

MOTT, Maria Lúcia de Barros. *Submissão e resistência*: a mulher na luta contra a escravidão. São Paulo: Contexto, 1988.

MUZART, Zahidé Lupinacci. Maria Firmina dos Reis. In: MUZART, Z. L. (Org.). *Escritoras brasileiras do século XIX*. 2. ed. rev. Florianópolis/Santa Cruz do Sul: Editora Mulheres /EDUNISC, 2000.

NASCIMENTO, Juliano Carrupt do. *O negro e a mulher em Úrsula, de Maria Firmina dos Reis*. Rio de Janeiro: Caetés, 2009.

NORA, Pierre. Entre memória e história: a problemática dos lugares. Trad. Iara Aum Khoury. In: *Projeto História,* nº 10, São Paulo, 1993.

PINTO-BAILEY, Cristina Ferreira. Na contramão: a narrativa abolicionista de Maria Firmina dos Reis. Disponível em: www.letras.ufmg/literafro (acesso em 05/05/2017).

REIS, Maria Firmina dos. *Úrsula*. 7. ed. Atualização do texto, contextualização histórica e posfácio de Eduardo de Assis Duarte. Belo Horizonte: Editora PUC Minas, 2018.

REIS, Maria Firmina dos. *A escrava*. In: *Úrsula*. 7. ed. Atualização do texto, contextualização histórica e posfácio de Eduardo de Assis Duarte. Belo Horizonte: Editora PUC Minas, 2018.

A MULHER MARIA FIRMINA DOS REIS: UMA MARANHENSE

Dilercy Aragão Adler

1. INTRODUÇÃO

Falar sobre Maria Firmina não é uma tarefa fácil, considerando as condições objetivas da época em que ela viveu. Tempo pródigo em escassez de fontes de registros.

Maria Firmina dos Reis nasceu em São Luís do Maranhão/Brasil; esse é um dado incontestável, porém outros dados da sua biografia deixam dúvidas e alguns foram refutados, com base em pesquisas recentes ADLER (2017), em fontes primárias, encontrados no Arquivo Público do Estado do Maranhão. No tocante aos novos dados cita-se a seguir:

A data de seu nascimento, até meados de 2017, todos os trabalhos publicados registravam 11 de outubro de 1825. No entanto, por meio dos documentos: *Autos de Justificação do dia de nascimento de Maria Firmina dos Reis,* datado de 25 de junho de 1847 (Câmara Eclesiástica/Episcopal, série 26, Caixa n. 114 – Documento-autos nº 4.171); da *Certidão de Justificação de Batismo* (Fundo Arquidiocese – Certidão de Justificação de Maria Firmina dos Reis – Livro 298 – fl. 44v) e do *Livro de Baptismo* (Fundo Arquidiocese Batismo de Maria Firmina dos Reis, Livro 116- fl. 182), ficou constatado que o seu nascimento, de fato, data de 11 de março de 1822.

O primeiro documento, *Autos de justificação do dia de nascimento de Maria Firmina dos Reis,* datado de 25 de junho de 1847, Câmara Eclesiástica/Episcopal, série 26, Caixa n. 114 – Documento-autos nº 4.171, ano 1847 (12 fls. Frente e Verso), assim inicia:

> Diz Maria Firmina dos Reis, filha natural de Leonor Filippa dos Reis, que ela quer justificar por este Juiso que **nasceo no dia 11 de Março do anno de 1822**, e que só teve lugar o seu baptismo no dia 21 de Desembro de 1825, como mostra pelo documento junctos, por causa de molestia que então lhe sobreveio e privou ser baptisada antes; o que feito requer se julgue por sentencia, e que mande abrir novo assento por tt.º (ADLER, 2017, p. 59) (grifo meu).

A solicitação se reporta ao livro de Baptismo de nº 116 que traz na Folha 182:

> Aos vinte e hum de dezembro de 1825 nesta freguezia de Nossa Senhora da Victória Igreja Cathedral da cidade do Maranhão baptizei e pus os santos oleos a Maria filha natural, de Leonor Felippa molata forra que foi escrava do Comendador Caetano Je. Teixei.ª forão Padrinhos o Tenente de Milícias João Nogueira de Souza e Nossa S enhora dos Remédios do que se fez este assento que assignei° (ADLER, 2017, p. 59),

O processo inclui vários documentos, entre os quais: o auto lavrado pelo escrivão, o requerimento dela e o certificado dado pelo escrivão. No certificado dado pelo escrivão ele se reporta à certidão do batismo.

A petição de Justificação do dia de nascimento foi deferida no dia 14 de julho de 1847, sendo aceita então a data de nascimento requerida, **a de 11 de março de 1822** (grifo meu).

Filiação: nos registros pesquisados consta o nome de João Pedro Esteves como seu pai, no entanto nenhum outro dado é colocado sobre ele, salvo que é negro. Assim, a sua origem e vida são totalmentes desconhecidas até hoje. A mãe de Maria Firmina, Leonor Felippa dos Reis, em alguns trabalhos aparece como branca e de origem portuguesa. Nos documentos já referidos, está registrado: *Maria filha natural, de Leonor Felippa molata forra que foi escrava do Comendador Caetano[...]* (ADLER, 2017, p.59).

A Certidão de Batismo de Maria Firmina coloca em evidência a condição social da sua mãe como mulata forra, tendo esta sido escrava do Comendador Caetano José Teixeira, um dos maiores negociantes do Maranhão na passagem do século XVIII ao XIX. Era português, dono de empresas que negociavam por todo o Império colonial português, sobretudo nas praças de São Luís, Belém, Lisboa, Porto e em Guiné, assim como nos outros domínios da África. Empregou 2.000 escravos, foi proprietário bem estabelecido na província, (Diário da Câmara dos Deputados a Assembleia Geral Legislativa do Império do Brasil. Rio de Janeiro: Typographia do Império, 1826 – 1829. P. 901).

Imagem: Maria Firmina não deixou nenhuma foto e o que existe em relação a uma réplica da sua imagem é um busto esculpido, em sua homenagem, por ocasião do sesquicentenário de seu nascimento, de autoria do artista plástico Flory Gama, construído à base de informações prestadas por vimarenses (os cidadãos da cidade de Guimarães, no estado do Maranhão, Brasil) que conviveram com ela, como Dona Nhazinha Goulart, criada pela romancista, na residência da Praça Luís Domingues, e Dona Eurídice Barbosa, que foi aluna de Maria Firmina na Escola Mista de Maçaricó.

Em seu livro *Maria Firmina: Fragmentos de uma vida*, editado pelo Serviço de Imprensa e Obras Gráficas do Estado - SIOGE, no Maranhão, Nascimento Morais Filho (1975, p. 259) se refere aos traços físicos de Maria Firmina dos Reis, mencionando: [..] *Rosto arredondado, cabelo crespo, grisalho, fino, curto, amarrado na altura da nuca; olhos castanho-escuros, nariz curto e grosso; lábios finos; mãos e pés pequenos; meã (1,58, pouco mais ou menos), morena.*

A esse respeito, convém registrar que a imagem da escritora Maria Benedita Câmara Bormann, conhecida pelo pseudônimo de Délia, *é veiculada erroneamente como sendo de Maria Firmina dos Reis.* Maria Benedita é, de fato, uma cronista, romancista, contista e jornalista que nasceu em 25 de novembro de 1853, na cidade de Porto Alegre/Rio Grande do Sul e faleceu em julho de 1895, no Rio de Janeiro/RJ. Ainda chama a atenção que aparece na maioria das pesquisas e trabalhos a mesma foto de Maria Benedita tanto para retratar ela própria, quanto Maria Firmina.

Maria Firmina dos Reis

Maria Benedita Câmara Bormann (Délia)

Este é um dos maiores cuidados da Academia Ludovicense de Letras – ALL, hoje: desfazer esse inaceitável equívoco.

A Academia Ludovicense de Letras (da cidade de São Luís, capital do Estado do Maranhão/Brasil), a escolheu como Patrona da Casa e, nesse contexto, há o empenho de empreender pesquisas com maior número de variáveis possíveis que elucidem o que diz respeito a essa ilustre escritora e mulher brasileira.

2. O MARANHÃO DE MARIA FIRMINA DOS REIS

O entendimento de que as condições sociais objetivas, a partir, também, da posição social e econômica que um sujeito ocupa na sociedade o marcam, indelevelmente, nos leva a tangenciar sobre o Maranhão da época de Maria Firmina dos Reis.

Segundo Ferreira (2008) apud Pereira Filho (2016), o Maranhão surgiu como unidade geográfica e política em 1534, quando a Coroa portuguesa dividiu o território brasileiro em 15 lotes que receberam a denominação de Capitanias Hereditárias, um resquício da cultura feudal. Posteriormente *ocorreram mais seis divisões e somente em 1920 o Maranhão alcançou a atual conformação territorial* (FERREIRA, 2008 *apud* ADLER, 2017).

O Maranhão teve um surgimento glorioso no cenário econômico da Colônia no século XVII, em plena vigência do Mercantilismo. Isso porque encontrava-se inserido no mercado internacional, desde a expulsão dos franceses, em 1615.

Em 1895, o Maranhão ocupava o segundo lugar entre os estados industriais à frente da Capital Federal, Rio de Janeiro, Bahia e São Paulo. O primeiro era o de Minas Gerais. Mas, uma série de fatores foi determinante para que não se firmasse como estado industrial a partir do século XX.

Dentro do contexto histórico da *belle époque*, a vida cultural no Maranhão ganhou em intensidade e expressividade. A literatura foi colocada em foco e grandes intelectuais e escritores se sobressaíram no cenário nacional. Nomes, como os de Gonçalves Dias, João Lisboa, Cândido Mendes, Odorico Mendes, Sousândrade, Humberto de Campos e outros constituíram aquilo que fez do Maranhão o grande cenário da poesia, da prosa e da produção jornalística no século XIX, o que levou a cidade de São Luís, hoje patrimônio cultural da humanidade, a ser agraciada com o título de *Athenas Brasileira.*

Era comum os filhos das famílias abastadas estudarem na Europa, principalmente em Portugal, mas também nessa época, embora fosse reservada educação específica para as mulheres, esta não incluía estudos mais avançados.

A participação das mulheres no mundo da escrita, e principalmente da escrita pública, era bastante reduzida no século XIX. A participação feminina naquilo que Henriques Leal intitulou *Pantheon Maranhense* (LEAL, 1987 *apud* ADLER, 2017) era rara, visto que as mulheres passaram muito tempo sem acesso à educação e à possibilidade da escrita.

> No caso de Maria Firmina, as barreiras a serem transpostas eram recrudescidas, pois, enquanto os homens brancos e ricos iam para a Europa estudar nas melhores faculdades, até meados do século XIX, poucas eram as mulheres educadas formalmente. A educação para mulheres, ainda de forma precária, foi iniciada no período imperial, com a chegada da família real ao Brasil.
> A partir de então, segundo Lívia Menezes da Costa Molina, as mulheres começaram a moldar uma nova visão acerca do seu papel e passaram a materializar, nas artes, o instrumento de visibilidade do seu potencial e capacidade intelectuais.
> Vale salientar que a imprensa foi um importante veículo nesse processo; produções femininas começaram a ser publicadas na forma de artigos, crônicas e poesias, com o objetivo de contribuir para a superação da supremacia do pensamento preconceituoso dominante, ao qual eram submetidas. A ousadia da época pululava em temas revolucionários, abordando e defendendo direitos como o divórcio e também a abolição da escravidão. Neste último caso, libertando parte da população brasileira que ainda era considerada instrumento de trabalho, privada, portanto, da sua cidadania e de sua humanidade (ADLER 2014, p. 9).

No caso de Maria Firmina, ela nunca saiu do Maranhão. LOBO, (2007, p. 363), na sua Conclusão do Autorretrato de uma pioneira abolicionista expressa:

Como Sousândrade, Maria Firmina dos Reis viveu deslocada do eixo de poder da Corte. Contudo, ela difere radicalmente daquele, que foi viajante dos grandes centros e do exterior, como Paris, Londres, Nova York e Rio de Janeiro, África e Américas. Ela não herdou terras, fazendas nem escravos. Passou a vida em Guimarães, com poucas travessias pela baía de São Marcos até São Luís. É um notável exemplo de abnegação e força de vontade de quem, vivendo numa pequena vila no interior maranhense, se dedicou à criação literária por meio da árdua profissão de professora pública primária.

Adler (2014, p. 7) expressa ainda:

A despeito da falta de todas essas condições elencadas, Maria Firmina não se atemorizou nem se recolheu; ousou continuar a externar e disponibilizar naquele tempo produções que pudessem ser valorizadas mais contundentemente, talvez em outros tempos... Assim a sua voz seria ouvida e o seu grito compartilhado com a força real com que tais obras foram produzidas!

[...] Os crus dissabores que eu sofro são tantos,
São tantos os prantos, que vivo a chorar,
É tanta a agonia, tão lenta e sentida,
Que rouba-me a vida, sem nunca acabar.

[...] Não queiras a vida
Que eu sofro – levar,
Resume tais dores
Que podem matar.

E eu as sofro todas, e nem sei
Como posso existir!
Vaga sombra entre os vivos, – mal podendo
Meus pesares sentir.

(Excertos de: "No Álbum de Uma Amiga", *in Cantos à beira-mar,* 1871).

Isso posto, ratifica-se a ousadia e teimosia de uma mulher que, apesar da fragilidade e severas restrições impostas pelos ditames sociais de uma época, lutou não só pelo seu espaço, mas por liberdade dos segmentos oprimidos, nestes incluídos: a mulher, o negro, o índio e o economicamente pobre.

É conveniente enfatizar ainda o registro de Morais Filho no que diz respeito a duas individualidades femininas: Maria Firmina dos Reis e D. Ana Jansen, que deram outras dimensões à mulher maranhense e acerca das quais ele traça um paralelo interessante e pertinente:

> Com elas a Mulher maranhense deixa de ser apenas a "Senhora Prendada" dos salões, que a escola educou, não para a vida, e sim para o casamento [...]
> Donana Jansen deu-lhe *Personalidade Política* e Maria Firmina dos Reis deu-lhe *Personalidade Literária* (MORAIS FILHO 1975 *apud* ADLER 2014, pp.12-13) (grifo meu).

Isso porque, segundo esse escritor, enquanto Donana Jansen era senhora de um Império Econômico, que tinha São Luís como capital, Maria Firmina dos Reis era senhora de um Reino Encantado, que tinha por sede Guimarães. E mais, aliada à individualidade de Maria Firmina dos Reis, além da denominação honorífica de Primeira Personalidade Literária Feminina do Maranhão, configurava uma *Personalidade Educacional,* por ela ter sido a primeira Mestra Régia em Guimarães e por ter criado a primeira escola mista também em Guimarães.

Atrevo-me, porém, a acrescentar a essas Personalidades a ela atribuídas a Personalidade Política, por toda a sua postura revolucionária, visionária e humanizada, tanto na sua literatura como na sua prática educacional, e ainda nas questões cotidianas marcadas concretamente na sua história de luta, contribuindo para a desconstrução dos preconceitos e *apartheids* (no sentido africano, de *vidas separadas*) vigentes na sociedade do seu tempo, embora muitos deles perdurem nos dias atuais, em outras formas e linguagens.

No meu entender, a sua Personalidade Política, retratada no seu inquestionável engajamento político, é o sustentáculo da sua obra literária e da sua vida. Essa certeza me encanta através da clara visão dos seus atos e palavras passando por todas as questões que limitam a felicidade do ser humano em seu coletivo.

Quanto à Donana Jansen, é importante mencionar que, além de senhora de um Império Econômico, também é considerada uma grande incentivadora da cultura, pois os conhecidos saraus por ela realizados materializavam veículos de difusão da cultura.

Talvez um dos atos mais significativos dessas mulheres tenha sido tirar a mulher do silêncio a ela imposto por séculos. No caso de Maria Firmina, esta, gritando a sua palavra, a palavra da mulher, somando-a à dos homens, possibilitou o nascimento da palavra feminina. Palavra é criação! A exemplo do que é expresso em João 1:1: *No princípio era o verbo,* [...], cujo versículo tomo emprestado:

NO PRINCÍPIO ERA O VERBO

Dilercy Adler

O verbo é o princípio de tudo
"no princípio era o verbo"
o verbo no mundo
o verbo nos muda
o verbo deixa-nos mudos!

é o verbo o princípio de tudo
no princípio era o verbo!...

(In: *Genesis IV Livro*, ADLER, 2000).

3. VIDA E OBRA DE MARIA FIRMINA DOS REIS

No tocante à vida e obra de Maria Firmina dos Reis, inicialmente aborda-se alguns traços da sua personalidade, de modo sucinto, e com a clareza de que são inferências com base nas leituras acerca da sua própria vida e da vida dos protagonistas das suas tramas, ou também das palavras que saltam dos seus poemas.

Luiza Lobo, na coletânea SOBRE MARIA FIRMINA (2016, p.116), se refere a alguns dos traços dessa escritora revelados na sua escrita, os quais, segundo ela, retratam

> [...] toda a dimensão da sua melancolia devido a sua posição social e étnica fragilizada. Essa situação tornou-lhe impossível o casamento, por mais leitura que tivesse. [...] além da cor da pele, era desprovida de qualquer fortuna, era bastarda e ficou órfã de mãe. [...] O resgate da situação inferior da mulher é sempre mais árdua e delicada.

Ainda segundo Lobo "a autora escreve também poemas em prosa "Meditação", por exemplo, tem caráter ultrarromântico, traz traços de aproximação com a natureza e sabor confessional de diário. Nele revela uma melancolia doentia." (2016 p.110). Apresenta em seus escritos também algumas insinuações a suicídio, que não se consolidam/concretizam pela forte formação religiosa.

Morais Filho igualmente também se refere aos traços morais de Maria Firmina dos Reis, evidenciando:

> [...] TRAÇOS MORAIS – A sua presença, na literatura, na arte e no magistério e as revelações do seu álbum fornecem-nos as linhas da sua fisionomia moral.
> Se não são bastantes para um retrato, são-no para um debuxo, ou como diriam os romanos: "pauca sed bona".
> No entanto, queremos avivar um traço do seu caráter, que lhe evidencia também o sentimento e a sua filosofia – liberdade, fraternidade e igualdade e que nos recorda o "episódio do palanquim". (1975, p. 259)

Esse episódio me encanta porque demonstra sua sensibilidade e consciência política e diz respeito ao dia em que ela foi receber o título de nomeação para exercer o cargo de Professora Régia, muito importante à época. Seus familiares queriam que fosse de palanquim (espécie de liteira em que as pessoas mais ricas se faziam transportar, conduzidas por escravos) ao que ela se recusou irrevogavelmente explicando: ***Negro não é animal para se andar montado nele.*** *De forma inteligente e verdadeiramente cristã afirmava que a escravidão contradizia os princípios do cristianismo, que ensinava o homem a amar o próximo como a si mesmo* (ADLER, 2014, p.12) (grifo meu). Além de me encantar, esse episódio ainda me faz lembrar Gandhi que falou certa vez para alguns ingleses: *Eu admiro o Cristo de vocês, mas não compreendo o cristianismo de vocês* (no sentido do espírito cristão do amor, da solidariedade, pois a Inglaterra dominava cruelmente a Índia).

Maria Firmina concorreu com duas candidatas ao cargo de professora de primeiras lettras do sexo feminino da Vila de Guimaraes, iniciando assim, a carreira como Mestra Régia aos 25 anos para a qual comprova a *Portaria de Nomeação* (Fundo Secretaria do Governo, Série: Portarias de Nomeação, Licença e Demissões: (1839-1914), Livro 1.561 (1.844-1.851- fls. 55 e 55V),

A respeito da sua nomeação, conforme o que consta no Arquivo Público do Estado do Maranhão. Fundo Secretaria do Governo. Série Portarias de nomeações, licenças, demissões (1832 – 1914) Livro 1561 (1844-1851) fl. 55-55v, Despacho 13 de agosto de 1847 está registrado:

> Nomeação para professora de primeiras lettras do sexo feminino da Villa de Guimaraes Maria Firmina dos Reis
> O Doutor Joaquim Franco de Sá Oficial da Imperial Ordem da Rosa, Cavalheiro da de Christo, juiz de Direito da Câmara de Alcântara, deputado á Assembleia Geral Legislativa, e Presidente da Provincia do Maranhão por sua Majestade O Imperador a Quem Deus Guarde.

> Faço saber aos que este Alvará virem, que atendendo a que Maria Firmina dos Reis opositora á cadeira de primeiras lettras do sexo feminino da Villa de Guimaraes, se acha competentemente habilitada na forma da Lei de quinze de outubro de mil oitocentos e vinte e sete, tem por bem, em conformidade das leis em vigor provêla na serventia vitalícia da mencionada cadeira, que se acha vaga, havendo o ordenado annual que legalmente lhe competir. Mando por tanto a quem pertencer, que dando-lhe a posse desta cadeira, depois de prestar o juramento do objeto, a deixa servir e exercitar. Em firmeza de que lhe mandei passar o presente Alvará, que lhe servirá de título, indo por mim assignado e sellado com os sellos das Armas do Império, e se registrará.
> Dado nesta cidade de "São" Luiz do Maranhão em **dezesseis de agosto de mil oitocentos e quarenta e sete**, vigésimo sexto da Independência e do Imperio.
> Augusto Cesar dos Reis Raiol as fez – E eu João RufinoMarques Oficial maior da Secretaria, no impedimento nesse sentido nesse sentido do Secretário e fez escrever e subscrever – Estava o Sello –Alvará = Estava o Sello – Alvará por/ que V. Ex.ª há por bem prover a Maria Firmina dos Reis na serven-/ tia vitalicia da Cadeira de Primeiras lettras do sexo feminino da/ Villa de Guimaraes, como acima se declara ... (ADLER, 2017, pp. 60-61) (Grifo meu).

Além de ser professora, aos 25 anos, ter publicado o primeiro romance, *Úrsula* (1859), tornando-se a primeira romancista, é, também, a única do século XIX.

O conjunto da sua obra é de notável reconhecimento e bastante significativa, tanto em quantidade quanto em variedade de gêneros literários e vertentes das artes: romances, crônicas, contos, poesias, composições (letra e música), enigmas, epígrafes, folclores entre outras: Obras: *Úrsula* (romance, 1859), *Gupeva* (romance de temática indianista,1861), *Cantos à beira-mar* (poesia, 1871), *A escrava* (conto antiescravista,1887), *Antologia Poética Parnaso Maranhense*: coleção de poesias, editada por Flávio Reimar y Antonio Marques Rodrigues. (1861). Publicações em jornais literários: *Federalista, Pacotilha, Diário do Maranhão, A Revista Maranhense, O País,*

O Domingo, Porto Livre, O Jardim dos Maranhenses, Semanário Maranhense, Eco da Juventude, Almanaque de Lembranças Brasileiras, A Verdadeira Marmota, Publicador Maranhense e *A Imprensa.* Composições Musicais: "Auto de bumba-meu-boi" (letra e música), "Valsa" letra de Gonçalves Dias e música de Maria Firmina dos Reis ou (letra e música de Maria Firmina); "Hino à Mocidade" (letra e música); "Hino à liberdade dos escravos" (letra e música); "Rosinha", valsa (letra e música); "Pastor estrela do oriente" (letra e música); "Canto de recordação" e "À Praia de Cumã" (letra e música).

Segundo Morais Filho (1975), a entrada oficial de Maria Firmina dos Reis na Literatura maranhense foi bem recepcionada pela imprensa maranhense com palavras de entusiasmo e estímulo à estreante. Argumenta que nessa perspectiva,

> [...] rompendo a cadeia dos preconceitos sociais que segregavam a mulher da vida intelectual, vinha contribuir com suas forças, seus sonhos e ideais para a criação da Literatura maranhense, para a presença maranhense na formação da Literatura Brasileira - ainda em nossos dias o embrião de uma vida em laboriosa gestação (MORAIS FILHO, apud ADLER, 2014, p.12).

Entretanto, ainda conforme esse autor, "Maria Firmina foi vítima, posteriormente, de uma amnésia coletiva, ficando totalmente esquecidos o seu nome e a sua obra, mas, como a Fênix, ressurgiu também das cinzas" (Morais Filho apud Adler, 2014, p.12).

Apesar desse lamentável episódio da nossa historiografia literária, após longo período de *hibernação*, voltou ao cenário das letras, e as suas obras foram reveladas, (re)descobertas, trazidas à luz, pelas abençoadas mãos de Nascimento Morais Filho, maranhense e Horácio de Almeida, paraibano (ADLER, 2014).

Maria Firmina faleceu aos 95 anos, e sete anos antes da sua morte, segundo Agenor Gomes (2017), foi visitada pelo então governador Luís Antônio Domingues da Silva, quando este esteve na Vila de Guimarães para inaugurar o Telégrafo, em 1910. Na ocasião, a professora, já idosa, com 88 anos, residia em uma casa de taipa, coberta de palhas, de propriedade de um filho de criação – Leudes Guimarães, na Rua Firmiano de Barros, onde foi morar em 1861, deixando a residência da Praça da Independência (hoje, Luís Domingues). O governador, ao presenciar o seu estado de saúde, decidiu contratar, a expensas do Estado, uma pessoa da vila para cuidar dela, a Dona Bárbara (Babu), moradora da Rua Riachuelo (hoje, Filomena Archer da Silva).

Ainda segundo Nascimento de Morais Filho, aos 80 anos, Maria Firmina retratava o quadro "da velhinha negra de cabelos grisalhos, amarrados atrás da nuca, vestida de roupas escuras e sandálias, tendo falecido pobre e cega", no dia 11 de novembro de 1917, aos 95 anos. "Imagino a cena... E vejo-a com o peso dos anos somado à dor de um tempo cruel, a exemplo de outros tantos, que rouba partículas essenciais de vida, sugando de forma perversa e incessante o que de mais belo um ser humano pode ter" (ADLER, 2014, p.18).

Em 1975 teve início uma nova fase na historiografia de Maria Firmina dos Reis, o marco que eu gostaria de intitular de o seu *ano Rosa-de-Jericó,* do qual falo a seguir.

4. 1975 – ANO ROSA DE JERICÓ DE MARIA FIRMINA DOS REIS: O ANO DE VERDEJAR

Em 1975, foi o ano de *verdejar de Maria Firmina, o seu ano Rosa-de-Jericó* (ADLER, 2017, p. 65)**.** Essa rosa é também chamada de flor-da-ressurreição por sua impressionante capacidade de *voltar à vida***.** As Rosas-de-Jericó podem ser transportadas por muitos quilômetros pelos ventos, vivendo secas, sem água, mesmo durante muito tempo e, ao encontrarem um lugar úmido, elas afundam raízes na terra e se abrem, voltando a verdejar!

Vejo muita semelhança entre Maria Firmina e a Rosa-de-Jericó. Esta permanece seca e fechada, aparentando estar totalmente sem vida por alguns meses, no entanto, basta algum contato com a umidade para ela estender suas folhas, espalhar suas sementes e retornar à vida, mostrando a sua beleza (http://www.icarabe.org/artigos/a--palestina-e-a-rosa-de-jerico).

Ainda no tocante às gotas d'água que deram a umidade necessária para Maria Firmina retornar ao cenário literário mostrando a sua beleza, Arlete Nogueira da Cruz, no seu livro *Sal e Sol* (2006) apud ADLER (2014), fundamentando-se no trabalho intelectual de Janilto Andrade, *A Nação das Dobras da Ficção,* explicita:

> [...]. Não fosse José Nascimento Morais Filho, o nosso Zé Morais, este contumaz andarilho de trilhas nunca antes percorridas, Maria Firmina dos Reis não teria vindo à luz. E quando ele a trouxe (no momento em que também a trazia o escritor paraibano Horácio Almeida), lembro bem, foram alvo de zombarias em São Luís: Zé Morais, Maria Firmina e o seu livro *Úrsula*; muitos considerando que era de pouca serventia aquele achado e exagerada a relevância que Zé Morais dava à sua descoberta. Pelos daqui, Maria Firmina dos Reis deveria permanecer onde se achava: no limbo. E a sua obra sob o tapete (CRUZ, 2006, p.265).

No limbo.... Sob *o tapete...* Expressões que retratam não apenas rejeição, mas desprezo, o que não deixa de retratar a alienação e falta de humanidade no trato com as pessoas e suas obras por aqueles que se julgam donos do saber e da verdade ADLER (2014, p.6).

Mas, antagonistamente, outros maranhenses, a exemplo de Josué Montello, reconhecem a importância de Maria Firmina. Montello escreve por ocasião do sesquicentenário de nascimento de Maria Firmina dos Reis um artigo intitulado *A primeira Romancista Brasileira,* que publicou no *Jornal do Brasil,* Rio de Janeiro, em 11 de novembro de 1975, e na *Revista de Cultura Brasileña,* Madrid, Embajada de Brasil, 1976, jun., n. 41, p. 111-114.

Embora eu reconheça que não deva colocar o texto de Josué na íntegra nesta apresentação, não resisti ao desejo de transcrever pequeno trecho da sua primorosa referência à Maria Firmina e a Nascimento de Morais Filho. No referido texto, Josué Montello nomeia outro maranhense, Antônio de Oliveira, juntamente com Nascimento de Morais Filho, como responsáveis pela ressurreição de Maria Firmina, e, desse modo, a eles se refere:

> [...] o primeiro falando em voz baixa como é do seu gosto e feitio e o segundo, falando alto ruidosamente, com uma garganta privilegiada, graças à qual, sem esforço, pode fazer-se ouvir no Largo do Carmo, em São Luís, à hora em que se cruzam os automóveis, misturando a estridência das suas buzinas e de seus canos de descarga ao sussurro do vento nas árvores da praça.
> Desta vez, ao que parece, Nascimento Morais Filho ergueu tão alto a voz retumbante que o país inteiro o escutou, na sua pregação em favor de Maria Firmina dos Reis.
> Há quase dois anos, ao encontrar-me com ele na calçada do velho prédio da Faculdade de Direito, na Capital maranhense, vi-o às voltas com originais da escritora. Andava a recompor-lhe o destino recatado, revolvendo manuscritos, consultando jornais antigos, esmiuçando almanaques e catálogos como a querer imitar Ulisses, que reanimava as sombras com uma gota de sangue.
> E a verdade é que, no dia de hoje Maria Firmina dos Reis de pretexto a estudos e discursos, e conquista, seu pequeno espaço na história do romance brasileiro – com um nome, uma obra, e a glória de ter sido pioneira.

Adler (2017, p. 68) se refere a Nascimento de Morais Filho,

> como um *Sankofa*, pássaro africano de duas cabeças, uma cabeça voltada para o passado e outra para o futuro, que, segundo a filosofia africana, significa a volta ao passado para ressignificar o presente, dedicou-se, incansavelmente, para dar novo significado à Maria Firmina dos Reis como mulher, professora e como escritora, dando a ela o lugar que lhe é devido na literatura maranhense e brasileira.

Assim, Nascimento de Morais Filho, como um Sankofa, pássaro africano de duas cabeças, uma cabeça voltada para o passado e outra para o futuro, que, segundo a filosofia africana, significa a volta ao passado para ressignificar o presente, dedicou-se, incansavelmente, para dar novo significado à Maria Firmina dos Reis como mulher, como professora e como escritora, dando a ela o lugar que lhe é devido na literatura maranhense e brasileira.

Conforme Morais Filho (1975), em São Luís, em 1975, ano do sesquicentenário de Maria Firmina, também foi criado um carimbo em sua homenagem, uma marca filatélica produzida pela Empresa Brasileira de Correios e Telégrafos, foi inaugurado o busto da escritora na Praça do Panteon, em São Luís, e publicada a edição fac-similar do romance *Úrsula*. Também foi criada em sua homenagem a Medalha de Honra ao Mérito, pela Prefeitura Municipal de São Luís; na Assembleia Legislativa do Estado foi instituído o dia 11 de outubro, como o *Dia da Mulher Maranhense.*

Em Guimarães, também o ano de 1975 foi o marco do início de maiores homenagens a ela dedicada. Além do desfile em sua homenagem nesse ano, o Centro de Ensino Nossa Senhora da Assunção desde o ano de 2007 passou a promover a Semana Literária Maria Firmina dos Reis. Também o dia do aniversário de Maria Firmina foi instituído feriado Municipal e comemorado o *Dia da Mulher Vimarense*, entre outras homenagens.

Na atualidade existe um desejo de consolidar a ressignificação da autora na historiografia maranhense e brasileira. Em São Luís, essa missão é capitaneada pela Academia Ludovicense de Letras juntamente com a cidade de Guimarães, onde ela viveu a maior parte de sua vida; onde, além de exercer a profissão de Mestra Régia, escreveu toda a sua obra.

5. CONSIDERAÇÕES FINAIS

Não há como ser refutada a grandiosidade da obra de Maria Firmina dos Reis. Embora a ALL tenha sido fundada 401 anos após a fundação da cidade de São Luís, talvez essa demora fosse em função da espera do tempo/destino do *momento adequado* para que Maria Firmina tivesse nela lugar de destaque. Às vezes me pergunto: Se tivesse sido fundada antes, seria ela a Patrona? Acredito que dificilmente.

A ALL busca ocupar todos os espaços culturais locais, nacionais e internacionais, objetivando desenvolver e difundir a cultura e a literatura ludovicense, a defesa das tradições do Maranhão e, particularmente, de São Luís, também levando o nome de Maria Firmina dos Reis como missão precípua.

Só me resta louvar Maria Firmina, que, a despeito de todas as condições e características adversas: mulata, pobre, *bastarda*, mulher, tudo isso em um Brasil escravocrata no século XIX, ainda assim, com os mais admiráveis méritos se estabelece, reconhecidamente hoje, como uma das escritoras mais admiráveis de toda a literatura brasileira... (ADLER, 2014, p. 6). Destarte, a reparação está sendo feita!

EU TE LOUVO SENHORA
À Maria Firmina dos Reis

Dilercy Adler

Eu te louvo senhora
pela agonia sentida
que te tirou o prazer
do gozo do corpo
impondo agonia
profunda
doída
mas que te fez renascer
em palavras e versos
de puro querer!

Eu te louvo senhora
pelos crus dissabores
nesta vida sofridos ...

Eu te louvo senhora
por tua teimosia
por tua leveza
de corpo e de alma...
por suave alegria
parcamente sentida
apesar da tirania
da dor revelada
em toda tua vida...

Eu te louvo senhora
pelo amor do qual abdicaste
-quimera humana!-
de uma vida a outra vida ...
para entregar-te a outro amor
também profundo
aquele amor aos desvalidos
abandonados pela sorte
jogados aos destinos inumanos
neste mundo!...

Eu te louvo senhora
pelo teu imensurável amor à humanidade
por tua luta incansável pela igualdade
por tua excepcional dedicação materna
aos filhos abandonados nesta terra
pela vida
pela história
pela verdadeira e única humanidade!

renasce agora
- nesta hora-
o gozo do corpo e da alma
neste louvor que hoje a ti dedico
e não há gozo maior
que este gozo devolvido
em palavras e versos
desejos...fantasias...
eternos

perenes
romanescamente femininos!

Eu te louvo senhora
agora
nesta hora
hoje e para sempre
te louvarei também
amém!

(In: Cento e Noventa Poemas para Maria Firmina dos Reis, pp. 77-78)

Referências

ADLER, Dilercy Aragão. *Elogio À Patrona Maria Firmina dos Reis:* ontem, uma maranhense, hoje, uma missão de amor. São Luís: Academia Ludovicense de Letras, 2014.

_______. *Maria Firmina Dos Reis:* uma missão de amor. São Luís: Academia Ludovicense de Letras, 2017.

ADLER, Dilercy Aragão; VAZ, Leopoldo Gil Dulcio (Organizadores). *Cento e noventa poemas para Maria Firmina Dos Reis.* São Luís: ALL, 2015.

Arquivo Público do Estado do Maranhão. Fundo: Arquidiocese do Maranhão – Autos da Câmara Eclesiástica/Episcopal. Série 26: Autos de justificação de Nascimento. Caixa n. 144 – Documentação/Autos n. 4171- ano 1847.

Arquivo Público do Estado do Maranhão. Fundo Secretaria do Governo. Série Portarias de nomeações, licenças, demissões (1832 – 1914) Livro 1561 (1844-1851) fl. 55-55v

Diário da Câmara dos Deputados a Assembleia Geral Legislativa do Império do Brasil. Rio de Janeiro: Typographia do Império, 1826 – 1829.

GOMES, Antônio Agenor. Depoimento de Antônio Agenor Gomes para Dilercy Adler sobre o culto à memória de Maria Firmina dos Reis em Guimarães, São Luís Mimeo, 2017.

LOBO, Luiza Leite Bruno. *Crítica sem juízo.* Rio de Janeiro: Garamond, 2007.

MORAIS, Nascimento Filho. *Maria Firmina*; fragmentos de uma vida**.** São Luís: SIOGE, 1975.

VAZ, Leopoldo Gil Dulcio; ADLER, Dilercy Aragão (Organizadores). *Sobre Maria Firmina dos Reis.* São Luís: ALL, 2015.

(http://www.icarabe.org/artigos/a-palestina-e-a-rosa-de-jerico).

A escrava, de Maria Firmina dos Reis[11]

Cristina Ferreira Pinto-Bailey

O conto *A escrava,* de Maria Firmina dos Reis, foi publicado pela primeira vez em novembro de 1887, no terceiro número de *A revista maranhense*, aproximadamente seis meses antes da abolição da escravidão no Brasil em 13 de maio do ano seguinte. Sua autora, nascida em 1822 em São Luís do Maranhão, era filha ilegítima de Leonor Felipa dos Reis, branca, e de João Pedro Esteves, negro. Anteriormente ao conto *"A escrava,"* no qual a voz narrativa coloca-se claramente a favor da abolição, Reis tinha já publicado seu romance *Úrsula* (1859), importante obra pioneira da literatura brasileira abolicionista, assim como um vasto número de poemas sobre vários temas, alguns também expressando a posição da escritora contrária à escravidão. A maioria desses poemas apareceram primeiro na impren-

11 Uma versão deste ensaio foi publicada primeiramente em Afro-Hispanic Review 32.1 (2013): 205-218.

sa maranhense, vindo a compor depois seu livro de poesia *Cantos à beira-mar* (1871).

Durante sua vida Maria Firmina foi pouco ou nada conhecida fora do Maranhão e após sua morte em 1917 ficou praticamente esquecida até a década de 1980, quando pouco a pouco começa a receber a atenção crítica que lhe é devida. Vários fatores podem ter contribuído para o esquecimento a que ficou relegada, e talvez o que mais tenha pesado é o fato de ter sido ela uma mulher pobre, afro-descendente, vivendo em uma província longe dos grandes centros culturais da nação.

O lento processo de resgate crítico-bibliográfico da autora teve início por acaso, em 1962, quando um bibliófilo, Horácio de Almeida, comprou um lote de livros em um sebo e entre eles encontrou uma cópia de *Úrsula*. Na página de rosto lia-se:

ÚRSULA,
romance original brasileiro,
por
UMA MARANHENSE.[12]

A descoberta do pequeno volume levou à publicação, em 1975, do livro *Maria Firmina – fragmentos de uma vida*. Organizado por José Nascimento de Morais Filho, o livro fornecia dados biográficos da autora – informações que continuam a servir de fundamento para os estudos críticos reisianos – e reunia vários importantes itens de sua fortuna crítica: recortes de jornais sobre Maria Firmina publicados na década de 1860 e primeiros anos de 1870; vários de seus poemas e composições musicais; a novela indigenista *Gupeva* (1861-61); e fragmentos de seu diário pessoal.

Desde então, a fortuna crítica sobre Maria Firmina e sua obra tem crescido consideravelmente, ressaltando-se aí os estudos do crítico mineiro Eduardo de Assis Duarte, várias dissertações de mestrado e

12 *Úrsula*. Romance original brasileiro. Edição Fac-similar. Rio de Janeiro: n.e., 1975.

teses de doutoramento, e a tradução ao inglês do conto "*A escrava*".[13] Entretanto, a maior parte desses estudos versa sobre o romance, com poucas referências ao conto, as quais apontam, de modo geral, o fato de serem ambas narrativas abolicionistas. Na verdade, tanto o romance como o conto apresentam certas características temáticas e estilísticas em comum, e o exame das mesmas poderá ajudar a delinear a estética de Maria Firmina, assim como a ideologia imanente à sua ficção.

Úrsula foi um dos primeiríssimos romances de uma escritora brasileira, tendo sido publicado no mesmo ano – 1859 – em que aparece em volume o romance de Ana Luísa de Azevedo Castro, *D. Narcisa de Vilar* (embora este tenha saído em folhetins no ano anterior). *Úrsula* é também um dos dois primeiros romances de autoria de uma mulher negra publicado nas Américas, pois no mesmo ano de 1859 aparece nos Estados Unidos o livro *Our nig or Sketches from the life of a free black*, de Harriet Wilson (1825-1900), este considerado o primeiro romance em língua inglesa escrito por uma mulher afro-americana. Embora não seja *Úrsula* o primeiro romance de autor negro brasileiro, é ele a obra que verdadeiramente inicia a produção literária afro-brasileira. Ou em outros termos: *Úrsula* marca o início de uma literatura negra brasileira, posto que outro romance publicado anteriormente – *O filho do pescador* (1843), de Antônio Gonçalves Teixeira e Sousa (1812-1861), escritor afro-brasileiro, não trata de temas ou problemas relacionados a personagens negros, nem expressa uma consciência ou identidade negra.

Entende-se aqui o conceito de "literatura negra" como consequente da presença na obra literária de um sujeito do discurso que se identifica como negro ou negra, segundo os estudos de Zilá Bernd (1988): o "eu" narrativo ou a voz poética assume sua identidade racial e "fala" a partir de uma perspectiva de primeira pessoa (Bernd 22). Ademais, a obra entendida como literatura negra apresenta "um

13 "The Slave Woman." Tradução e introdução de Cristina Ferreira Pinto-Bailey. Afro-Hispanic Review 32.1 (2013): 205-218.

certo modo negro de ver e de sentir o mundo, e a utilização de uma linguagem marcada . . . pelo empenho em resgatar uma memória negra esquecida" (Bernd 22). Autora de uma obra crítica pioneira sobre a literatura afro-brasileira, Bernd afirma também que a literatura negra representa um esforço por preencher as inúmeras lacunas que a historiografia literária dominante apresenta, no que diz respeito à produção literária de escritores negros (Bernd 80). Neste sentido, a posição da crítica gaúcha aproxima-se à de Stuart Hall (1994) pois, segundo ambos, a questão-chave a definir a literatura negra reside na auto identificação e expressão do sujeito negro em um ato criativo e consciente, o qual implica também em um processo de reescrever a história a partir do ponto de vista do afrodescendente.

Nos fragmentos de seu diário ou em outros de seus escritos atualmente conhecidos dos críticos e estudiosos, Maria Firmina nunca se identifica claramente como negra nem comenta sobre sua identidade racial. Entretanto, nessas mesmas páginas a autora frequentemente expressa sentimentos de tristeza, solidão e isolamento, assim também como fala da possibilidade da morte. Embora sejam estes tropos comuns do período Romântico em que ela viveu, estes sentimentos expressos em seu diário, poesia e ficção podem ter resultado também de um sentido de exclusão e não-pertencimento causado por ser ela uma mulher negra vivendo em uma sociedade patriarcal, escravista e racista. Inteligente, talentosa, sensível, e bem versada na literatura da época, Reis tinha uma profunda consciência da condição dos negros escravizados no Brasil e fez uso de sua obra literária para falar contra a injustiça, desumanidade e crueldade da escravidão. Tanto *Úrsula* como o conto "*A escrava*" apresentam mais de uma voz narrativa, e entre elas algumas falam como indivíduos negros, dando seu testemunho sobre a história da escravidão no Brasil e sobre a condição miserável dos africanos e afro-brasileiros escravizados.

Em "*A escrava*," deparamo-nos a princípio com uma mulher branca das classes altas que narra uma série de incidentes envolvendo escravos fugidos, um feitor e o senhor de escravos, e sua própria intervenção no caso: ela ajuda os escravos e logo providencia a alforria de um deles. Vale salientar que a personagem-narradora é uma mulher branca, pois sua voz confere à escritora uma *autoridade* que Maria Firmina não alcançaria de outra maneira, considerados seu gênero, status socioeconômico e sua cor. No entanto, e como foi observado anteriormente, a narradora branca não é a única voz narrativa em "*A escrava*," já que Reis emprega aqui a estratégia do *mise-en-abîme*, a "caixa chinesa," ou seja, uma história dentro de outra história—técnica narrativa, aliás, também utilizada em *Úrsula*. Essa estratégia acresce verossimilhança ao conto, ao mesmo tempo em que facilita a expressão de múltiplas perspectivas narrativas. Justamente aí reside um importante aspecto da ficção abolicionista de Maria Firmina: o fato de que seus personagens negros assumem a posição de narrador, expressando de sua própria voz a realidade que vivem e enfrentam.

A construção dos personagens africanos e afro-brasileiros pela autora de "*A escrava*" é inusitada na literatura brasileira do século dezenove e mesmo de grande parte do século vinte. Ademais, o retrato que ela tece dos negros escravizados e do sistema escravocrata difere bastante daquele comumente encontrado em obras de outros escritores brasileiros que se colocaram contra a escravidão. Primeiramente, porque Reis os representou como seres humanos, com os mesmos sentimentos, inteligência e valores dos brancos; de fato, alguns de seus personagens negros são apresentados como verdadeiros modelos de integridade moral (Duarte 273), medidas de retidão aos quais buscam-se equiparar os personagens brancos. Em segundo lugar—e mais importante—os personagens negros na ficção abolicionista de Maria Firmina são sujeitos do seu próprio discurso; eles contam sobre seu passado, sua condição e sofrimento. Em suma, através da voz de seus personagens negros, a autora reescreve a realidade histórica a partir do ponto de vista do sujeito negro, em contraste à perspectiva da sociedade branca escravista.

É assim que, em "*A escrava,*" o escravo Gabriel narra o que sua mãe, Joana, tinha sofrido nas mãos do feitor, e Joana depois relata sua própria história, começando com sua origem, contando sobre seus pais, e tudo o que tinha sofrido em sua vida por causa da escravidão. No conto, o sistema escravista e o senhor de escravos são mostrados como cruéis e desumanos, enquanto que Joana e Gabriel encarnam valores fundamentais à civilização ocidental, tais como a crença em Deus, a maternidade e o amor filial.

O retrato que Reis traça em sua obra de africanos e afro-brasileiros escravizados constitui uma denúncia lancinante da escravidão. Ao mesmo tempo, esse retrato reflete a visão tanto pessoal como crítica que a escritora tinha da realidade enfrentada pelo sujeito negro no Brasil oitocentista, não somente porque ela conhecia pessoalmente indivíduos que sofreram os cruéis grilhões da escravidão, mas também por sua própria condição de mulher negra. Tanto em "A escrava" como no romance *Úrsula*, a voz narrativa demonstra sua identificação com os personagens escravizados, irmanando-se com o sofrimento deles e afirmando assim, indiretamente, a identidade da escritora como mulher negra.

Por outro lado, Reis insere seu conto e romance na baliza da ideologia cristã, estratégia que lhe possibilita um canal mais amplo de comunicação com o público leitor brasileiro da época, ao apelar para seus sentimentos e crenças arraigados na doutrina católica. Ao contrário de outros escritores brasileiros cujas obras o cânone literário reconhece como abolicionistas, Reis coloca-se contra a escravidão *e também* em defesa de africanos e afro-brasileiros escravizados. Segundo Eduardo de Assis Duarte (2004), a ficção de Maria Firmina foi muito avançada para seu contexto sócio literário, já que propôs uma perspectiva totalmente inovadora sobre a questão da escravidão, ainda mais que a Igreja Católica brasileira de então não havia condenado abertamente a instituição escravocrata (Duarte 272). Mais comum entre os escritores abolicionistas brasileiros da segunda metade do século dezenove era a defesa da abolição da escravidão—não por ser injusta e cruel—mas sim porque, já nas últimas décadas dos 1800s, era considerada um empecilho ao progresso e à modernização do país, enquanto os negros escravizados eram normalmente representados como nocivos às famílias brasileiras, elementos perniciosos a corromper toda a estrutura social.

Outro elemento de grande interesse no conto *A escrava* deve ser mencionado: a referência às "sociedades de emancipação" ou "sociedades emancipadoras" do tempo. A personagem-narradora diz pertencer a duas dessas sociedades – uma no Rio de Janeiro e a outra uma sociedade local que, podemos presumir, ficava no Maranhão. As primeiras dessas sociedades abolicionistas começaram a aparecer no Brasil nos anos de 1840, e o número delas foi aumentando gradualmente em todo o país, até a abolição da escravidão em 1888. Entre seus membros encontravam-se advogados, professores, médicos, membros das forças armadas e trabalhadores em várias outras ocupações; havia também sociedades emancipadoras cujos membros eram ex-escravos que tinham conseguido sua emancipação. Algumas dessas organizações reuniam homens e mulheres, enquanto que outras serviam exclusivamente a um ou ao outro gênero (Alonso 176, 186-88). De fato, as sociedades abolicionistas constituíram uma das primeiras formas de ativismo político a permitir a participação das mulheres brasileiras.

Entretanto, o fato de a narradora branca de *A escrava* ajudar tanto Gabriel como Joana não minora o papel atuante que os dois personagens negros representam na luta contra a escravidão. Tanto Gabriel como sua mãe desafiam a instituição escravocrata dentro de sua situação específica, ao desobedecerem aos regulamentos e restrições que lhes eram impostos, conscientes, no entanto, dos castigos que teriam que sofrer. Gabriel o faz pelo amor e preocupação que sente pela mãe, enquanto que o amor maternal leva Joana a resistir contra a vontade do senhor, recusando-se ela a aceitar passivamente a perda dos dois filhos pequenos que tinham sido vendidos a um comerciante de escravos. Joana foge seguidamente da propriedade do seu senhor e é considerada louca. Suas fugas e "loucura," porém, podem ser entendidas como formas de resistência e – no microcosmo da fazenda do senhor de escravos – uma ameaça à instituição escravocrata, posto que ela perturba a ordem estabelecida. Deste modo, Joana pode ser vista como a verdadeira protagonista do conto, posição que Reis lhe confere não por acaso, mas como resultado da profunda identificação entre a escritora e sua personagem.

Em um estudo sobre *Úrsula,* Dawn Duke (2008) afirma que o romance é uma obra "that lays the foundations for an Afro-Brazilian female literary consciousness" (59), ou seja, lança os alicerces de uma consciência literária feminina afro-brasileira, a qual a escritora maranhense continua a construir através do conto *A escrava.* A ficção abolicionista de Maria Firmina representa os primórdios da produção literária afro-brasileira, definida esta pela auto identificação de um EU negro sujeito-do-discurso e pela resistência cultural que, muito mais tarde, será concretizada nas obras de escritores e escritoras afro-brasileiros contemporâneos. A força e importância dos personagens femininos de Reis, tais como a escrava fugida Joana, estabelece uma forte conexão entre sua obra e as obras de escritoras afro-brasileiras contemporâneas, como Miriam Alves, Conceição Evaristo, Esmeralda Ribeiro, Alzira Rufino e outras. Através das gerações, a figura de Maria Firmina dos Reis ergue-se como uma ponte "entre o passado e o presente" (Gomes 2009), e também para o futuro, ponte sobre a qual a identidade, valores e experiências da mulher negra brasileira vêm sendo afirmadas e virão a encontrar, finalmente, o reconhecimento e valorização que lhes são devidos.

Referências:

ALONSO, Angela. Associativismo *avant la letter* – as sociedades pela abolição da Escravidão no Brasil oitocentista. *Sociologias* [Porto Alegre] 28 (Sept-Dec 2011): 166-99. Web. 3 junho 2012.

BERND, Zilá. *Introdução à literatura negra*. São Paulo: Brasiliense, 1988.Duke, Dawn. *Literary passion, ideological commitment: toward a legacy of Afro-Cuban and Afro-Brazilian women writers*. Lewisburg: Bucknell UP, 2008.

DUARTE, Eduardo de Assis. Maria Firmina dos Reis e os primórdios da ficção afro-brasileira. Afterword. *Úrsula. A escrava*. De Maria Firmina dos Reis. Eds. Eduardo de Assis Duarte and Zahidé Lupinacci Muzart. Florianópolis: Mulheres; Belo Horizonte: PUC Minas, 2004. 265-81.

GOMES, Heloísa Toller. 'Visíveis e invisíveis grades': Vozes de mulheres na escrita afro-descendente. *Literafro*. http://www.letras.ufmg.br/literafro. Access Aug 27, 2009.

HALL, Stuart. Cultural Identity and Diaspora. *Colonial Discourse and Post-Colonial Theory: A Reader*. Eds. Patrick Williams and Laura Chrisman. New York: U of Columbia P, 1994. 392-403.

MORAIS FILHO, José Nascimento. *Maria Firmina—fragmentos de uma vida*. São Luís: Governo do Estado do Maranhão, 1975.

REIS, Maria Firmina. *Cantos à beira-mar*. 1871. Edição fac-símile. São Luís: Governo do Estado do Maranhão, 1976.

____. *Úrsula. A escrava*. Eds. Eduardo de Assis Duarte and Zahidé Lupinacci Muzart. Florianópolis: Mulheres; Belo Horizonte: PUC Minas, 2004.

Em busca do ninho perdido: o tema da maternidade roubada em Maria Firmina dos Reis, Conceição Evaristo e Ana Maria Gonçalves

Vânia Vasconcelos

A imagem da mãe se encontra representada em diferentes mitos, religiões e manifestações artísticas de todas as culturas. Talvez por isso, dos papéis relacionados às mulheres, é provavelmente a maternidade que sofreu sempre maior controle no sentido de manter uma imagem idealizadora das mulheres, relacionando-as ora à própria natureza, num determinismo redutor; ora ao sagrado, impondo-lhes rígido padrão moral. A imagem materna é, provavelmente, o mais poderoso e universal dos arquétipos ligados às mulheres. Também está presente na literatura de todos os tempos, quase sempre reforçando os padrões patriarcais.

Embora a maternidade seja uma experiência que interessa a toda a sociedade e os processos biológicos que a envolvem afetem diretamente à vida das mulheres, os conceitos, normatizações e até as narrativas sobre essa experiência estão ainda fortemente sob o domínio masculino. Além da justa reivindicação que fazem mulheres de diversas profissões pelo retorno do protagonismo feminino sobre suas maternidades, faz-se também fundamental que essa mesma prioridade se dê quando tratamos da abordagem deste tema na literatura, ou seja, quando tratamos da representação maternidade em obras literárias, é importante que conheçamos a abordagem das escritoras. Neste artigo, interessa-nos destacar como tratam desse tema algumas escritoras que têm o foco específico na experiência afrodescendente na literatura brasileira,

Antes mesmo de buscar os textos para observar os modelos de mãe criados pela ficção de escritoras, é importante uma breve revisão histórica de como as mulheres vivenciaram a experiência materna nos primeiros séculos da sociedade brasileira, na condição de mulheres livres ou escravizadas. Com esses objetivos, há muitos aspectos relacionados à maternidade que merecem nossa atenção: a revisão histórica da experiência materna na vida das mulheres, os mitos em torno da maternidade, os conceitos sobre maternidade que alimentaram comportamentos e criaram arte, a mãe escravizada e suas estratégias de sobrevivência, a maternidade enquanto objeto institucional do sistema patriarcal, o uso da maternidade na formulação de políticas públicas, entre outros.

Embora de forma insipiente, as publicações e artigos apresentados em encontros feministas nos fazem perceber que o tema voltou a fazer parte da agenda de discussões acadêmicas nas últimas décadas. De fato, estudos de várias áreas revelam a preocupação com uma reconfiguração de conceitos relacionados à maternidade a partir da visão das mulheres. Forna (1999) afirma que não apenas a experiência, mas a maior parte das responsabilidades relacionadas à maternidade continua com as mulheres e que, dessa forma, precisamos nos expressar sobre o que se diz e, sobretudo, o que se decide sobre a experiência materna. Para Forna:

> Na década de 1960, as feministas repudiaram a visão super romanceada da maternidade, identificando nela os laços de seda da opressão. [...] Um descuido por parte do movimento feminista como um todo foi ignorar a maternidade a partir de então. [...] a maternidade acharia um modo de se resolver. [...] Na verdade, a história de como o feminismo deve lidar com as questões em torno da maternidade está apenas começando (FORNA, 1999, p. 21).

Adrienne Rich, feminista norte americana, nos alerta para o fato de que nunca se considerou como a experiência da maternidade afeta as mulheres de forma subjetiva e complexa. O padrão de comportamento e as imagens associadas à maternidade não foram criados por mulheres, mas são impostos a elas, provocando, muitas vezes, situações trágicas de frustrações que afetam não só as mulheres, mas seus filhos. Mais uma vez, ao considerarmos aspectos da vida e da história das mulheres, percebemos que questões que lhe afetam a intimidade são tomadas do seu controle por serem do interesse da ordem patriarcal. Não foi por acaso que, no processo de desenvolvimento da tecnologia e da ciência, a área da fertilidade e as técnicas de auxílio ao nascimento foram retiradas das mãos das mulheres para serem gradualmente transferidas para a mão dos doutores da lei e da medicina (áreas compostas então por maioria masculina). Por isso, Rich alerta:

> Maternidade – não mencionada nas histórias de conquista e servidão, guerras e tratados, exploração e imperialismo – tem história, ideologia e é mais fundamental que tribalismo ou nacionalismo. Minhas individuais, aparentemente privadas dores como mãe, individualmente, as aparentemente individuais dores de mães ao meu redor e anteriores a mim, de quaisquer cores ou classes, a regulação do poder reprodutor da mulher pelo homem em todo sistema e toda revolução socialista, a técnica legal de controle do

> homem da contracepção, fertilidade, aborto, obstetrícia e ginecologia, além de experimentos de reprodução extrauterinos – todos são todos essenciais para o sistema patriarcal, assim como o status negativo ou suspeito da mulher que não é mãe (RICH, 1995, p. 33).

No estudo que faz sobre a condição feminina no período colonial brasileiro, a historiadora brasileira Mary Del Priore (2008) demonstra como os porta-vozes da Metrópole - compreenda-se a representação do Estado português e da igreja na sua luta contra a reforma protestante - se empenharam em preparar mulheres, doutrinando toda a sociedade para a importância de torná-las mães cristãs e obedientes, dentro do modelo que atendesse ao objetivo de povoar a terra conquistada e manter a ordem colonial. Não era suficiente que as mulheres parissem muitos filhos, deviam também exercer o papel de mães dentro de determinados padrões.

A historiadora Maria Lúcia Mott (1988) destaca a má qualidade de vida e a vigilância sob a qual viviam as mulheres no período colonial brasileiro. Segundo ela, vários viajantes estrangeiros que descreveram a vida social brasileira durante os séculos XVIII e XIX, utilizam a palavra escravidão para descrever a falta de liberdade das mulheres no Brasil colônia e imperial, graças às limitações educacionais, além do jugo representado pela violência e arbitrariedades realizadas por pais, irmãos e maridos, como por exemplo, as negociações de dotes, manipulação das heranças e adesão compulsória aos conventos.

É necessário considerar que o peso dessa opressão se agrava com a dupla responsabilidade de muitas dessas mulheres, ao acumular a responsabilidade pelo sustento da família e o cuidado cotidiano com extensas proles. No caso das mulheres africanas ou afrodescendentes daquela época, dentro ou fora da condição escrava, mas vivendo sob o regime escravista, a situação era muito mais grave. Nenhum aspecto relacionado a respeito e dignidade lhes foi facultado nesse período.

Submetidas a todas as formas de tortura, as mulheres escravizadas sofriam também a possibilidade de serem usadas como reprodutoras de 'peças', tendo seus filhos vendidos para aumentar lucros daqueles que as usavam como amas de leite para os filhos. Sabemos que as mulheres nessa condição eram sempre alvo de abuso sexual por parte dos senhores e empregados mais próximos. O estupro, sofrido comumente pelas africanas e afrodescendentes naqueles dias, configurava exatamente a concretização do cruzamento da violência sexista com o racismo. Além disso, a situação de agradar sexualmente ao seu dono, às vezes, provocava reações de ciúmes violentos das sinhazinhas que, por sua vez, não podendo impedir os maridos de buscarem sexualmente suas escravas, vingavam-se deformando a escolhida com castigos. Tínhamos então, mais uma forma específica de violência escravagista voltada especificamente para as mulheres. Neste contexto da tantas dores e perigos, o exercício da maternidade e a peculiar história das mulheres africanas ou afro-brasileiras tomaram rumos muitas vezes trágicos.

Segundo Gizêlda Nascimento (2008), desde sua chegada ao continente americano, as mulheres negras passaram por fases de rebaixamento e anulação nas quais seus corpos, sempre ligados à sexualidade, foram sendo cada vez mais sujeitados, buscando a concretização do projeto primeiro colonialista, depois promotores de um pseudo progresso nacional. Nessas fases, tais sujeições serão representadas por alguns avatares:

> Três avatares, três reificações. Corpos anônimos em intermináveis transformações, sempre pejorativas, manipulados ontem e hoje, quando alcançamos o terceiro milênio. Corpos indesejáveis, porém utilizáveis. Num primeiro momento, a cavidade agradável para o cio do senhor. (...) Num segundo momento, a mulher negra sofre um segundo avatar, é a matriz reprodutora de crias para a servidão. (...) Por fim, a mulher negra travestida na imagem tão alienante quanto folclórica de mulata sensual (para deleite de olhares turísticos). (...) O corpo da mulher negra ao largo de si mesmo. (NASCIMENTO, 2008, P. 51-52).

Terezinha Bernardo, em seu livro *Negras, Mulheres e Mães* (2003) trabalha com dois eixos: religiosidade e gênero. Logo a princípio, a autora coloca entre seus objetivos tentar descobrir se as características de liderança e habilidade administrativa apresentada pela mulher negra brasileira que se traduziram em autonomia para gerir família e negócios tanto nos primeiros tempos do Brasil como na contemporaneidade, foram desenvolvidas à medida que ela exercia seu papel de sacerdotisa central do candomblé ou se, ao contrário, essas características já eram percebidas nas primeiras fundadoras da religião afro-brasileira, ou seja, se as africanas que aqui aportaram a trouxeram e passaram, através do exemplo de suas vidas, às gerações de mulheres que lhes descenderam.

Na diáspora, a história, sobretudo a história revista sob a perspectiva afro centrada, narra a saga dessas africanas transportadas para o Brasil, suas dificuldades para criarem e manterem filhos em torno de si e da participação ativa delas nas lutas contra o sistema escravocrata. Quando ainda escravizadas, essas mulheres continuaram (apesar das trágicas separações familiares) a ser o centro aglutinador dos grupos; quando negras de ganho ou forras – as mulheres de tabuleiro – espalharam-se pelas cidades brasileiras vendendo artigos de primeira necessidade ou quitutes, recuperando os espaços sociais da feira antes vivida no além-mar por suas ancestrais, mantendo a fé, transmitindo mensagens de grupos familiares ou políticos, alimentando esperanças, ajudando a fomentar a resistência, as rebeliões. As negras de tabuleiro são citadas por historiadores como responsáveis por significativas cifras em cidades como Salvador, chegando a apurar, além do exigido por seus proprietários, o suficiente para a alforria sua, de seus filhos e, às vezes, dos companheiros.

Essas líderes espirituais e familiares representaram, na sociedade brasileira que então se formava, a semente de uma atitude de resistência permanente que seria adiante traduzida pela presença indiscutível dos sinais da ancestralidade africana em todas as categorias da nossa cultura, bem como deixaram o exemplo do protagonismo político feminino, apesar das circunstâncias mais difíceis.

É simbólico que as chamadas 'mães de santo', foram também, nos conta Teresinha Bernardo (2003), aquelas que aglutinaram negros livres e escravizados em torno dos batuques e comidas, que deram origem a tradições musicais brasileiras como o samba, o maxixe, entre outros, assim como acolheram escravizados em fuga, ajudaram a organizar cooperativas de compra de alforrias ou, simplesmente, juntaram em torno de si estranhos que passaram a compor uma família, a família de santo.

No entanto, independente da formação religiosa, é coisa certa que a tradição do respeito aos mais velhos, a importância das mulheres mais velhas – as ancestrais – é uma das marcas mais visíveis nas diversas culturas africanas em todas as línguas em que se manifestam e que, essa marca se reproduz nas culturas diaspóricas quando se busca essa referência.

Mães Literárias

Na representação mais tradicional da literatura, especialmente na de autoria masculina, a complexa experiência da maternidade é expressa de forma limitada. Isso pode indicar uma importância secundária dada a esse tema, o que nos conduz a perguntar sobre as razões de tal desprestígio. Com frequência, encontramos uma personagem idealizada, pouco verossímil, longe de representar a complexidade que poderia revelar.

No caso da personagem mãe afrodescendente em nossa literatura, é preciso considerar a situação específica das imagens que nossa sociedade projetou sobre seus corpos, a forma como isso se configurou na literatura, para então compreender-se a importância do esforço que nossas escritoras afro-brasileiras empreendem quando assumem a voz, representando-as nas suas narrativas.

Mariza Correa (1996) nos fala da forma como se forjou, na cultura brasileira, essa imagem estereotipada, exacerbadamente sensual que promoveu internacionalmente a ideia da afro-brasileira como produto sexual facilmente vendável. Eduardo Assis Duarte (2009) realizou uma investigação em obras fundadoras da nossa mais tradicional literatura, demonstrando como essa imagem estereotipada é reforçada, sobretudo porque, além da ênfase no apetite erótico, aumenta-se a disponibilidade sexual dessas personagens pelo fato de que elas nunca são mães. A forma "degustável" como a literatura masculina construiu a mulher afrodescendente transformada em "prato nacional", temperado pelas mais diversas especiarias, reforça o mito perverso da democracia racial, já que elas sempre aparecem felizes, alegres, nos papéis que vivem. Dessa forma, essa literatura aguça o valor utilitário da figura feminina mestiça, destinando-a ao consumo erótico e às cozinhas, enquanto reservava às de pele negra, o excesso do trabalho, a invisibilidade ou marginalidade social.

Em outras páginas da tradição escrita brasileira, nascida sob a sombra das "casas-grandes e senzalas", a mãe preta é uma personagem devotada aos filhos alheios, a 'Bá', que não sente revolta; sem vida própria ou desejo de liberdade, segue vivendo sossegada entre os corredores das casas dos brancos, velando os sonhos dos patrões, enriquecendo de histórias o sossego dos quartos infantis, morrendo sem chegar a viver. Todas essas personagens, a mestiça apetitosa e estéril, a negra como um animal de carga e a mãe preta servil atendem ao desejo do imaginário patriarcal, embalam com rebolado ou balanço de rede a leitura confortável do consumidor de mulheres, sobretudo o homem branco. São mulheres afrodescendentes de quem se roubou o ninho, a escolha por suas próprias maternidades. Elas estão fartamente representadas e fixadas na imaginação brasileira, como para justificar a continuidade do assalto a esse direito quando, na nossa realidade contemporânea, continuamos aceitando a ideia de objeto consumível emprestado às jovens afrodescendentes ou quando matamos seus filhos, tragados pela miséria e pela violência racista.

A escritora Conceição Evaristo, também professora e pesquisadora de literatura, fazendo uma reflexão a respeito dessa marca da esterilidade nas personagens afro-brasileiras, relaciona esse apagamento da maternidade ao processo de ocultação da nossa matriz africana na história brasileira. Ela questiona: "Estaria a literatura, assim como a história, produzindo um apagamento ou destacando determinados aspectos em detrimento de outros, e assim ocultando os sentidos de uma matriz africana na sociedade brasileira?" (EVARISTO, 2007).

A questão levantada por Evaristo encontra eco no artigo de Rita Segato (2007), que descreve o apagamento da maternidade negra, com o ocultamento das 'mães de criação' pelas famílias brancas no período pós-escravagista. Embora as famílias continuassem a usar o trabalho das mulheres negras na criação e amamentação de seus filhos, essa prática já não era de bom tom diante do discurso eugenista, por isso o convívio delas com as crianças dava-se apenas no domínio doméstico. Citando Nelson Rodrigues, Segato reproduzirá a pergunta que o jornalista brasileiro relatou ter ouvido de Sartre, por ocasião da sua visita ao Brasil na década de 60. Rodrigues e outros intelectuais da época reuniram-se com o famoso casal de filósofos franceses, Beauvoir/Sartre, e, diante da seleta plateia de classe média alta branca, num apartamento da zona sul carioca, o francês questionou: "Onde estão os negros?" (RODRIGUES apud SEGATO, 2007, p. 159).

Não cabe aqui debater os motivos do espanto de Sartre, mas a pergunta em si nos interessa. Ela é fundamental para a compreensão da situação de ocultação dos afrodescendentes na história oficial do nosso país. A situação de provável desconforto dos intelectuais brasileiros diante do casal francês é emblemática e coerente com a preocupação expressa pela escritora Conceição Evaristo. É possível então também perguntar às páginas da nossa literatura: onde estão as mães negras?

No caso de Evaristo, que vem de uma família de mulheres fortes e solidárias que muitas vezes chefiam suas famílias, a valorização da maternidade como uma expressão do cuidado e da transmissão de valores positivos, parece ser inspiração constante. Na sua obra, a maternidade, a amizade entre mulheres são temas que aparecem em muitos momentos; entretanto, isso não impede a escritora de tematizar situações complexas que envolvem essa experiência na vida das mulheres, como exemplos de mães que desistem de seus filhos, de mulheres que decidem não serem mães, entre outras questões.

Um poema em especial trata de seu respeito às lições e aos cuidados da mãe como importantes em sua vida, é o poema "De mãe"[14]. Logo nos primeiros versos, a voz lírica[15] diz "O cuidado de minha poesia / aprendi foi de mãe,/ mulher de pôr reparo nas coisas,/ e de assuntar a vida. /A brandura de minha fala / na violência de meus ditos /ganhei de mãe,/ mulher prenhe de dizeres, /fecundados na boca do mundo." Fica claro que a voz lírica apresenta-nos uma mãe que, apesar de não ter passado pelos bancos escolares, já que adquiriu seu saber na experiência do que viveu, atenta ao que via e ouvia, soube ensinar a filha a conter seus ímpetos, talvez de indignação pelas injustiças que presenciava. Pelo que nos diz a voz lírica, a mãe exemplifica uma forma não agressiva de reação às adversidades, que pode ter inspirado a autora a transmutar sua indignação em palavra poética. Ainda que, é claro, o apuro do texto seja resultado da educação formal, o direcionamento da indignação para a linguagem e seu potencial expressivo deriva do exemplo dessa mãe que demonstrava brandura nas reações. Na segunda estrofe deste poema, a voz lírica compara a mãe a um orixá materno (*Yabá*), o que é uma referência à sua ligação com a ancestralidade africana e, portanto, talvez a sinalização de que essa mãe lidava de forma positiva com a cultura afrodescendente e também destacando a capacidade de reverter situações difíceis, sempre encorajando os filhos: "Foi de mãe todo o meu tesouro / veio dela todo o meu ganho /mulher de sapiência, yabá, / do fogo tirava água / do pranto criava consolo."

---

14 Todos os poemas de Conceição Evaristo que serão analisados estão no livro *Poemas de recordação e outros movimentos* (2008), da Editora Nandyala.

15 Usaremos voz lírica em lugar do tradicional eu-lírico por compreender que, nos poemas analisados, o eu é feminino.

A abordagem referencial da maternidade como experiência humanizadora, influência fundamental, é recorrente na escrita de autoria feminina, mas as escritoras não deixam escapar a complexidade que envolve tal experiência e, no caso das mulheres africanas e afrodescendentes escravizadas, o quanto essa experiência podia tornar-se trágica. A psiquiatra Ana Maria Oda (2007), em artigo que trata das relações entre as patologias psíquicas e a escravidão, afirma que o chamado banzo e suas consequências precisam ainda ser estudados detalhadamente para que, sob o conhecimento que hoje se tem dos efeitos psíquicos em situações de tortura, possamos compreender a extensão dos danos causados às pessoas em situação de escravização. Ela registra o trabalho de Luís Oliveira Mendes, apresentado em 1793 para a Academia de Ciências de Lisboa, no qual se faz, pela primeira vez, referência a uma tristeza intensa que provocava doenças e morte por suicídio em pessoas escravizadas; para ela, esta condição estava relacionada às condições de torturas físicas e psicológicas impostas aos escravizados e até aos negros libertos na terra onde haviam sido escravizados.

> De maneira similar a Oliveira Mendes, estes autores apontam a alta frequência de mortes voluntárias entre os cativos, seja na forma passiva de deixar-se morrer de tristeza, como no banzo, seja por meios ativos, como os suicídios por enforcamento, afogamento, uso de armas brancas etc. O desgosto pela vida e o desejo de morrer são atribuídos pelos narradores a reações nostálgicas decorrentes da perda da liberdade e dos vínculos com a terra e grupo social de origem, e ainda aos castigos excessivos impostos pelos senhores. (ODA, 2007, p. 347).

Oda afirma que apenas a partir de meados do século XVIII começa a tomar corpo o questionamento da legitimação natural da empresa escravagista. Antes disso, explica-nos Oda, a ciência e os demais discursos oficiais legitimavam a escravidão, silenciando diante do que realmente acontecia. Diante desse quadro, quem se importaria com a dor psíquica de uma mulher escravizada que perde seus filhos? como dimensionar essa dor?

É significativo observar que, talvez porque tal dor seja maior que sua possibilidade de representação, a linguagem humana não tenha encontrado a palavra que define uma mãe que perde seu filho. Ela não é órfã, nem viúva. Não há uma só palavra que defina a condição daquela que é portadora de uma dor infinda. Também aí, na condição escravizada, esse sofrimento se agrava. É o que nos mostram as escritoras de que tratarei.

No conto *A escrava*, a autora Maria Firmina dos Reis nos traz a denúncia daquilo que frequentemente acontecia no período escravagista. Mulher negra que vivenciou o período escravagista na condição rara de intelectual livre, embora pobre e periférica, a escritora teve a sagacidade de observar a situação particularmente cruel em que se encontravam as mulheres mães quando vítimas do sistema escravagista. No conto, a personagem Joana, em fuga do seu algoz, narra sua história a uma senhora abolicionista que a acolhe junto com seu filho Gabriel. A história de Joana traz a violência da separação entre mãe e filho em duas gerações. Na primeira, os pais de Joana, analfabetos, pagam por uma alforria que não existiu, sendo enganados pelo senhor desonesto. Quando, depois da morte do pai, a mãe da menina descobre o engodo, cai fulminada, deixando Joana órfã.

Mais tarde, quando já mãe, Joana tem seus filhos de oito anos vendidos pelo mesmo homem. A dor que atravessa o ser dessa mãe faz com que ela não mais consiga manter-se lúcida, alternando momentos de ausência, melancolia, desespero e lucidez. No momento em que encontra a senhora que a socorre, ela narra sua desdita, pede proteção para o filho Gabriel e morre, fulminada pela dor, como também fora sua própria mãe.

Ao trazer tais quadros da história escravagista para sua narrativa, Maria Firmina não apenas representa a realidade que sabemos histórica, como também dimensiona, quando a ciência ainda não havia tratado disso adequadamente, a dor psíquica, talvez mais intensa, que o período escravagista criou. A escritora, portanto, através da sua imaginação literária nos oferta uma dimensão de gênero de uma das torturas mais frequentes praticadas pelo sistema escravagista contra as famílias africanas e afrodescendentes: a tortura das mulheres que sabiam que seus filhos poderiam ser seguidamente tirados da sua companhia, mesmo na condição de lactante.

A dor da separação também é vivida por Susana, personagem africana do romance *Úrsula,* de Maria Firmina dos Reis. Susana é raptada e escravizada no Brasil, sendo privada não só da sua liberdade, mas do convívio com o marido e filha pequena que deixa em terras africanas. A personagem expressa sua dor: "– uma filha, que era a minha vida, as minhas ambições, a minha suprema ventura [...] essa filha tão extremamente amada, ah, Túlio! Tudo me obrigaram os bárbaros a deixar! Tudo, tudo, até a própria liberdade!"

Apesar da dor imensa, no entanto, a personagem Susana não deixa de expressar por Túlio (que também perdera a mãe, vítima das torturas escravagistas), jovem brasileiro escravizado, o amor maternal que não pudera vivenciar com sua filha depois do sequestro para as terras brasileiras. Susana representa, no romance de Firmina, a principal referência de resiliência e força moral, amparando e aconselhando a todos que dela precisam, sem jamais curvar-se à tirania senhorial.

Já o romance *Ponciá Vicêncio,* de Evaristo, ambientado na contemporaneidade, traz outra dimensão para tal dor (pois relaciona o sofrimento do avô de Ponciá, personagem contemporâneo ao período escravagista, ao sofrimento da protagonista e do irmão). Ponciá é herdeira das consequências históricas do período escravagista e isso é representado pelas semelhanças psíquicas que guarda com seu avô. Acompanhando os acontecimentos das vidas dos personagens de Evaristo, o leitor compreende que o sofrimento moral que vivem os personagens afrodescendentes está relacionado a uma continuidade daquele sofrimento anterior. Podemos dizer que esses personagens podem ter em Ponciá uma síntese. Ponciá não consegue ter filhos, eles nascem mortos ou são abortados espontaneamente. Apesar de também movida pela ausência de uma perspectiva positiva de futuro para os filhos, não toma a decisão trágica de forma consciente, mas entrega-se a um tipo de morte, ao desânimo paralisante, sem forças para reagir. Os sentimentos de Ponciá com relação a esta situação ficam claros no trecho abaixo:

> Quando os filhos de Ponciá Vicêncio, sete, nasceram e morreram, nas primeiras perdas ela sofreu muito. Depois, com o correr do tempo, a cada gravidez, a cada parto, ela chegava mesmo a desejar que a criança não sobrevivesse. Valeria a pena por um filho no mundo? [...] A cana, o café, toda a lavoura, as terras, tudo tinha dono, os brancos. Os negros eram donos da miséria, da fome, do sofrimento, da revolta suicida. [...] Um barraco no morro. Um ir e vir para a casa das patroas. Umas sobras, uns trapos para compensar um salário que não bastava. Um homem sisudo, cansado, mais do que ela talvez, e desesperançado de outra forma de vida. Foi bom os filhos terem morrido (EVARISTO, 2003, p. 82).

É significativo que essa personagem de Evaristo seja uma artesã, ou seja, alguém que expressa seu mundo interior naquilo que cria. Embora não tenha filhos, na arte em que se expressa, cria pessoas de barro; das suas mãos nascem personagens inspirados na história dos seus antepassados. A personagem de Evaristo, ainda que tenha sua maternidade também arrancada pela dor da desesperança, produz resiliência criativa.

Já no romance ***Um defeito de cor,*** Ana Maria Gonçalves cria a personagem Kehindè, inspirada na lendária Luiza Mahin, que teve seu filho nascido livre, roubado e vendido como escravo e foi, ela mesma, como tantas crianças africanas, também roubada de seu lar africano. O movimento negro brasileiro, sobretudo sua vertente feminista, tem exaltado Mahin como uma referência na luta contra a escravidão, assim com seu filho, Luiz Gama, que foi poeta, abolicionista e considerado um dos ícones da luta contra a escravidão no século XIX. Gama refere-se a ela e a um irmão em uma carta e num poema. Ele traz a imagem de uma mãe carinhosa, lutadora, de quem sente saudades. O romance de Gonçalves é uma longa carta na qual a voz narrativa da mãe Kehindè narra sua vida para que seu filho a conheça, mesmo depois de sua morte.

Nas histórias de Joana, Susana, Ponciá e Kehindè, ecoa persistente a ideia poeticamente resumida por Alice Walker (1974) de que as mulheres negras resistiram ao sofrimento e ao enlouquecimento graças a sua constante ligação com a arte e com um cuidado amoroso que as fazia envolver os que estavam em volta com solidariedade e criatividade ensinada ancestralmente por mães e mães em gerações desde a África até a diáspora, ideia essa que também está presente nos versos de Evaristo, na construção do seu "rosário de contas negras" ou no eco das "vozes mulheres". Esta força feminina e maternal está bem expressa em Susana, de Firmina dos Reis, que expressa a um só tempo firmeza e sensibilidade. É a ancestralidade materna quem rege, manifesta-se e inspira as narrativas aqui analisadas, contrapondo radicalmente a fraqueza com que eram apresentadas as mães na literatura tradicional de autoria masculina de inspiração eurocêntrica. Nas novas representações, a esperança que outras e mais verdadeiras imagens maternas fecundem a imaginação das páginas literárias.

Referências

BAIRROS, Luiza. Nossos Feminismos Revisitados. *Revista Estudos Feministas*, vol. 3, 2º semestre, p. 458-463, Florianópolis, 1995.

BEAVOIR, Simone de. *O Segundo Sexo. Fatos e Mitos.* Vol. 1, Trad. Sérgio Milliet. Rio de Janeiro: Nova Fronteira, 1980.

BERNARDO, Teresinha. *Negras, mulheres e mães: lembranças de Olga de Alaketu. São Paulo/Rio de Janeiro: EDUC/PALLAS, 2003.*

CORREA, Mariza. Sobre a invenção da mulata. *Cadernos Pagu 6/7*: Raça e Gênero. Campinas: Núcleo de Estudos de Gênero da UNICAMP, 1996.

DEIAB, R. 'Memória Afetiva da Escravidão' in Revista de História da Biblioteca Nacional, setembro, 2007.Disponível em http://www.revistadehistoria.com.br/secao/perspectiva/a-memoria-afetiva-da-escravidao> acessado em 02 de agosto de 2012.

DUARTE, Eduardo de Assis. Mulheres marcadas: literatura, gênero, etnicidade. *Terra roxa e outras terras – Revista de Estudos Literários*, Vol. 17-A, Dez, 2009.

EVARISTO, Conceição. *Ponciá Vicêncio***.** Belo Horizonte: Mazza Edições,2003.

____________*Poemas da recordação e outros movimentos***.** Belo Horizonte: Nandyala, 2008.

Da grafia-desenho de minha mãe um dos lugares de nascimento de minha escrita. In: ALEXANDRE, Marcos Antônio (org.). *Representações Performáticas Brasileiras*: teorias, práticas e suas interfaces. Belo Horizonte: Mazza Edições, 2007, p. 16-21

FORNA, Amina. *Mães de todos os mitos: como a sociedade modela e reprime as mães***.** Rio de Janeiro: Ediouro, 1999

GONÇALVES, Ana Maria. *Um defeito de cor.* Rio de Janeiro: Record, 2006.

MOTT, Maria Lúcia de Barros. *Submissão e resistência: a mulher na luta contra a escravidão.* São Paulo: Contexto, 1988

MUZART, Zahidè. (Orelha) In REIS, Maria Firmina dos. *Úrsula* (Edição comemorativa de 150 anos da publicação). Ilha de Santa Catarina: Mulheres, 2009.

NASCIMENTO, Gizêlda Melo. Grandes *Mães, Reais Senhoras. In: NASCIMENTO, Elisa Larkin (org) Guerreiras da Natureza***.** *São Paulo: Selo Negro, 2008.*

ODA, Ana Maria. G. R. *O banzo e outros males: o phatos dos negros escravos na Memória de Oliveira Mendes* In Revista de Psicopatologia Fundamental. Vol.10, junho 2007. p 346-361

REIS, Maria Firmina dos. *Úrsula* (edição comemorativa de 150 anos da publicação). Ilha de Santa Catarina: Mulheres, 2009.

RICH, Adrienne. *Of Woman Born*: motherhood as experience and institution. New York: W. W. Norton & Company, 1995.

PRIORE, Mary Del. *Ao Sul do Corpo: condição feminina, maternidades e mentalidades no Brasil Colônia.* 2 ed. São Paulo: UNESP,2008.

SEGATO, Rita Laura. 'O Édipo brasileiro' in STEVENS, Cristina (Org.) *Maternidade e Feminismo: diálogos interdisciplinares.* Santa Catarina: Editora Mulheres, 2007.

WALKER, Alice. *In Search of Our Mothers' Gardens: The Creativity of Black Women in the South (1974)* pesquisado no site http://www.msmagazine.com/spring2002/walker.asp em 14 de dezembro de 2013.

A CONSTRUÇÃO DO NEGRO NO ROMANCE *ÚRSULA*

JULIANO CARRUPT DO NASCIMENTO

Publicado em 1859, o romance *Úrsula*, de Maria Firmina dos Reis, inaugura literariamente a imagem do negro perspectivada pela visão de mundo do escravo, no âmbito do romance brasileiro.

A identidade cultural dos personagens Túlio, Preta Susana e Antero acontece a partir da experiência desses personagens, que representam três aspectos diferentes da situação do negro, durante o período da escravidão no Brasil.

As características da tríade africana na narrativa são destoantes da que se construiu, culturalmente, sobre as bases dos estereótipos configurados pela moralidade escravocrata dos senhores patriarcais, proprietários de terras.

Na narrativa, há a consagração humana dos negros e a prevalência da africanidade, em oposição à situação degradante oriunda da escravização. No romance, são personagens que formam, através do diálogo, a perspectiva ideológica de seres de descendência africana contra a política escravocrata.

Os movimentos da caracterização estética e a consciência cultural se configuram como estratégia da autora em não apenas denunciar os aspectos políticos e econômicos que subsidiaram a escravidão no Brasil, mas estabelecer a africanidade do negro, mesmo que ele apareça institucionalizado no âmbito da serventia.

A identidade cultural se expressa pela via da estética que caracteriza os negros a partir de sua própria individualidade e experiências, tornando-os personagens relevantes para a formação discursiva e moral do romance.

No romance *Úrsula,* os negros aparecem culturalmente caracterizados como personagem que expressam a realidade africana presentificada na cultura brasileira, porém pela sinuosidade narrativa empenhada por Maria Firmina dos Reis, os negros assumem a perspectiva crítica em face de sua condição servil, seja através das palavras que proferem nos diálogos em que usam da voz, seja através dos atos que a eles cabem no encadeamento da construção do enredo.

A autora maranhense usou de forte consciência ideológica na construção de Túlio, Preta Susana e Antero, articulando-os no romance *Úrsula,* que é fortemente ajeitado aos moldes românticos da estética brasileira dominante no período determinado de 1830 a 1880, aproximadamente.

O problema consiste na forma com que os negros se manifestam na narrativa: contextualizados em universo cujas características coloniais predominam, onde há a existência de senhores patriarcais e escravocratas, e, ainda assim, eles (os negros) perspectivam suas ideologias de acordo com a africanidade, com sua descendência.

O encadeamento romântico da forma do discurso narrativo contribuiu retoricamente para a investida ideológica de Maria Firmina dos Reis, pois a evasão romântica, a dramaticidade das personagens, enquanto seres individuais e culturais, a sentimentalidade que as envolve e o tom eloquente com que a narrativa é construída, por imposição estética de determinado momento do século XIX no Brasil, substantivam a afirmação afro-descendente do romance, que se realiza na voz da narradora e dos personagens mencionados.

O negro aparece no Romantismo brasileiro como elemento estranho, à margem das temáticas romanescas, que viam no índio o auge da nacionalidade representada na literatura. No romance *Úrsula*, o escravo ganha voz, se torna pleno e visível, identificado mais à africanidade e suas características coletivas e ancestrais que à condição de mercadoria ou objeto.

O personagem Túlio representa a dignidade humana, portanto ele serve de padrão moral para os personagens ligados ao poder. A estratégia de Maria Firmina dos Reis, ao construí-lo, foi determinar a diferença entre alforria e manumissão, pois Túlio se vincula a esses conceitos, muito próprios da perspectiva escravocrata.

O jovem escravo é parâmetro moral da bondade, da elevação humana diante dos infortúnios que o cometem. Suas atitudes, no plano da narrativa, evidenciam não um processo de branqueamento moral, mas a dignidade de um ser humano elevado, superior aos mandos e desmandos determinados pelo escravismo. Túlio está alinhado, moralmente, ao herói romântico Tancredo, mocinho branco da narrativa.

A armação que a autora produz para igualar um herói branco a um negro escravo, sem que ambos sejam dissociados de suas determinações históricas, elege-os como iguais segundo o caráter, a moral e a ética da honestidade. As atitudes daqueles personagens se fundamentam contra a moralidade do senhor de escravos, tanto que o primeiro capítulo do romance *Úrsula* se intitula "Duas almas generosas" (REIS, 1859, p. 7-20).

A ideologia que envolve Túlio, aparentemente envolta pelo altruísmo, verifica-se em busca da liberdade. O escravo utiliza sua bondade como meio de se livrar da escravidão, a força de sua característica moral, de ser bom, não se reduz à ingenuidade. Como aparece no diálogo travado entre Túlio e Tancredo:

> Ah! meo senhor, — "exclamou o escravo enternecido"—como sois bom! Continuai, eu vo-lo supplico, em nome do serviço que vos presto, e a que tanta importancia quereis dar, continuais, pelo céo, a ser generoso, e compassivo para com todo aquelle que, como eu, tiver a desventura de ser vil e miserável escravo!
> Costumados como estamos ao rigoroso despreso dos brancos, quanto nos será doce vos encontrarmos no meio das nossas dores! Se todos elles, meu senhor, se assemelhassem a vós, por certo mais suave nos seria a escravidão.
> E o cavalheiro perguntou-lhe:
> — Essa é Tulio, toda a recompensa que exiges?
> — Sim, meo senhor. Fizeste-me tão feliz, que nada mais ambiciono; e rendendo a Deos graças pela minha presente ventura, supplico-lhe que vos cubra de bençóes, e que vele sobre vós a sua bondade infinita.
> E o negro dizia uma verdade era o primeiro branco que tão doces palavras lhe havia dirigido; e s'ualma avida de uma outra alma que a comprehendesse, transbordava agora de felicidade e de reconhecimento.
> Pobre Tulio. (Reis, 1859, p.19).

A generosidade de Tancredo, apreendida por Túlio, confirma o objetivo maior do escravo, que é trabalhar sendo um liberto. A relação de poder que existe entre ambos se estabelece a partir da determinação histórica, mas não simplesmente da condição moral imposta pela política do escravismo. Os dois são identificados pela bondade, pelo sacrifício, em relação aos senhores de terras e comendadores presentes na narrativa. Maria Firmina dos Reis faz crítica, bastante explícita, não ao interesse de Túlio em relação a Tancredo, pois o escravo salvara o mocinho branco de um acidente, e este por recompensa dá-lhe dinheiro para que Túlio possa comprar a liberdade.

No romance, esse acontecimento do encontro entre o jovem escravo e o herói romântico típico, que é Tancredo, acontece para harmonizar a moralidade humana, sem que os personagens percam a determinação histórica, porém permaneçam coerentes na estratégia estética da forma, e confrontados ideologicamente na enunciação do romance para o levantamento crítico dos problemas étnicos, políticos e de identidades culturais conflitantes e vigentes desde os primórdios da cultura brasileira, na relação entre o branco herdeiro da colonização europeia e o negro africano.

A comprovação de que Maria Firmina dos Reis faz crítica à institucionalização da política escravocrata e não, propriamente, à diferença étnica, está também na passagem do romance em que a narradora realiza a ancestralidade de Túlio, dando a ele família em África e, principalmente, liberdade, fazendo com que a evasão, típica do Romantismo, exceda o simples devaneio para ganhar foros de ideologia antiescravista:

> Tinha-se alforriado. O generoso mancebo assim que entrou na convalescença dera-lhe dinheiro correspondente ao seu valor como genero, dizendo-lhe:
> — Recebe, meo amigo, este pequeno presente que te faço, e compra com elle a tua liberdade.
> Tulio obteve pois por dinheiro aquillo que Deus lhe dera, como a todos os viventes — Era livre como o ar, como o haviam sido seos paes, lá nesses adustos sertões da África; e como se fora a sombra do seo joven protector estava disposto a seguil-o por toda parte. (Reis, 1975, p.31).

Túlio é o personagem que objetiva puramente a liberdade, seus gestos e atitudes buscam livrá-lo do julgo escravocrata, através de seu altruísmo e a partir de sua conduta de escravo, que consciente de sua condição servil e não de sua benevolência em relação aos "brancos" da narrativa, objetiva ser prestativo para ser reconhecido e, paulatinamente, liberto.

A afirmativa de Luzia Navas-Turíbio de que "Túlio vem a ser elemento chave do romance, responsável que foi pela aproximação de Tancredo e Úrsula" (NAVAS-TURÍBIO,1990, p. 26) se confirma na estrutura narrativa do romance e aponta para a construção romântica puramente estética desse personagem, no entanto, Túlio, além de ser o "elemento chave" por levar Tancredo até Úrsula, é também central para as vozes de Preta Susana e Antero, pois esses assumem a consciência original do africano e ensinam, cada qual a seu modo, mas africanamente ambos, o verdadeiro sentido de liberdade, a consistência de ser livre fora do julgo colonizador e escravocrata. Túlio é uma espécie de receptáculo, catalisador de experiências ancestrais, pois é ele, na condição de mais jovem, que recebe os ensinamentos culturais e humanos da África ainda não explorada pelos europeus.

Mais arraigado e com o sentido mais apurado pela experiência vivida, Preta Susana ensina a Túlio o que realmente deve significar a liberdade para o negro escravo africano. A anciã demonstra ao jovem que a liberdade não consiste na alforria ou manumissão, mas em ser livre em África.

Preta Susana representa a voz ancestral africana, no âmbito do romance romântico brasileiro, através da memória que cria outra realidade para os mitos de origem do brasileiro. Ela significa a evasão romântica a partir da experiência, e não, simplesmente, do negro escravizado, determinado pelo sistema econômico e político da época em que o romance *Úrsula* foi escrito, fato que, considerado por Eduardo de Assis Duarte, desnorteia, não só as questões coloniais brasileiras, como também:

Voz política que denuncia, em plena vigência do espírito das luzes, o conquistador europeu como bárbaro, invertendo de forma inédita a acusação racista — corrente na Europa e presente no pensamento de filósofos do porte de Hegel — que excluía a África do mundo civilizado. O romance prossegue com o verismo da descrição sobrepujando-se com a ficção propriamente dita. (ASSIS, 2009, p.273-274).

Preta Susana encarna a ancestralidade africana, considera a liberdade apenas como a permanência dela e dos outros africanos em África. Liberdade para ela não consiste em ser alforriado ou sofrer a manumissão, tal qual Túlio recebe.

Preta Susana ensina-o, à maneira de Griot, o significado da liberdade pelo viés da identidade cultural africana, quando uma pessoa mais velha ensina outra que está a menos tempo no mundo, através de narração das experiências pessoais para demonstrar o significado coletivo de um povo ou de um grupo étnico.

A velha africana, ao saber que Tancredo havia dado dinheiro a Túlio para que este comprasse sua liberdade e que o jovem escravo haveria de acompanhá-lo em uma viagem a negócios, Preta Susana interrogou-o: — Tu! tu livre? Ah não me iludas! — Meo filho, tu és já livre?... (REIS, 1859, p.93).

O verdadeiro sentido de liberdade aparece originalmente na literatura brasileira na fala de preta Susana, em que ela através de sua experiência vivida em África explica a Túlio o que é de fato liberdade:

> — Sim, para que estas lágrimas?!... Dizes bem! Ellas são inuteis, meo Deos; mas é um tributo de saudade, que não posso deixar de render a tudo quanto me foi caro! Liberdade! liberdade... ah! eu a gosei na minha mocidade! — "continuou Susana com amargura" —Tulio, meo filho, ninguem a gozou mais ampla, não houve mulher alguma mais ditosa do que eu. Tranquilla no seio da felicidade, via despontar o sol rutilante e ardente do meu paiz, e louca de prazer a essa hora matinal, em que tudo ahi respira amor, eu corria as descarnadas e arenosas praias, e ahi com minhas jovens companheiras, brincando alegres, com o sorriso nos labios, a paz no coração, divagavamos em busca das mil conchinhas, que bordam as brancas areias d'aquellas vastas praias. Ah! meo filho! mais tarde deram-me em matrimônio a um homem, que amei como a luz dos meus olhos, e como penhor dessa união veio uma filha querida, em quem me revia, em quem tinha depositado todo o amor da minha alma: — uma filha, que era a minha vida, as minhas ambições, a minha suprema ventura, veio sellar a nossa tão sancta união. E esse paiz de minhas afeições, e esse esposo querido, e essa filha tão extremamente amada, ah Tulio! Tudo me obrigaram os bárbaros a deixar! Oh! tudo, tudo até a própria liberdade! (REIS, 1859, p. 91-92).

A narração de Preta Susana segue afirmando a africanidade, segundo sua experiência de vida e não de maneira a reduplicar o discurso institucionalizado da escravidão. O enunciado é a força africana na literatura brasileira, sua origem no âmbito da narrativa como construção da identidade do negro escravo, a priori e a posteriori, do tráfico negreiro:

> Tinha chegado o tempo da colheita, e o milho e o inhame e o mendobim eram em abundancia nas nossas roças. Era um destes dias em que a naturesa parece entregar-se toda a brandos folgares, era uma manhã risonha, e bella, como o rosto de um infante, entretanto eu tinha um peso enorme no coração. Sim, eu estava triste, e não sabia a que atribuir minha tristesa. Era a primeira vez que me affligia tão incomprehensivel pesar. Minha filha sorria-se para mim! Deixei-a nos braços de minha mãe, e fui-me à roça colher milho. Ah! nunca mais devia eu vel-a.
>
> ....
>
> Ainda não tinha vencido cem braças de caminho, quando um assobio, que repercutio nas matas, me veio orientar acerca do perigo eminente, que ahi me aguardava. E logo dous homens appareceram, e amarraram-me com cordas. Era uma prisioneira — era uma escrava! Foi em balde que supliquei em nome de minha filha, que me restituissem a liberdade: os barbaros sorriam-se das minhas lagrimas, e olhavam-me sem compaixão. Julguei enlouquecer, julguei morrer, mas não me foi possivel... a sorte me reservava ainda longos combates. Quando me arrancaram d'aquelles lugares, onde tudo me ficava — patria, esposo, mãe e filha, e liberdade! meo Deos! O que se passou no fundo de minha alma, só vós o podestes avaliar!...
>
> Meteram-me a mim e a mais tresentos companheiro de infortunio e de captiveiro no estreito e infecto porão de um navio. Trinta dias de crueis tormentos, e de falta absoluta de tudo quanto é mais necessário à vida passamos n'essa sepultura até que abordamos às praias brasileiras. Para caber a mercadoria humana no porão fomos amarrados em pé e para que não houvesse receio de revolta, acorrentados como os animais ferozes das nossas mattas, que se levam para recreio dos potentados da Europa. Davam-nos a agua

> immunda, podre dada com mesquinhez, a comida má e ainda mais porca: vimos morrer a nosso lado muitos companheiros à falta de ar, de alimento e de agua. E' horrivel lembrar que creaturas humanas tractem a seos semelhantes assim e que não lhes doa a consciencia de leval-os à sepultura asphixiados e famintos!
> Muitos não deixavam chegar esse extremo — davam-se a morte.
> Nos dous ultimos dias não houve mais alimento. Os mais insofridos entraram a vozear. Grande Deos! Da escotilha lançaram sobre nós agua e breu fervendo, que escaldo-nos e veio a dar a morte aos cabeças do motim.
> A dor da perda da patria, dos entes caros, da liberdade foram suffocadas n'essa viagem pelo horror constante de tamanhas atrocidades.
> Não sei ainda como resisti — é que Deos quis poupar-me para provar a paciencia de sua serva com novos tormentos que aqui me aguardavam. (REIS, 1859, p.92-94).

A mesma memória que age na fala de Preta Susana, com o objetivo de ensinar a Túlio, é aquela que está no discurso de Antero. A ancestralidade neste personagem se dá de maneira menos dramática que a fala da velha escrava. Pois Antero, para demonstrar a Túlio o valor do trabalho e o valor dos símbolos locais e africanos utiliza a bebida alcoólica como marca identitária da africanidade. A bebida tomada por um escravo e a bebida tomada por um homem trabalhador e livre situa-a como "válvula de escape" para a sua condição de escravo, e no passado remoto como costume sustentado pela moral do trabalho:

> É o unico vicio que tenho; e ainda por conserva-lo não prejudiquei a ninguem. Que te importa que beba, — <acrescentou com voz que queria dizer: não tens coração> — por ventura pedi-te algum dinheiro para fumo ou cachaça? — e dizendo afagava a cabaça vazia com um desvelo todo paternal, como que arrependido de tel-a despresado, a ella, a sua companheira constante.
>
> Pois bem — <continuou o velho> — no meo tempo bebia muitas vezes; embriagava-me, e ninguem me lançava isso em rosto; porque para sustentar meo vicio não me faltavam meios.

> Trabalhava, e trabalhava muito, o dinheiro era meo, não o esmolei. Entendes? (REIS, 1859, 172).

O Velho africano traz para o romance *Úrsula* a originalidade de sua identidade cultural, ao evocar por meio da cachaça a África, sua evasão se justifica ideologicamente pela dignidade do trabalho e dele vir o sustento para o vício do álcool. Há uma contraposição de valores em sua fala, onde o Brasil aparece como espaço da escravidão, e a África como lugar da liberdade humana.

Tal armação ideológica se desenvolve através da qualidade da cachaça e da possibilidade de sua compra — no Brasil, de péssima qualidade, e efeito da alienação do homem, símbolo do fracasso e do vício; em África, de boa qualidade e vinculada aos momentos de lazer, símbolo de descanso e fruição do homem trabalhador ligado à Terra:

> — Pois ouça-me, senhor conselheiro: na minha terra ha um dia em cada semana, que se dedica à festa do fetiche, e n'esse dia, como não se trabalha, a gente diverte-se, brinca, e bebe. Oh! lá então é vinho de palmeira mil vezes melhor que cachaça, e ainda que tiquira. (REIS, 1859, 172-173).

Ao Maria Firmina dos Reis criar personagens africanos e situá-los no plano narrativo com voz e características próprias, sem a contaminação dos discursos estereotipados tanto dos liberais, que favoreciam o abolicionismo; e menos ainda sem a interferência dos conservadores que defendiam ainda a permanência do tráfico negreiro, a autora, dentro dos limites de seu tempo, confere outra dimensão ao negro no Brasil: a dimensão do humano.

Fugindo do discurso comum acerca da escravidão dos negros e escravatura dos brancos, a autora maranhense alcança o problema do ser humano contextualizado no âmbito da condição humilhante e perversa. Assim, há a subversão dos valores morais do humano como identidade cultural aproveitada pela literatura para criar o imaginário nacional por outro viés, pois:

> Há neles uma reivindicação estética e outra ideológica de visibilidade literária, humana e social. Muito diferentemente das narrativas tradicionais que abordaram o negro no século XIX no Brasil, no romance *Úrsula* há originalidade expressiva, por eles (os negros) aparecerem ligados à identidade africana e não apenas como mercadoria ou escravo sofredor das imposições escravocratas. (NASCIMENTO, 2009, p. 105).

Heloísa Toller Gomes, em seu livro *O negro e o Romantismo brasileiro*, reflete sobre a dificuldade dos escritores da época em tornar o negro elemento fundamental do discurso romanesco. A pesquisadora estabelece um parâmetro antropológico-ideológico que justifica o índio, como mito nacional para a construção da identidade brasileira, pois o negro, visto como objeto e serviçal presente maciçamente na sociedade, não estava distanciado da "vida real" dos escritores românticos, como estavam os índios isolados em reservas ambientais, depois de serem quase que completamente dizimados:

Não convivendo diretamente com o índio nem dependendo dele na vida real, o romântico brasileiro pôde transformá-lo em mito e realizar para ele seus ideais de homenagem. Social e economicamente ligado à sorte do escravo, nosso romântico sentiu indiscutível dificuldade em dar conta de presença tão incômoda qual fosse o negro, tão pouco propícia a idealizações, tão ameaçadora em seu quase silêncio reservado. (GOMES, 1988, p.31).

> Essa ideia realmente prevaleceu no romance romântico brasileiro, de que o negro estava inserido na sociedade brasileira e pelo fato dessa inserção haver-se dado a partir do estigma, não pode ele ser idealizado pelos nossos escritores, cabendo à figura do índio o papel de representação da brasilidade.

Os personagens de Maria Firmina dos Reis — Túlio, Preta Susana e Antero — estão indiscutivelmente fora dos padrões romanescos do Romantismo brasileiro, por eles representarem não a marca da escravidão, mas ao contrário, por expressarem a dimensão da africanidade em uma época em que nem era discutida a África no Brasil, pelo menos em termos de reconhecimento cultural e humano.

Os personagens rompem com os estereótipos de que o africano não tinha cultura, de que não tinham alma e que a escravidão, inclusive, a ele era uma dádiva de Deus. Coube, a Maria Firmina dos Reis, a tarefa de trazer para o romance brasileiro o negro integrado na condição de ser humano, com identidade cultural própria que depois foi negada pelo nacionalismo brasileiro. Jamais os romancistas do Romantismo poderiam se apropriar do negro como tema em que ele aparece africanamente, pois esse movimento literário pregava o "nacionalismo das cores locais" (CANDIDO, 2004, p.36).

Considerando as ideologias da época e as tendências do romance brasileiro do século XIX, a construção dos personagens africanos de Maria Firmina dos Reis representa a quebra da tradição nacionalista baseada apenas na figura do índio. Pois o negro também teve influência histórica, cuja voz, ainda que destoante ao Romantismo brasileiro, está alta e viva na narrativa do romance *Úrsula*!

Referências

CANDIDO, Antonio. *O Romantismo no Brasil.* São Paulo: Humanitas, FFLCH/USP, 2004.

DUARTE, Eduardo de Assis. Maria Firmina dos Reis e os primórdios da ficção afro-brasileira. In: Reis, Maria Firmina. *Úrsula.* Florianópolis: Ed. Mulheres; Belo Horizonte: PUC Minas, 2009.

GOMES, Heloisa Toller. *O negro e o Romantismo brasileiro.* São Paulo: Atual, 1988.

NASCIMENTO, Juliano Carrupt do. *O negro e a mulher em Úrsula de Maria Firmina dos Reis.* Rio de Janeiro: Caetés, 2009.

NAVAS-TORÍBIO, Luzia. *O negro na literatura maranhense.* São Luís: Academia Maranhense de Letras (AML), 1990.

Úrsula, de Maria Firmina dos Reis: arma de combate marcando a presença da mulher escritora na Literatura Brasileira

Rilza Rodrigues Toledo

Introdução

A literatura das mulheres (negras) pode e deve ser lida como parte de um processo rebelde de autoconhecimento, com a predominância de temas comuns do cotidiano delas, dentre eles: a memórias de uma migração forçada, a escravidão, violência, dominação colonial e o deslocamento Se a escrita ocorre de modo pessoal de acordo com as especificidades locais e histórias pessoais, é possível observar a sensação de deslocamento, ao fato de terem que lidar com o mundo masculino que guarda resquícios da colonização. Por outro lado, obtém-se como consequência, a necessidade de "falar", de gritar ao mundo e de se afirmarem mulheres e a literatura, segundo afirma Gonçalves (2008, p.32) "a arma de criatividade".

Para elas, a escrita representa um ato de resistência, a partir do momento em que se valem do registro para se fazerem ouvir. Na escrita feminina verifica-se a existência de "um ponto de consciência cultural e mudança social, em que a escrita traduz as relações complexas das problemáticas raciais e de gênero cultural e a prática da literatura é o lugar em que a alienação social se frustra segundo o contexto específico" (MINH-HA, 1989 apud GONÇALVES, 2008, p.32) ratificando, portanto ser uma maneira peculiar para reinventar o mundo.

Em 1859, em plena vigência do regime escravista, no momento em que as teorias científicas ratificavam a inferioridade da população africana e afrodescendente, bem como a evidenciavam a incapacidade feminina para tratar sobre as questões de fórum público, uma mulher afrodescendente, nordestina, de origem humilde, elaborou um discurso precursor no cenário do romantismo brasileiro, tornando públicas as condições a que estavam submetidos o negro e a mulher na sociedade brasileira.

A autora produziu um discurso que possibilitava aos marginalizados o direito a contar sua história, buscando uma correspondência com seu público predileto. O lampejo jornalístico de noticiar a publicação de um romance, excepcionalmente publicado por uma mulher, cedeu lugar por parte da história literária a um profundo esquecimento. Embora jornalísticos, os escritos da época que versavam sobre *Úrsula*, já apontavam para elementos constituintes da narrativa, que no final do século XX e início do século XXI viriam a ser fundamentados, inclusive, pela produção da pesquisa acadêmica: a presença do negro e da mulher na Literatura Brasileira.

Maria Firmina: maranhense-escritora-mulher

Em um apuro crítico à sociedade brasileira masculina e letrada consiste a reportagem de 13 de maio de 1861, do jornal *A Verdadeira Marmota*. No entanto, não sem estar livre à construção do estereótipo acerca da mulher, personificada na autora. Expressões corriqueiras à época evidenciam o tratamento "machista" a ela dado, como "ente delicado, caprichoso e sentimental" e "belo sexo". Cita-se, no entanto, a passagem mais interessante, na qual percebe-se o primórdio da aceitação da literatura produzida por mulheres entre nós e um certo mea-culpa patriarcal do articulista em face daquela produção:

> Se é, pois, cousa peregrina ver na Europa, ou na América do Norte, uma mulher, que, o círculo de ferro traçado pela educação acanhada que lhe damos, nós os homens e, indo por diante de preconceito, apresentar-se ao mundo, servindo-se da pena, e tomar assento nos lugares mais proeminentes do banquete da inteligência, mais grato e singular é ainda ter de apreciar um talento formoso, e dotado de muitas imaginações, despontando no nosso céu do Brasil, onde a mulher não tem educação literária, onde a sociedade dos de letra é quase nula[16].

A presença feminina no mundo da escrita especialmente, da escrita pública era bastante restrita no século XIX, a que fora denominada "Pantheón Maranhense" intitulado por Henriques Leal (LEAL,1987) visto que se pensando historicamente, as mulheres passaram muito tempo sem acesso à educação e à possibilidade da escrita. O aparecimento do romance *Úrsula* na literatura pátria foi um acontecimento festejado por todo jornalismo, e pelos nossos homens de letras, não como por indulgência, mas como homenagem rendida a uma obra de mérito.

16 Jornal *A Verdadeira Marmota,* 13 de maio de 1861.

O nome Maria Firmina dos Reis, desconhecido ainda dentro da historiografia, impõe novas perspectivas para os estudos literários e revela a presença e a trajetória de uma escritora negra em pleno século XIX no Brasil.

Maria Firmina dos Reis, professora, escritora, mestiça, abolicionista, responsável pela fundação da primeira escola mista, para meninos e meninas, no Maranhão, foi a primeira voz feminina a tratar e registrar sobre a temática do negro a partir da publicação da obra *Úrsula***,** em 1859 (MORAIS FILHO). Sendo autodidata, conseguiu romper a cadeia da exclusão das mulheres no mundo das Letras. Na primeira edição de *Úrsula*, omitiu seu nome tanto na capa, quanto na folha de rosto da obra, utilizando o pseudônimo "Uma Maranhense", o que era comum em uma época em que as mulheres viviam submetidas a inúmeras limitações e preconceitos.

Neste lugar intermediário, mais próximo da pobreza que Maria Firmina dos Reis levanta sua voz, ao publicar *Úrsula*, o qual chama de "mesquinho e humilde livro". Já no prólogo da obra, o território cultural que embasa o projeto do romance fica estabelecido. Em 1859, época em que a prosa de ficção dava seus primeiros passos, Maria Firmina aponta o caminho do romance romântico como atitude política de denúncia de injustiças há séculos presente na sociedade patriarcal brasileira, evidencia as principais vítimas - os escravos e as mulheres.

Desta forma, o exercício da escrita foi, para as mulheres do século XIX, uma forma de romper os limites entre o privado e o público, destacando-se que o espaço privado era o único local aceitável para uma mulher.

O ato de escrever, no caso das mulheres, de uma maneira geral, especificamente no caso de uma mulher subalternizada como Maria Firmina dos Reis, adquiria o valor de uma transgressão simbólica que ultrapassava os limites sociais acordados por uma sociedade conservadora e escravocrata. Nos escritos de *Úrsula***,** especialmente no prólogo, autora afirma que

> Não é a vaidade de adquirir nome que me cega, nem o amor próprio de autor. Sei que pouco vale este romance, porque escrito por uma mulher e mulher brasileira, de educação acanhada e sem o trato e conversação dos homens ilustrados, que aconselham, que discutem e que corrigem, com uma instrução misérrima, apenas conhecendo a língua de seus pais, e pouco lida; o seu cabedal intelectual é quase nulo (DUARTE apud REIS 2004).

Segundo afirma o mesmo autor, desde o século XVIII já existia uma literatura negra, e a mesma se fazia presente nos tempos e espaços históricos na nossa constituição enquanto povo, uma literatura que "Não só existe como é múltipla e diversa" (DUARTE, 2004, p.11). Porém, só a partir da década de 50, inspirada pelos movimentos negros dos Estados Unidos e da França, a literatura negra do Brasil passa a ser visível na sociedade, e a partir de então, passa a ser usada como instrumento de denúncia contra o desrespeito aos direitos sociais dos afrodescendentes, além demonstrar e sua confirmar sua qualidade literária intrínseca (LIMA, 2009, p. 67).

A literatura afro-brasileira possui identidade própria, ganha voz dentro do próprio enredo, ela rompe com as ideias eurocêntricas, buscando uma identificação entre sujeito e objeto e as histórias nascem da própria vivência e é nesse contexto que a literatura afro-brasileira visa formar um público leitor negro. Segundo Duarte (2004) a autoria, temática, ponto de vista, linguagem e público configuram a existência do texto afro-brasileiro. Mesmo sendo apontada no espaço acadêmico como um conceito em construção, e objeto de discussões e controvérsias, é inegável a sua existência bem como, é por meio dela que se vai desconstruindo a pretensa superioridade branca.

Segundo Luiza Lobo, no ensaio de um mapeamento de intervenções há três grupos de autores de literatura negra atuantes hoje no Brasil:

> Quilombhoje, de São Paulo; Negrícia, do Rio de Janeiro; Gens, da Bahia. O Grupo Palmares, criado em 1978 por Oliveira Silveira,

> desenvolvendo teatro, literatura e outras atividades no Rio Grande do Sul, foi dissolvido em 1980. O grupo Uni-verso, de Campos (RJ), tem atuação apenas local. Para se definir a literatura negra deve-se ter em mente que "no estudo da literatura afro-brasileira mistura-se a obra do autor negro com a obra sobre o tema negro" (LOBO, 1993, p. 172).

Assim, em depoimento à Luiza Lobo, Ironides Rodrigues define Literatura negra sendo aquela desenvolvida pelo "autor negro ou mulato que escreva sobre sua raça dentro do significado do que é ser negro, da cor negra, da forma assumida, discutindo os problemas que lhe concernem: religião, sociedade, racismo. Ele tem de se assumir como negro" (LOBO, 1993, p. 174).

Grande parte de seus escritos versaram sobre a escravidão (no Maranhão). Maria Firmina dos Reis além de colaborar com vários jornais literários marcou presença constante na imprensa local, publicando poesia, ficção, crômicas, enigmas e charadas (DUARTE apud REIS, 2004, p.266). Atuou como folclorista, compositora inclusive autora e compositora de um hino para a abolição da escravatura.

Vivendo submetida a limitações e preconceitos, como era comum na época – a autora omite seu nome tanto na capa quanto na folha de rosto de *Úrsula,* ali consignando apenas um pseudônimo – Uma Maranhense! (DUARTE apud REIS, 2004, p.267). Dessa forma, Maria Firmina revela-se uma pioneira em várias faces na literatura.

Úrsula é um dos primeiros romances brasileiros publicados por uma mulher e o primeiro romance brasileiro escrito de autoria afrodescendente. Maria Firmina escreveu também um romance indianista, *Gupeva* (publicado em folhetins em 1861; em volume em 1863), e publicou um livro de poemas, *Cantos à beira-mar* (1871), e neste dedicou poemas à mãe e à irmã, poemas de amor, e poemas abolicionistas e patrióticos sobre a Guerra do Paraguai.

A narrativa da obra é marcada por desencontros. *Úrsula* apresenta como diferencial um desfecho fatídico e infeliz, em contraste com os finais felizes tão aguardados para as histórias da época. No romance, a jovem Úrsula, aprisionada por um tio mesquinho em uma fazenda falida no nordeste do Maranhão, vê-se envolvida em uma tragédia familiar e amorosa: sua mãe é doente e depende de seus cuidados e o grande amor de sua vida, Tancredo foi assassinado pelo tio que a ama e quer desposá-la. Suspeita-se, ainda, de que o tio tenha cometido roubo e tenha assassinado o pai da protagonista, fato este que se torna um tormento na vida de Úrsula. Túlio, Preta Susana e Antero são personagens cujas identidades culturais se destacam no plano construtivo do romance, uma vez que suas vozes elaboram uma crítica ao processo escravocrata, subsidiando a realidade histórica ao processo da criação da narrativa literária e sendo personagens fundamentais na trama da narrativa, por apresentarem importantes funções no desenrolar do enredo. São como dispositivos para a articulação dos acontecimentos.

Tais personagens, consideradas secundárias, por aqueles que se debruçaram criticamente sobre o romance *Úrsula,* aparecem, ao contrário, em um plano muito relevante no âmbito da narrativa, tanto para a sua organização literária como para o seu fundo ideológico. Túlio, Preta Susana e Antero agregam caracterizações morais que os diferem dos estereótipos articulados pelos processos culturais e literários do século XIX. A função de personagens impõe à narrativa acontecimentos que não seriam possíveis caso fossem construídos de outra maneira. Sua existência na narrativa revela a movimentação descritiva em face dos acontecimentos.

Segundo Nascimento, (2009, p.74) os escravos descritos em *Úrsula* fazem parte de uma regra: "Túlio é o escravo bom, mesmo depois de ser liberto escolhe continuar a servir Tancredo, seu novo senhor; Susana é a boa velha negra, a mãe preta, que se sacrifica para salvar sua senhorinha".

O enredo tem como cenário a escravidão que Maria Firmina retrata como algo "odioso", mas nem por isso enrijece a sensibilidade do jovem negro, tornando-se ponto chave para compreender a estratégia autoral de denúncia e combate ao regime sem agredir as convicções dos leitores brancos.

Um exemplo seria Túlio, que é uma vítima, não um algoz, e sua revolta se faz no seu silêncio, já que Túlio não tem meios para confrontar o poder dos senhores. O comportamento de Túlio tem como base valores cristãos, apropriados pela autora com o objetivo de melhor pregar suas ideias.

A estratégia discursiva de fazer da escrita literária uma possibilidade de dar voz para os antepassados é usada por Maria Firmina dos Reis em *Úrsula*. A autora abre espaço para que uma personagem secundária possa assumir uma focalização retratando a questão da escravidão sob o ponto de vista dos próprios escravos. Susana relata sua vida na África, terra onde era livre e vivia com seu esposo e com sua filha, traçando através da voz e da memória o mesmo caminho que os negros escravizados trilhavam até chegar ao Brasil.

Em *Úrsula,* Maria Firmina dos Reis aborda a temática da escravidão de uma forma inovadora. Através da obra literária, a autora teve uma atitude política de denúncia das injustiças vividas na sociedade patriarcal brasileira do século XIX, principalmente pelas mulheres e pelos escravos. Na obra, Maria Firmina relata a escravidão sob o ponto de vista dos escravos, dando-lhes voz para que pudessem relatar suas memórias não só da sua terra natal, mas da travessia até chegar ao Brasil, a violência a que os escravos eram submetidos em tal travessia e em terras brasileiras, e ainda, é usando a voz de uma escrava, que Maria Firmina questiona a alforria, a possibilidade de ser "livre" em um país escravocrata como era o Brasil no século XIX.

Destaca-se que a inclusão ou exclusão de algumas obras do cânone literário não acontece de forma neutra ou sem interesses, mas em função de escolhas políticas, evidenciando o descrédito de obras e autores que não estão ligados às elites culturais, como foi o caso de *Úrsula*, obra que por uma combinação de fatores, tais como a autoria feminina, autoria afrodescendente, procedência de uma província distante e principalmente, a forma inovadora como a escravidão foi tratada, fizeram com que esta obra ficasse silenciada por tantos anos. De espírito combativo e a determinação de uma mulher do século XIX, momento em que se percebe que sensibilidade pode ser sinônimo de força e luta, e literatura pode ser símbolo de ação, no conto *A Escrava*, publicado no auge da campanha abolicionista na *Revista Maranhense* (1887:1. nº.3, a autora encontra caminho e possibilidade para denunciar as injustiças da escravidão, bem como alertar a humanidade da condição subumana e opressiva do negro no Brasil e ainda aponta o lugar obscuro que cercava a mulher no mundo político cultural.

Maria Firmina busca um espaço onde as experiências narrativas oscilam entre denúncia da autoridade legitimadora da escravidão e o sentimento de alteridade. Elaborado com narrativas que se encaixam, no conto tem como figura principal, a escrava Joana e o seu drama, retratado pela personagem intitulada — uma mulher—. Nota-se que o anonimato para aquela que expõe os fatos, registra-se no texto literário, junto à denúncia da escravidão, o silenciamento das mulheres, uma vez que aquelas que ousaram o mundo das letras no período irromperam, inicialmente, pelo pseudônimo, como fez Maria Firmina.

Testando a significação e ressignificação a autora dá voz a todas as mulheres e ao mesmo tempo revela o apagamento da mulher na literatura e na luta pelos direitos políticos e sociais.

À luz dessas observações, será negra, em sentido restrito, uma literatura feita por negros ou descendentes assumidos de negros, e, como tal, reveladora de visões de mundo, de ideologias e de modos de realização que, por força de condições atávicas, sociais e históricas, caracteriza-se por uma certa especificidade, ligada a um intuito claro de singularização cultural. *Lato sensu,* será a arte literária feita por quem quer que seja, desde que reveladora de dimensões peculiares aos negros ou aos descendentes de negros (PROENÇA FILHO, 1988, p. 78).

Considerações Finais

A narrativa se abre para o mundo e para suas representações, permitindo o enfrentamento de todas as barreiras até então demarcadas. As situações múltiplas engendram uma concepção de vida que diminuindo as diferenças, simultaneamente amplia a liberdade.

A autora estava consciente de que o lugar que ela tentava ocupar no mundo das Letras era de acesso para as mulheres e assim os fatos ratificam a relevância de Maria Firmina no cenário brasileiro literário do século XIX. Reconheceu que por ser mulher, sua tarefa era demasiadamente árdua, uma vez que enfrentaria muitos obstáculos, pois segundo os costumes da época, a voz e a palavra eram predominantemente masculinas, restando para as mulheres o silenciamento.

Com a opressão dos escravos, igualdade e fraternidade entre os homens anunciada pelos preceitos religiosos entram em choque, uma vez que não são vistos como semelhantes. Destacam se, portanto a mestiçagem e o hibridismo do brasileiro no cenário cultural e ideológico.

Nota-se o surgimento de uma segunda narrativa em um tom contemplativo marcando o início conforme se observa na comparação entre elementos da natureza como uma tarde de agosto, bela como um ideal de mulher, poética como um suspiro de virgem permeada pela sinestesia e o paradoxo atingida por gritos lastimosos de uma mulher apavorada.

Depara-se o leitor com um novo olhar para com o negro escravo, um olhar que humaniza o oprimido, ao passo que animaliza o opressor.

Ao examinar a escrita de Maria Firmina dos Reis, observa-se o uso da linguagem como um instrumento, uma ação de poder que revela as suas convicções políticas. Vale destacar que esse encontro da literatura e o compromisso engajado de prática política e partidária em Reis convivem de forma harmoniosa, uma vez que a plurissignificação e o intenso dinamismo das palavras são envolvidos em um processo de recriação que possibilitam um espaço para novas relações de sentido.

A atuação na cena pública (literária, política e social) da autora predispõe para um envolvimento que no espaço literário pode ser entendido como uma reflexão do escritor sobre as relações que trava a literatura com a política (e com a sociedade em geral) e sobre os meios específicos dos quais ele dispõe para inscrever a política na sua obra, e o autor desejaria, através de sua obra participar plenamente e diretamente no processo revolucionário. A seriedade ao tratar o tema, tal como se lê em Reis, é visível no conto que ora revela ironia, ora indignação, para denunciar a hipocrisia da elite brasileira.

Finalmente, a loucura retratada em Maria Firmina revela a posição servil para a liberdade de um jugo da escravidão e da inserção da mulher na arte da escrita. Diante a intencionalidade encontra-se um texto resultante da ação de transformar consciências entrelaçando dignidade, liberdade e combate marcando a presença da mulher escritora na literatura brasileira.

Referências

ALÓS, Anselmo Peres. *A letra, o corpo e o desejo:* masculinidades subversivas no romance latino-americano. Florianópolis: Mulheres, 2013.

ANDRETA, B. L.; ALÓS, A. P. A voz e a memória dos escravos *Identidade!* São Leopoldo,v.18 n. 2 p. 194-200 jul/dez. 2013 ISSN 2178-0437X Disponível em: http://periodicos.est.edu.br/identidade>. Acesso em 24 maio 2017.

DUARTE, Eduardo de Assis. Classe, gênero, raça – a Literatura Comparada no milênio. 50 Congresso ABRALIC. Cânones e contextos. **Anais.** Rio de Janeiro: ABRALIC, 1997, V.1, P. 411-116.

_______. Posfácio. In: REIS, Maria Firmina dos. *Úrsula.* 4. ed. Atualização do texto e posfácio de Eduardo de Assis Duarte. Florianópolis: Mulheres; Belo Horizonte: PUC--Minas, 2004. p. 265-281.

GONÇALVES, Ana Beatriz Rodrigues. Conexão Brasil, Uruguai, Haiti: a escrita feminina negra na América Latina. *Revista Ipotesi,* Juiz de Fora, v. 12, n. 1, p. 31 - 40, jan./jul. 2008.

IANNI, Octávio. Literatura e Consciência. In**:** *Revista do Instituto de Estudos Brasileiros.* Edição Comemorativa do Centenário da Abolição da Escravatura. SP, no28, 1988.

LEAL, Antônio Henriques. *Phanteon Maranhense.* Introdução de Mário M. Meireles. 2ed. São Luis: Alhambra, 1987, vol. 1.

MENDES, Algemira Macêdo. O discurso antiescravagista em *Úrsula,* de Maria Firmina dos Reis. *Cerrados,* Brasília (UnB), v. 20, n. 31, p. 75-92, 2011.

_______. Maria Firmina dos Reis e Amélia Beviláqua na história da literatura brasileira*:* representação, imagens e memórias nos séculos XIX e XX. 2006. 282f. Tese (Doutorado em Linguística e Letras). Pontifícia Universidade Católica do Rio Grande do Sul, Porto Alegre, 2006.

LIMA, Carlos de. *História do Maranhão.* Brasília: Senado Federal/Centro Gráfico, 1981.

LIMA, Maria José de. Gênero, trabalho e educação. In: FERREIRA, Mary (Org.). *Mulher, gênero e políticas públicas.* São Luís: UFMA; Salvador: Redor, 1999, p. 93-102.

LOBO, *Luiza*; introdução de Charles Martin**.** *Autorretrato* de uma pioneira *abolicionista.* 3. ed., Rio de Janeiro: Francisco Alves, 1993.

MORAIS FILHO, José Nascimento. *Maria Firmina: fragmentos de uma vida.* São Luiz: COCSN, 1975.

MONTEIRO, Maria do Socorro de Assis. O subterrâneo intimismo de *Úrsula*: uma análise do romance de Maria Firmina dos Reis. Letrônic@, Porto Alegre (PUCRS), v. 2, n. 1, p. 361-380, 2009.

MULHERNEGRA**.** Disponível em : < http://antologiadamulhernegra.blogspot.com.br/2014.>. Acesso em 04 jun. 2017.

NASCIMENTO, Juliano C. O romance *Úrsula* de Maria Firmina dos Reis: estética e ideologia no romantismo brasileiro. (Dissertação) Mestrado em Letras da Universidade Federal do Rio de Janeiro. Rio de Janeiro, 2009.

OLIVEIRA, Adriana Barbosa. Gênero e etnicidade no romance *Úrsula*, de Maria Firmina dos Reis. 2007. 107f. (Dissertação). Mestrado em Letras. Universidade Federal de Minas Gerais. Belo Horizonte, 2007.

PROENÇA FILHO, Domício. A trajetória do negro na literatura brasileira. In: *Estudos Avançados*. Revista do Instituto de Estudos Avançados da Universidade de São Paulo. Vol. 18, n.º 50, jan.-abr. 2004.

PRIORE, Mary Del. (Org.) *História das Mulheres no Brasil*. São Paulo. Ed. Contexto, 1997.

REIS, Maria Firmina dos. *Úrsula*. 2. ed. Impressão fac-similar. Prólogo de Horácio de Almeida. Rio de Janeiro: Gráfica Olímpica Editora LTDA, 1975.

______. *Úrsula*. 3. ed. Organização, atualização e notas por Luiza Lobo. Introdução de Charles Martin. Rio de Janeiro: Presença; Brasília: INL, 1988.

______. *Úrsula*. 4. ed. Atualização do texto e posfácio de Eduardo de Assis Duarte. Florianópolis: Mulheres; Belo Horizonte: PUC-Minas, 2004

_____. *A escrava*. *Revista Maranhense*, Ano 1, n. 3, novembro de 1887, apud Morais Filho, Op.cit. 1975.

Maria Firmina dos Reis: educação e emancipação feminina

Kelen Benfenatti Paiva

Educai, para isto, a mulher e com ela marchai avante, na imensa via do progresso [...]

Nísia Floresta

Pensar a educação em qualquer parte do Brasil requer uma volta ao passado, no intuito de compreender melhor sua importância na formação e no desenvolvimento do que se costuma nomear de nação. No campo da cultura, o jornalismo desempenhou papel fundamental nesse desenvolvimento desde sua contribuição como atividade de formação, informação e mediação cultural até a promoção de espaços em que os discursos entram em guerra a favor de direitos que transformaram a sociedade.

De tantas cenas que vimos nos jornais do século XIX, destacam-se a cena política em que se travava verdadeiro embate de ideologias distintas, a constituição paisagística das cidades e o projeto contínuo de modernização, o desenvolvimento econômico e cultural, o projeto civilizatório, os valores, tradições e costumes das sociedades locais, o papel da mulher nessa sociedade, a escravidão, o movimento editorial e tipográfico em crescimento, entre tantos outros assuntos compõem esse caleidoscópio na visão de nossa história.

Ao olharmos pela lente, cenas curiosas se configuram, entre as quais a presença, a participação e a condição das mulheres na sociedade oitocentista merecem destaque. Ao pensarmos nessa participação, algumas questões se apresentam como: a educação feminina e os percalços dessa conquista; a feminização do magistério; a intensa relação entre literatura e imprensa; entre tantos outros assuntos que estão diretamente ligados à inserção das mulheres no espaço público.

Na interseção dessas questões, um nome merece ser lembrado, Maria Firmina dos Reis, maranhense nascida em 1822, cuja obra tem sido revisitada atualmente no intuito de estabelecer o lugar de importância dessa escritora no cenário nacional, principalmente ao que se refere às ideias abolicionistas. Eduardo de Assis Duarte, incentivador dessa revisão historiográfica, aponta para o fato de ter sido ela precursora da negritude, que celebra a África e repudia a escravidão. Sobre seu romance *Úrsula*, publicado em 1859, ele afirma:

> *Úrsula* não é apenas o primeiro romance abolicionista da literatura brasileira, fato que, inclusive, poucos historiadores admitem. É também o primeiro romance da literatura afro-brasileira, entendida esta como produção de autoria afrodescendente, que tematiza o assunto negro a partir de uma perspectiva interna e comprometida politicamente em recuperar e narrar a condição do ser negro.[17]

17 *Disponível em:* < http://www.letras.ufmg.br/literafro/autoras/29-critica-de-autores-feminios/317-maria-firmina-dos-reis-e-os-primordios-da-ficcao-afro-brasileira-critica> *Acesso em 20 mai 2018.*

Mulher negra falando da condição de ser negro é o que enfatiza Eduardo de Assis Duarte ao chamar atenção para a necessidade de reconhecer a importância dessa escritora. A autora publicou ainda *Gupeva (1861),* romance indianista; *Cantos à beira-mar* (1871), livro de poesia; *A escrava,* conto publicado em 1887, na *Revista Maranhense*; além da autoria de músicas e textos publicados em vários jornais. Deixou também um diário com registros esparsos, publicado postumamente como *Álbum*, reproduzido no livro *Maria Firmina — Fragmentos de uma Vida* (1975), de José Nascimento Morais Filho.

Maria Firmina, com as limitações próprias da época em que viveu, faz uso de estratégias de inserção social para ocupar um lugar distinto daquele socialmente instituído para as mulheres de seu tempo: o âmbito do privado, do lar. Três estratégias podem ser reconhecidas historicamente nessa busca por sair na porta da sala da casa e transitar pelo espaço público da sociedade: a literatura, a imprensa e a educação.

Essas estratégias se encontram imbricadas na história das mulheres escritoras. E com Maria Firmina não foi diferente. Sua participação na imprensa é significativa para pensarmos em como essa estratégia foi um meio de acesso para as mulheres em um contexto predominantemente masculino. A autora publicou textos em *A Imprensa, Publicador Maranhense, A Verdadeira Marmota, Almanaque de Lembranças Brasileiras, Eco da Juventude, Semanário Maranhense, O Jardim dos Maranhenses, Porto Livre, O Domingo, O País, A Revista Maranhense, Diário do Maranhão, Pacotilha* e *Federalista,* o que evidencia sua preocupação em participar desse meio cultural.

Sobre a participação das mulheres na imprensa, vale lembrar que na história da chamada "Imprensa feminina" no Brasil, dois momentos a há que se considerar: a criação de jornais dirigidos por homens e direcionados ao público leitor feminino e a criação e redação de jornais de autoria feminina para o mesmo público. Se na primeira metade do século XIX, temos a criação de jornais voltados para esse público leitor, como *O Mentor das Brasileiras* (1829), *O Espelho*

Diamantino (1827), *O Espelho das Brasileiras* (1831), *A Mulher do Simplício* (1832), *Jornal de Variedades* (1835) e *Espelho das Bellas* (1841), no qual algumas mulheres publicaram sob o véu dos pseudônimos masculinos ou do anonimato, ocupando as colunas sobre moda e assuntos ditos femininos; na segunda metade do século, a mulher toma a palavra e funda e dirige jornais e revistas.

Nesse movimento efervescente, a chamada "imprensa feminista" criada e dirigida por mulheres teve papel fundamental nas lentas mudanças sociais que ocorreram durante séculos. O direito a trabalhar fora, o direito ao voto, ao divórcio e tantos outros assuntos que foram amplamente discutidos nos jornais alcançaram também outras instancias da sociedade. Vozes como a de Nísia Floresta (1810-1885), que defendeu com afinco a educação da mulher e sua emancipação; Joana Paula Manso de Noronha (1819-1875), que foi fundadora e editora do *Jornal das Senhoras,* no Rio de Janeiro, em 1852, importante veículo que tinha como propósito contribuir para educação e emancipação moral da mulher; Júlia da Costa (1844-1911), que participou de polêmicas nos jornais em um tempo em que este espaço ainda era predominantemente masculino; Inês Sabino (1853-1911), que defendeu a liberdade das mulheres quanto ao direito à escolha consciente de ter tanto família quanto carreira e que, em seus escritos, denunciou as práticas sociais que as marginalizavam; Emília Freitas (1855-1908), escritora abolicionista e republicana, que se preocupou com a violência contra a mulher e com sua situação na sociedade de seu tempo; Júlia Lopes de Almeida (1862-1934), que em suas crônicas fez campanhas em defesa da educação da mulher, além de tratar da condição feminina em seus romances; Maria Sabina (1898-1991), declamadora, escritora e jornalista que se destacou no movimento feminista e nas discussões sobre os direitos das mulheres; Francisca Senhorinha Motta, editora do jornal *O sexo feminino* que defendia a educação como forma de abrir os grilhões da subjugação feminina; Josefina Álvares de Azevedo, redatora do jornal *A Família,* uma das mais fervorosas defensoras oitocentistas dos direitos femininos à educação e emancipação; Presciliana Duarte de Almeida, editora de *A Mensageira* cujo objetivo era incentivar a participação das mulheres no espaço público; Maria Firmina dos Reis, que registrou em sua escrita a escravidão sob a perspectiva do negro, a condição feminina e atuou como professora das primeiras letras; entre outras que participaram de uma rede de ações em prol da educação feminina por todo o país.[18]

Em pauta: a educação feminina

Sobre a educação feminina, duas vertentes de discursos travavam um embate nos jornais no final do século XIX. De um lado aqueles que eram radicalmente contra educar as mulheres. Do outro, os que defendiam ser essa uma real necessidade para o bem da Pátria. Neste último grupo, embora acreditassem na necessidade da educação feminina, discordavam sobre a finalidade dessa educação e os moldes curriculares desse processo de formação. Os discursos sobre o tema são dissonantes e se dividem em dois: os que defendiam a "educação da agulha" como forma de promover uma educação moral capaz de produzir para a sociedade boas esposas e mães e aqueles que acreditavam que a educação feminina deveria se pautar na ilustração, promovendo assim a formação intelectual das mulheres e, por conseguinte, sua emancipação.

Esses discursos se desdobravam em embates via jornais em diversos locais do país. Desde os grandes centros até as pequenas vilas se ouve a defesa da educação das mulheres, uma vez que eram elas as responsáveis pela educação dos futuros cidadãos. Nesse sentido, educar as mulheres seria preparar as futuras mães e, consequentemente, servir aos interesses da Pátria.

Interessante destacar que o tema da educação feminina é recorrente tanto em jornais redigidos por homens e direcionados ao

18 Sobre a história da imprensa feminina ver: DUARTE, Constância Lima. *Imprensa feminina e feminista no Brasil*. São Paulo: Autêntica, 2016.

público leitor feminino, quanto àqueles fundados por mulheres como também o é o fato de justificar a necessidade dessa educação por meio da maternidade e sua comum idealização nesse período.

De Campanha e depois do Rio de Janeiro, ouvimos a voz de Francisca Senhorinha da Motta Diniz que fundou e dirigiu o jornal *O Sexo Feminino* cujo objetivo era publicar textos que primassem pela "instrução, educação e ilustração da mulher, e seus direitos" (*O Sexo Feminino*, n. 13, p 4.):

> Se a mulher não for inteligente, cultivada pela instrução (...), se não tiver no coração o germen de uma religião pura e santa, si não possuir uma educação apurada, jamais será uma virtuosa filha, uma mãe de família modelo, uma verdadeira educadora de sua prole: não passará de uma figura de cêra, ou de uma estátua de carne. (*O Sexo Feminino*, 1873, n. 6. p. 4)

De Minas Gerais, vem da pequena Vila de São João del-Rei, cidade natal da redatora de *O Sexo Feminino*, outro discurso em defesa da educação feminina. *O Mentor das brasileiras*, periódico semanal dirigido por homens e direcionado ao público leitor feminino, publicado entre 1829 e 1832 promovia a valorização da educação feminina:

> As senhoras pelos deveres, que lhe são inherentes fazem o fundamento principal da sociedade humana, e por isso são dignas de uma instrução mais sólida, e capaz de promover o bem geral de huma Nação. He pois para dar maior expansão ao gênio, que tanto se desenvolve nesta alma da sociedade [...] que tomamos a árdua, mas interessante tarefa de redigir esta folha, dedicada somente às estudiosas Brasileiras, que algum dia serão collocadas à par, e talvez acima das heroínas tão celebradas nas outras Nações civilizadas. (*O Mentor das Brasileiras*, 1829, n. 1, p.1)

O discurso do jornal enfatizava a importância da educação feminina por se tratarem de futuras mães:

> As mães são as primeiras mestras dos filhos, e sendo estas ignorantes, enchem os filhos de muitos erros e prejuizos com os quais se fazem infelizes por toda a vida e o peor he virem emprestar e denegrir com seos vivios a sociedade em que nascerao. (*O Mentor das Brasileiras*, 1829, n.3, p.4)

Embora *O Mentor das Brasileiras* se afirmava como defensor dos ideais liberais, demarcava claramente o que era "assunto para mulheres". Em sua 5ª edição, o editor escreve:

> Algun embaraço temos tido em cumprir o que prometemos no nosso Prospecto sobre apresentarmos alguns artigos de política, não porque esta matéria nos seja totalmente desconhecida [...] porém vacilávamos na escolha dos assumptos hum sexo, que ainda não consideramos naquela perfectibilidade de princípios capazes de o tornar habil para a comprehensão de matérias difficeis por sua natureza, qual a política tomada em seo rigoroso sentido. (*O Mentor das Brasileiras*, 1829, n. 5, p.1)

Apesar da defesa da educação feminina e do reconhecimento da necessidade de complementar a formação moral e cívica das mulheres, o redator afirma que não as considerava aptas a compreender a política. Isso se reafirma ao lermos outros números dos jornais. Os textos publicados no jornal vêm sempre seguidos de explicações e esclarecimentos do redator direcionados ao público leitor feminino. Atitude que reafirma sua opinião de que as mulheres não tinham aquela "perfectibilidade de princípios capazes de o tornar habil para a comprehensão de materias difíceis por sua natureza" e precisavam por isso de um "mentor" que fizesse a interpretação dos enunciados para elas. Essa atitude, contudo, não foi característica específica do redator do jornal *O Mentor das Brasileiras*. Constância Lima Duarte, em seu livro *Imprensa feminina e feminista no Brasil* sobre a imprensa feminina, chama a atenção para a ideologia patriarcal que orientava os redatores da imprensa nessa primeira metade do século XIX. Segundo a autora, os editores e redatores se colocavam "como guias responsáveis pela mudança de seu *status quo*" (DUARTE, 2016, p.21).

Evidentemente isso não diminui a importância das iniciativas de se produzir jornais direcionados ao público leitor feminino, de reconhecer as mulheres como leitoras. Embora houvesse um projeto pedagógico de "modelar" as leitoras, este foi um espaço importante para o início da participação feminina na imprensa.

Do Maranhão, contexto em que viveu Maria Firmina dos Reis, também se ouve os discursos em relação à educação da mulher:

> A mulher é física e moralmente predestinada a exercer outra ordem de funções que o homem na família. O homem, ativo, robusto, trabalha lá fora, ao sol. A mulher, delicada, amante, cria o filho, administra a casa. [...] Deve ser a mulher inteligente e instruída? Sim para a vocação severa da maternidade. (*O Progresso*, 1871 apud SILVA, 2013, p. 110).

Nesse contexto de demarcados papéis sociais, cujo espaço da mulher é restrito ao âmbito do lar, é que Maria Firmina dos Reis pretende ocupar outro lugar, anseia escrever, ser lida e acolhida por seus pares por meio de sua literatura e de sua participação nos jornais e também sua atuação no magistério.

Maria Firmina dos Reis: por uma educação menos acanhada para meninas

Vem do diário da escritora um fragmento que nos permite pensar na importância da educação para as mulheres ao longo da História. Nesses escritos, temos imagens projetadas da mulher e escritora Maria Firmina:

> De uma compleição débil e acanhada, eu não podia deixar de ser uma criatura frágil, tímida, e por consequência melancólica: uma

> espécie de educação freirática, veio dar remate a estas disposições naturais.[19]

Essa consciência das limitações sociais e educacionais impostas às mulheres se deve à "educação da agulha", pautada principalmente em preparar a mulher para ser esposa e mãe. A Educação "freirática" da qual fala a escritora, guarda em si os ensinamentos cristãos que deveriam compor a implícita "grade curricular" dessa educação feminina. Aprender a ler, a escrever, a fazer as quatro operações de aritmética e dar ênfase aos preceitos religiosos e às prendas domésticas, resumiam toda a formação necessária para o espaço privado do lar, área de atuação permitida e incentivada para a mulher por muito tempo.

Sua consciência das limitações dessa educação aparece ainda na justificativa anunciada no prólogo de seu romance *Ùrsula:*

> Sei que pouco vale este romance, porque escrito por uma mulher e mulher brasileira, de educação acanhada e sem o trato e a conversação dos homens ilustrados, que aconselham, que discutem, que corrigem, com uma instrução misérrima, apenas conhecendo a língua de seus pais, e pouco lida o seu cabedal intelectual é quase nulo. (REIS: 2004, p. 13)

E prossegue:

> Deixai, pois que minha ÚRSULA, tímida e acanhada, sem dotes da natureza, nem enfeites e louçarias d'arte, caminhe entre vós. [...] talvez com essa proteção cultive mais o seu engenho [da autora], e venha a produzir cousa melhor, ou quando menos, sirva esse bom acolhimento de incentivo para outras, que com imaginação mais brilhante, com educação mais acurada, com instrução mais vasta e liberal, tenham mais timidez do que nós." (REIS: 2004, p. 14)

---

19 O relato é datado de 1886. Disponível em: https://aarteliteraria.wordpress.com/2017/12/06/o-album-o-diario-de-maria-firmina-dos-reis/#A. Acesso em 28 maio 2018.

Interessante destacar que embora essa prática de se justificar, pedir desculpas por ousar escrever, tenha sido uma constante entre as escritoras do século XIX nos prólogos dos seus livros, Maria Firmina parece indicar que, embora sua educação tenha sido "acanhada" e "freirática", se mostra por meio da escrita, superando a timidez e enfatiza o fato de que, muitas vezes, uma educação mais "vasta e liberal" não garantiria a ousadia dessa exposição por meio do texto literário. Escrever, nesse sentido, era um ato de transgressão e publicar, um ato de ousadia, mesmo quando usa o pseudônimo de "Uma maranhense".

Ao que parece, Maria Firmina teve uma educação no seio familiar, visto que a Lei de Instrução Pública do Império, que previa a criação de escolas de primeiras letras públicas, cujo objetivo maior era o projeto civilizatório de modernização do país foi criada em 1827, mas, no Maranhão, sua prática se daria cerca de dez anos depois. A proposta de criar escolas públicas de primeiras letras era para as cidades e vilas de maior desenvolvimento e concentração da população e seu processo de implantação foi lento. Além disso, a abertura das escolas particulares, no Maranhão, também foi mais tardia que em Minas Gerais, por exemplo, e era direcionada às famílias abastadas.

A imprensa periódica teve um papel fundamental no estabelecimento de escolas públicas de primeiras letras para as meninas. Evidentemente, muitos discursos se manifestaram contra isso, afirmando que nesses locais, o convívio com semelhantes que não tivesse boa moral, seria prejudicial a elas. Insistentemente, os defensores de uma educação coletiva defendiam a importância da socialização da educação tanto para as meninas quanto para as professoras, que até então tinham sido educadas no sistema de contratação de "mestres de boa conduta" e de preceptoras ou educadas em casa, aprendendo apenas a ler e escrever.

A contratação das preceptoras foi importante para a educação feminina. Maria Celi Chaves Vasconcelos, em "Vozes femininas do

Oitocentos: o papel das preceptoras nas casas brasileiras", recupera parte da história das mulheres que encontraram nessa prática educativa um meio de subsistência. Como destaca a autora, as preceptoras foram, no século XIX, as primeiras educadoras "oficialmente instituídas que tornaram o seu 'fazer' uma 'atividade profissional' remunerada, representando a abertura do mercado de trabalho intelectual à condição feminina" (p. 38). Isso explica, em certa medida, porque no final da década de 1820 ainda tão poucas meninas tinham acesso a estabelecimentos de ensino e havia um número reduzido de mulheres que lecionavam. Afinal, era uma prática restrita às famílias de posse.

Maria Firmina, ao que indicam seus biógrafos, não possuía posses, era filha bastarda, afrodescendente e viveu com a mãe na casa da avó, passando depois a viver com uma tia e uma prima. Cresceu no convívio com mulheres o que certamente contribuiu para sua forma de conceber o feminino.

Sua biografia deixa indícios de superação no que se refere à educação e ao próprio empenho para se ilustrar, afinal, é aprovada como Mestra Régia, professora das primeiras letras em Guimarães, em 1847, no Maranhão, onde atuou no cargo por 34 anos até se aposentar, em 1881. Com a criação das escolas, o magistério feminino experimentou considerável crescimento e são muitas as notícias nos jornais sobre o exame público de candidatas a exercer essa função.[20] Evidentemente esse quadro de crescimento foi lento e distinto em diferentes partes do Brasil.

A imagem da mãe que educa os filhos tão difundida pelos jornais e por instituições como a Igreja e também o governo, em certa medida, garante a muitas mulheres o direito a se educar e abre passagem ao espaço público do trabalho. Porta aberta que Maria Firmina soube aproveitar.

---

20 Sobre a feminização do magistério ver: LOURO, Guacira L. Gênero, sexualidade e educação. Rio de Janeiro : Vozes, 1997.

Mestra Régia: o desejo de aconselhar

Apesar de serem poucas às referências à sua atuação como professora, afinal, os registros documentais existentes se restringem a notícias nos jornais de sua aprovação no concurso para professora de primeiras letras, notas sobre afastamentos do trabalho e depoimentos reunidos por Nascimento Morais Filho (1975) de ex-alunas suas, há referências da criação de uma escola mista criada por ela. Nessa escola, que funcionou em uma fazenda em Maçaricó, em 1880, dividiam a sala meninas e meninos, com ensino pago para os que pudessem pagar, como filhos dos fazendeiros da região, e, gratuito aos filhos dos pobres. Essa iniciativa pode ser pensada como um projeto de educação feminina que representa sua consciência de que era preciso educar também àqueles que não possuíam posses. Para além das evidentes necessidades funcionais de se colocar em uma única sala meninas e meninos, a fim de ter um número considerável de alunos para justificar o funcionamento da escola, essa iniciativa também apresenta um avanço para que a educação feminina fosse menos "acanhada".

Sobre a atuação de Maria Firmina em sala de aula, há depoimentos de suas alunas que deixam rastros da professora que foi:

> Sr. Leude Guimarães relata que a escola funcionava no "barracão" cedido pelo Domingo Mondego, na qual frequentavam "[...] as filhas do fazendeiro João Damas de Azevedo, Loló, Santa e Dona [...]", ainda "[...] haviam outras meninas e meninos, mas não lembro dos nomes [...]."

> D. Nhazinha Goulart, conta que nas aulas [...] era todo mundo junto: meninos e meninas. "Quem tinha posses pagava e quem não tinha não pagava." Sobre o transporte utilizado para chegar à escola diz [...] a gente ia com Maria Firmina num carro de boi e Pranchada era o pajem."

> D. Eurídice Barbosa Cardoso nos relata que a "[...] mestra Maria Firmina era enérgica, falava baixo não aplicava castigos corporais, não ralhava: aconselhava." A sala era "[...] meninas e meninos, estudando juntos. A aula funcionava pela manhã." (MORAIS FILHO, 1975, p.311)

O fato de não ter se valido dos castigos corporais indica sua postura consciente de uma educação diferenciada, uma vez que nos anos de 1800, os castigos físicos tinham o objetivo de punir o mau comportamento, mantendo assim a disciplina e também punir a dificuldade de aprendizagem.

Com a Lei de 1827, proibiu-se o castigo corporal, mas a prática continuava fazendo parte da realidade do ensino. O próprio fato de uma senhora contar que Maria Firmina não castigava seus alunos e, embora fosse enérgica, não ralhava e sim aconselhava é indicativo de que essas práticas eram usuais naquele momento. O uso da palmatória e dos chicotes, muitas vezes autorizados pelos pais, era símbolo de uma educação pautada na disciplina e na correção. E, embora a Lei Imperial de 1827 sobre a educação proibisse os castigos corporais, permitindo, contudo, o castigo moral, essas práticas perduraram até as primeiras décadas do século XX em muitas escolas, e deixaram resquícios para além dessas décadas, pois quem nunca ouviu relatos de pessoas idosas sobre os castigos aplicados pelas professoras ou as situações de vergonha a que foram submetidos diante de todos como punição pelo mau comportamento.

SANTOS (2016) destaca algumas questões importantes sobre o período ao analisar os relatórios oficiais sobre a organização da instrução maranhense no período de 1838 a 1881:

> As condições estruturais nas quais esteve inserida, os baixos salários a que foram submetidos os professores nomeados para desempenharem essa profissão, as práticas punitivas e de controles cometidas aos professores, os espaços cedidos, emprestados e de moradia utilizados para o ensino, a falta de professores formados

> para exercer o magistério público, a dificuldade na aplicabilidade das leis, a falta de incentivo dos responsáveis para que as crianças estudassem, a padronização do método e, por conseguinte, a padronização dos conteúdos a serem trabalhados, constituíram-se elementos que conduziram a instrução maranhense (SANTOS, 2016, p. 43)

Uma proposta na contram*ão* da padronização imposta, que se diferenciasse disso, certamente, gerou resistência e falta de apoio político. Assim, a escola funcionou por cerca de dois anos e meio apenas. Raimundo de Meneses afirma que essa aula mista "escandalizou os círculos locais, em Maçaricó [...] e por isso foi a professora obrigada a suspendê-la depois de dois anos e meio." (1978, p. 570). E, segundo MORAIS FILHO (1975) era "uma revolução social pela educação e uma revolução educacional pelo ensino, o seu pioneirismo subversivo de 1880." (1975, p. 310).

As fontes documentais conhecidas até o momento esboçam em tom pastel a imagem da professora que superou as amarras de uma sociedade em que o direito à educação era para homens, brancos e de posses e que contribuiu, por meio da Literatura, de sua participação na imprensa periódica e sua atuação na sala de aula para a construção de um século de História com mais oportunidades para que outras mulheres passassem pela porta aberta pelas pioneiras no processo de emancipação da mulher.

Referências:

DUARTE, Constância L. *Nísia Floresta*: a primeira feminista do Brasil. Florianópolis: Mulheres, 2005.

________. *Imprensa feminina e feminista no Brasil.* São Paulo: Autêntica, 2016.

DUARTE, Eduardo de Assis. Maria Firmina dos Reis e os primórdios da ficção afro-brasileira- Crítica. Disponível em: <http://www.letras.ufmg.br/literafro/autoras/29-critica-de-autores-feminios/317-maria-firmina-dos-reis-e-os-primordios-da-ficcao--afro-brasileira-critica>. Acesso em 15 mai 2018.

LOURO, Guacira L. *Gênero, sexualidade e educação.* Rio de Janeiro : Vozes, 1997.

MENDES, Melissa. Uma análise das representações sobre as mulheres no maranhão da primeira metade do século XIX a partir do romance *Úrsula*, de Maria Firmina dos Reis. 2013. Dissertação (Mestrado em História Social). Universidade Federal do Maranhão, São Luís - MA. 2013.

MENESES, Raimundo de. *Dicionário literário brasileiro.* 2. ed. rev., aum. e atual. Rio de Janeiro: Livros Técnicos e Científicos, 1978. p. 570- 571.

MORAIS FILHO, Nascimento. *Maria Firmina dos Reis*: fragmentos de uma vida. Maranhão: Imprensa do Governo do Maranhão, 1975.

O MENTOR DAS BRASILEIRAS. São João del-Rei, 1829, n. 1.

O MENTOR DAS BRASILEIRAS. São João del-Rei, 1829, n.3.

O MENTOR DAS BRASILEIRAS. São João del-Rei, 1829, n. 5.

O SEXO FEMININO. Disponível em: http://bndigital.bn.br/acervo-digital/sexo--feminino/706868 . Acesso em 15 mai 2018.

REIS, Maria Firmina dos. *Ùrsula; A escrava.* Florianópolis: Ed. Mulheres; Belo Horizonte: Puc Minas, 2004.

________. *Album.* Disponível em: https://aarteliteraria.wordpress.com/2017/12/06/o-album-o-diario-de-maria-firmina-dos-reis/#A. Acesso em 28 maio 2018.

SANTOS, Carla Sampaio dos. A escritora Maria Firmina dos Reis: história e memória de uma professora no Maranhão do século XIX . Dissertação (mestrado) – Universidade Estadual de Campinas, Faculdade de Educação. São Paulo: [s.n.], 2016.

SILVA, Régia Agostinho da. A escravidão no Maranhão: Maria Firmina dos Reis e as representações sobre a escravidão e as mulheres no Maranhão na segunda metade do século XIX. 2013. Tese (Doutorado em História Econômica) – Universidade de São Paulo, São Paulo. 2013.

VASCONCELOS, Maria Celi Chaves. Vozes femininas do Oitocentos: o papel das preceptoras nas casas brasileiras. In: LÔBO, Yolanda; FARIA, Lia (orgs.). *Vozes femininas do Império e da República.* Rio de Janeiro: Quartet: FAPERJ, 2008.

A POESIA COMO GUARDIÃ DO CORPO

Imaculada Nascimento

A mente! Isto sim, ninguém pode escravizar!
Maria Firmina dos Reis

Alguns querem arrancar o que dizer do silêncio, da brancura, apesar de tudo.
Michel Schneider

Depois de ler a obra de Maria Firmina dos Reis, ocorreu-me reler *Ladrões de Palavras – Ensaios sobre o plágio, a psicanálise e o pensamento*, de Michel Schneider, no qual ele desenvolve a ideia de que alguns escritores têm a doença das palavras e, por isso, as palavras doem: "À agrafia atada de uns, responde a *grafomania* asfixiada dos outros: tal é a armadilha que espera o escritor" (1990, p. 451).

O modo como li parte dos textos dessa escritora – sim, apenas parte, porque não se tem acesso a toda a obra – incitou-me o desejo de estar perto de sua linguagem poética, principalmente ao tomar conhecimento da frase em epígrafe, dita por um personagem do romance *Úrsula*. Na contemporaneidade, a expressão nos parece muito banal porque dita e redita com muita frequência, o que não era comum num romance escrito por uma mulher – mulher negra, o que causa mais impacto ainda pela época em que ela viveu.

"Folheando" aleatoriamente um *blog* com poemas de sua obra *Cantos à beira-mar*, deparei-me com o título "O meu desejo", do qual sobressaíram os seguintes versos:

> E a liberdade, – oh! poeta, – canta,
> Que fora o mundo a continuar nas trevas?
> Sem ela as letras não teriam vida,
> menos seriam que no chão as relvas:
> Toma por timbre liberdade, e glória,
> Teu nome um dia viverá na história.
> *Cantos à beira-mar.* Disponível em:
> (http://www.jornaldepoesia.jor.br/mfirmina02.html)

Em todas as nove estrofes encontra-se o imperativo: "Canta", articulado à ideia de liberdade, já que "sem ela as letras não teriam vida". É interessante essa aproximação entre "timbre" e "liberdade". Encontram-se, atualmente, definições de timbre na música, como a "cor" do som; esse poema aproxima-se muito de um canto, de uma ode à escrita poética com uma função definida pela voz que nele fala: libertar. Pode-se dizer que, para quem conhece a história da escritora e o contexto, é impensável não associar o grito de liberdade, não somente aos negros, mas também às mulheres. O timbre é aquilo que distingue a qualidade do tom de um instrumento ou a voz de um cantor como, por exemplo, a flauta do clarinete ou o tenor do soprano. No caso, o eu-lírico incita o poeta a se apoderar do "timbre" liberdade – liberdade seria música aos ouvidos de quem dela precisa naquele momento histórico e que é, justamente, etnia e gênero da escritora. O timbre-liberdade resultaria em timbre-glória. Não seria exagero dizer que, nesse poema, está implícito um corpo de mulher negra.

> Canta, poeta, a liberdade, - canta.
> Que fora o mundo sem fanal tão grato...
> Anjo baixado da celeste altura,
> Que espanca as trevas deste mundo ingrato.
> Oh! sim, poeta, liberdade, e glória
> Toma por timbre, e viverás na história.
> (*Cantos à beira-mar*. Disponível em:
> http://www.jornaldepoesia.jor.br/mfirmina02.html)

Pensemos, ainda, no que se entende por "sinestesia". Tradicionalmente relacionada ao cérebro, sinestesia é um fenômeno considerado neurológico e caracterizado pela produção de duas sensações paralelas, de natureza distinta, porém originadas pelo mesmo estímulo. Sentir o cheiro de *madeleines* num determinado momento de sua vida adulta, despertou em Marcel Proust lembranças da infância, assim como outro objeto qualquer pode despertar lembranças de uma música. O eu-lírico produz e traduz a sua experiência sensorial ao associar a liberdade e timbre, timbre e glória, canto e liberdade; liberdade: "anjo baixado da celeste altura/que espanca as trevas deste mundo ingrato".

Nos últimos versos, a voz poética esclarece qual seria o resultado da experiência:

> Eu não te ordeno, te peço,
> Não é querer, é desejo;
> São estes meus votos - sim.
> Nem outra coisa eu almejo.
> E que mais posso eu querer?
> Ver-te Camões, Dante ou Milton,
> Ver-te poeta - e morrer.
> (*Cantos à beira-mar*. Disponível em:
> http://www.jornaldepoesia.jor.br/mfirmina02.html

Apesar do imperativo em todo o poema – "canta" –, no final há um arrefecimento dessa ordem, minimizada em apelo. No entanto, o desejo é de grandeza, de imortalidade. A poesia estabeleceria uma correlação com a imortalidade do poeta. Simples assim? Ou seria um apelo à igualdade? Três poetas polemistas: Camões, Dante, Milton.

Enfim, não se pode deixar de estabelecer – neste poema – uma intertextualidade entre o vocábulo "liberdade" com o projeto literário engajado na luta antiescravista já abordado pelos estudiosos da obra de Maria Firmina[21]. Como salvar o mundo das "trevas" no sentido da ignorância a não ser por meio da palavra? (E a liberdade,/ - oh! poeta, - canta,/Que fora o mundo a continuar nas trevas?). A palavra era a sua arma, não somente contra a escravidão, mas relacionada ainda à subordinação da mulher. A esse respeito, cito Constância Lima Duarte no texto "Gênero e etnia no nascente romance brasileiro":

> Outro fator a ressaltar é o ponto de vista gendrado, que permite a crítica às formas de subordinação da mulher no patriarcado brasileiro, herdeiro das relações coloniais. Em uma reflexão inédita na escrita de seu tempo, Maria Firmina dos Reis fala como mulher e associa a dominação de raça à de seu sexo, vinculando, portanto, gênero e etnia. O texto evidencia que a ausência de liberdade do negro emana do mesmo sistema que subordina a mulher... E isso muito antes de Simone de Beauvoir promover a equiparação dessas categorias. A mulher é o outro, tanto quanto o negro. Nesse sentido, ganha importância a cena em que a jovem Úrsula, presa ao território familiar enquanto aguarda o príncipe encantado, inveja a mobilidade adquirida pelo escravo alforriado. (DUARTE, 2005)

---

21 Entre outros escritos: DUARTE, Eduardo de Assis. Maria Firmina dos Reis e os primórdios da ficção afro-brasileira. In: Eduardo de Assis Duarte. (Org.). *Úrsula.* 4 ed., Florianópolis / Belo Horizonte: Mulheres / PUC Minas, 2004, p. 266-281.
DUARTE, Eduardo de Assis. Maria Firmina dos Reis: a mão feminina e negra na fundação do romance brasileiro. In: Nadilza Moreira; Liane Schneider. (Org.). *Mulheres no mundo: etnia, marginalidade e diáspora.* João Pessoa: Idéia/Editora Universitária, 2005, v. 1, p. 67-76.

Essas questões são aquelas que pretendi flagrar ao pensar numa articulação entre as duas epígrafes deste texto: "A mente! Isto sim, ninguém pode escravizar!", de *Úrsula* e "Alguns querem arrancar o que dizer do silêncio, da brancura, apesar de tudo" de Michel Schneider. Maria Firmina desponta – não só no poema "O meu desejo" e, é importante frisar: apesar de tudo – com o que denominei acima como um "estado de linguagem", sobretudo inédito e ousado nas duas temáticas abordadas. Ao privilegiar os significantes "liberdade" e "canta" (como um imperativo), ela denuncia tanto o negro quanto a mulher em sua condição de subordinação. Sem ela – a liberdade – "as letras não teriam vida/menos seriam que no chão as relvas". Este é o que considero o seu "estado de linguagem": arrancar o que dizer do silêncio, do que era proibido, principalmente a uma mulher negra. Mulher e negra.

Como uma "doença sem cura" – palavras de Schneider quase um século depois a respeito de um tipo de escritor que não consegue não escrever – a escrita poética de Maria Firmina assim se apresenta, porém, necessária à sobrevivência de uma alma inquieta que se lança às palavras que flutuam desertadas, ociosas e paradoxalmente fascinantes. Diante do mar, do céu, do luar, de uma noite erma, da aurora, de uma flor ou de um afeto, de um arcanjo imaginado, soluça uma harpa – ou um alaúde – no canto gentil de versos nos quais as palavras se esgarçam decantadas sob finíssima tela que separa o sonho do acordar. A poesia entranha no leitor atento como uma espécie de melodia, com um ritmo que flui e retorna canção, ode à própria poesia como em "Meditação", do único livro dela conhecido, *Cantos à beira-mar*, publicado em 1871.

> Então a mente a divagar começa,
> Criando afoita seu sonhado amor;
> Zombando altiva de uma sorte avessa,
> Que oprime a vida com fatal rigor.
>
> E nessa hora a gotejar meu pranto,

Nas ermas ribas de saudoso mar,
Vagando a mente nesse doce encanto,
Dá vida ao ente, que criei p'ra amar.
Cantos à beira mar
Disponível em:
(https://aarteliteraria.wordpress.com/2018/02/11/cantos-a-beira-mar-o-livro-de-poemas-de-maria-firmina-dos-reis/#Q)

Escrito no contexto do Romantismo, *Cantos à beira-mar* acrescenta novas leituras às pouquíssimas existentes até o momento, tendo em vista que essa obra, além da primeira edição, só chegou ao restrito público estudioso de sua obra em 1975-1976. O título sugere, é claro, um lugar da preferência da escritora que viveu grande parte de sua vida na cidade litorânea de Guimarães (MA) e aponta para caminhos percorridos na paisagem marítima. Entretanto, há que se observar que as reflexões dos 56 poemas variam em abordagens que vão desde o amor carnal ao amor platônico, desde a amizade e outros sentimentos ternos ao fazer poético propriamente dito como no excerto de "Meditação", citado acima.

Em vários poemas, o eu-lírico dá vida ao "ente" que criou para amar, como diz no último verso da estrofe citada, numa ânsia tão grande de encontrar-se frente a frente com a poesia que, às vezes, se confunde a escrita com um amor real – ainda que platônico – talvez não correspondido. É claro que não se deve menosprezar o fato de que temas como a desesperança, a melancolia, amores não correspondidos e o consequente desejo de morte característico da época apareçam em sua produção literária, o que não impede a interpretação de outros elos. As temáticas atribuídas ao Romantismo brasileiro, assim como os textos "sob encomenda" ou laudatórios, claro, aparecem na obra. Cito 4 estrofes de "Melancolia", a título de exemplo:

Oh! se eu morresse no cair da tarde,
De tarde amena, quando a lua vem

Chovendo prata sobre o liso mar,
Trajando as vestes, qu'a pureza tem.

Então talvez eu merecesse afetos,
Desses qu'apenas alcancei sonhando;
Talvez um pranto bem sentido, e triste,
Meu frio rosto rociasse brando.

A ti poeta mais te vale a morte
Na flor da vida, a sepultura, os céus!
Quem sofre a terra te compreende as dores?
Teus sofrimentos, quem compreende? Deus!

Sim, venha a morte libertar-me, amiga
Da triste vida, qu'a ninguém comove...
Bem-vinda sejas, teu palor me agrada,
E a crua foice, que tua destra move.

Cantos à beira-mar. Disponível em:
http://memoria.bn.br/DocReader/738271/185

O desejo de morte como libertadora da dor espiritual, da vida que seria triste, é recorrente atrativo para o poeta melancólico dos oitocentos. O corpo guardado nesse poema é, portanto, um tipo que se adapta aos moldes vigentes do fazer poético.

Morra eu ao menos no cair da tarde,
A hora maga, que se pensa em Deus,
Em que se escuta misteriosos cantos,
Concertos sacros nos longínquos céus.
Cantos à beira-mar. Disponível em:
(http://memoria.bn.br/DocReader/738271/185)

E, como reforço ao desejo de morte, o cair da tarde vem a propósito no quesito "encenação", em decorrência do corrente sentimento de melancolia que o momento sugere aos poetas. Há estudos que afirmam o impulso suicida da escritora baseados, inclusive, nesse tipo de poema. Entretanto, a uma mulher suicida que adotou 10 filhos e ousou cantar a liberdade étnica e de gênero – entre outras – há que se reverenciar a melodia que emana mesmo em poemas como este. A referência aos "misteriosos cantos", "concertos sacros" são também expressões que reforçam uma das características do "estado de linguagem" dessa poetisa: a música e a musicalidade dos versos.

Observo que a musicalidade em "Melancolia" decorre sobremaneira da estratégia usada com o uso reiterado de palavras formadas pelas letras "s", "ss", "ch", "ç", "z". Uma leitura em voz alta aguça estes sons e lembra – como numa prosopopeia ou mesmo numa sinestesia – o som do vento que sibila ao cair da tarde nas praias.

Ao teor sentimental, espiritual e musical em sua obra poética, acrescente-se a noção bem contemporânea de "doença das palavras" desenvolvida por Michel Schneider no texto "A branca dor da escrita" de *Ladrões de palavras*, já citado. A dor da escrita subverte a temática de alguns poemas – tal como esse já citado – metonimicamente relacionada à sua procura de afrontamento aos padrões estabelecidos por meio de publicações em jornais e livros, participação pouco viável às mulheres da época, como bem nos mostra Constância Lima Duarte em sua obra *A imprensa feminina e feminista no Brasil: século XIX* (2016). Sua poesia é musical, não obstante se possa dizer que, mais que uma melodia, é uma corrente sintática – talvez se possa dizer – com a qual a autora tenta organizar seu mundo interior que deve ter sido muito difícil em decorrência da época. Até hoje sabemos que não é fácil para a mulher. E negra.

Paralelamente a um possível projeto literário como projeto antiescravista – como fica claro, tanto no romance *Úrsula* quanto no conto *A escrava*, parece ainda haver uma diferença essencial a ser analisada em sua obra poética. Sobre o romance e o conto, considero fundamentais os estudos de Eduardo de Assis Duarte e copio o seguinte excerto:

> Essa solidariedade com o oprimido [em *Úrsula*], também presente no conto "A escrava", é absolutamente inovadora se comparada àquela existente em outros romances abolicionistas do século XIX, pois nasce de uma perspectiva outra, pela qual a escritora, irmanada aos cativos e a seus descendentes, expressa, pela via da ficção, seu pertencimento a este universo de cultura. (DUARTE, 2004, p. 269)

As pesquisas desse estudioso da obra de Maria Firmina mostram a maneira como a escritora se coloca na contramão do que estava vigente em relação ao tema. Há que se estabelecer, ainda, por exemplo, uma comparação entre a mulher "rendida aos sublimes mistérios do amor" e a mulher escrita nas entrelinhas de vários poemas, nos quais o corpo fala por meio de metáforas, metonímias e personificações que parecem driblar uma possível recepção da obra pela sociedade escravista da época. Observemos no excerto do poema "Confissão", a mulher idealizada:

> E as dores no peito dormentes se acalmam.
> E eu julgo teu riso credor de um favor:
> E eu sinto minh'alma de novo exaltar-se,
> Rendida aos sublimes mistérios do amor.
> *Cantos à beira-mar.* Disponível em:
> (http://www.jornaldepoesia.jor.br/mfirmina07.html)

Leiamos a quase totalidade de "Uma tarde em Cuman", cuja escrita guarda um corpo erótico que, paradoxalmente, (não) quer mostrar-se:

> Aqui murmura o vento apaixonado,
> Ali sobre uma rocha o mar gemeu.
> E sobre a branca areia - mansamente
> A onda enfraquecida exausta morre;
> [...]

Quanta doce poesia, que me inspira
O mago encanto destas praias nuas!
Esta brisa, que afaga os meus cabelos,
Semelha o acento dessas frases tuas.

[...]

A mente vaga em solidões longínquas,
Pulsa meu peito, e de paixão se exalta;
Delírio vago, sedutor quebranto,
Qual belo íris, meu desejo esmalta.

Vem comigo gozar destas delícias,
Deste amor, que me inspira poesia;
[...]

Vem comigo gozar um só momento,
Tanta beleza a me inspirar poesia!
Ah! vem provar-me teu singelo amor
Ao som das vagas, no cair do dia.
Cantos à beira-mar. Disponível em:
(http://www.jornaldepoesia.jor.br/mfirmina01.html)

Em todo o poema parece haver um canto de um amor vivido, no qual o ser nele inscrito se oferece ao amor e ao delírio inspirados pelo "mago encanto dessas praias nuas", atores coadjuvantes na encenação descrita. À personificação do vento que murmura apaixonado (também aqui se observa o canto do vento pela reiteração dos sons como em "Melancolia"), se junta o mar que gemeu numa rocha e, amantes exaustos concentram-se na "onda enfraquecida" que na areia morre. O peito pulsa de paixão e se deixa envolver pelo "sedutor quebranto" – enfeitiçado pelo desejo. Um corpo é erotizado pela natureza personificada no poema. Um corpo se esconde na e pela escrita. Um corpo que também se escondeu quando publicou o romance *Úrsula*, sob a designação apenas de: Uma maranhense.

No poema acima, a expressão "sedutor quebranto" intriga e acende a interpretação de que outro corpo desponta aí. Há, na cultura popular brasileira, uma mistura singular de superstições e crendices que levam a orações contra quebranto, mau-olhado, cobreiro, peito-aberto, entre outros. No poema, há uma subversão do valor negativo atribuído ao quebranto, que é recebido como um encantamento que reforça o erotismo do corpo no poema. Poderia dizer que, neste caso, o corpo que aí se encena seria de um ser cuja mente é livre e sabe tirar certo proveito de crendices populares que, na verdade, nascem a partir do medo do desconhecido aliado à insegurança da vida. Um ato de coragem que também caracteriza o seu "estado de linguagem", numa época em que as mulheres viviam submetidas a inúmeras limitações e preconceitos, principalmente as negras.

Vários poemas parecem dizer que uma mulher escreve com o próprio corpo tudo aquilo que não pode dizer, mas que a "doença das palavras" não permite que silencie; uma voz melódica se imiscui por entre as dobras da palavra poética, mostrando a sedução de um corpo escrito que viola ao invés de sacralizar o amor romântico da estética vigente. Como um *aedo*, a voz poética aparece, geralmente, acompanhada de dois instrumentos musicais: harpa e alaúde ao invés das liras ou cítaras na antiga Grécia. Não digo: como um *griot* porque, na época, essa poeta-cantora precisava esconder-se de uma sociedade vincada por forte segregação racial e social. Entretanto, como um *griot* implícito numa escrita que subverte a tradição masculina dos *griots* contemporaneamente já existem mulheres), ela encoraja seu povo – e a mulher – a não ter medo da liberdade, e se propõe falar dessa condição e do corpo feminino.

Os *griots* eram – e são – indivíduos que tinham o compromisso de transmitir para preservar as histórias, conhecimentos, canções do seu povo e davam também conselhos. Ela poderia ser denominada, sim, uma *griotte*, pois atuou como folclorista, na recolha e preservação de textos da literatura oral – não necessariamente de seus ancestrais negros – conforme excerto citado no livro de MUZART (2000, p.

264). Existem os *griots músicos e existem os griots* contadores de histórias. Em geral eles se apresentam tocando pequenos instrumentos de corda, entre outros, um tipo de harpa africana, bem como uma espécie de guitarra denominada *Ngoni.*

Observemos excertos de poemas dessa poeta-cantora, nos quais a voz poética se faz acompanhar pela lira e pelo alaúde:

> Aqui se ameigam de meu peito as dores,
> Menos ardente me goteja o pranto;
> Aqui, na lira maviosa e doce
> Minha alma trina melodioso canto.
> "Uma tarde no Cuman"
> *Cantos à beira-mar*. Disponível em:
> (http://www.jornaldepoesia.jor.br/mfirmina01.html)

Numa estrofe de "O meu desejo":

> Canta, poeta, no alaúde teu,
> Ternos suspiros da chorosa amante;
> Canta teu berço de saudade infinda,
> Funda lembrança de quem está distante:
> Afina as cordas de gentis primores,
> Dá-nos teus cantos trescalando odores.
> *Cantos à beira-mar.* Disponível em:
> (http://www.jornaldepoesia.jor.br/mfirmina02.html)

Versos de "Seu nome":

> Seu nome afina as cordas de minh'harpa,
> Exalta a minha mente, e a embriaga
> De poético odor.
> *Cantos à beira-mar*. Disponível em:
> (https://aarteliteraria.wordpress.com/2018/02/11/cantos-a-beira-mar-o-livro-de-poemas-de-maria-firmina-dos-reis/#N)

Uma nota interessante: a música fez parte também da obra de Maria Firmina, que teve várias composições musicais, inclusive numa valsa de Gonçalves Dias, conforme se lê em *Escritoras Brasileiras do século XIX: Antologia*, de Zahidé Muzart: "Atuou como folclorista, na recolha e preservação de textos da literatura oral e também como compositora, sendo responsável, inclusive, pela composição de um hino para a abolição da escravatura." (p. 264). Portanto, não é de se estranhar a musicalidade de seus poemas-canto, embora esse procedimento não necessariamente possa ser considerado comum a todos os poetas, ainda que a música seja também prioridade de alguns.

É claro, também, que estas reflexões a respeito da obra da escritora estão sendo feitas mais de 100 anos após sua publicação e sob o olhar de quem experimenta fazer uma análise baseada em experiências analíticas contemporâneas sobre a escrita poética. O movimento reversivo tentado aqui modifica – de certa maneira – alguma memória do vivido que, mesmo se fosse mais atual, continuaria sendo um espaço cheio de fissuras, muitas vezes estranho até mesmo ao seu próprio criador. Em nossas mãos – leitores – ele permanece como uma instância que autoriza a multiplicação de sentidos que flutua e escapa em constante deslizamento.

Talvez pudéssemos entender o percurso da escrita poética de Maria Firmina assim: perseverando em um mesmo ponto – a escrita poética como guardiã do corpo, escrita obstinada, insistente refrão para um necessário distanciamento que ora preserva, ora expõe o corpo feminino e negro que aí se enuncia. A escrita poética serviria para emoldurar o que essa mulher queria dizer de si mesma como protagonista de um contexto e, assim, interferir na realidade oitocentista. No jogo de ideias metaforizadas do Romantismo vigente, a mulher se mostra – na obra poética de Maria Firmina – em sua sensualidade, seu desejo, seu corpo.

Referências:

DUARTE, Eduardo de Assis. Posfácio. Maria Firmina dos Reis e os primórdios da ficção afro-brasileira (posfácio). In: REIS, Maria Firmina dos Reis. *Úrsula; A escrava.* Florianópolis: Ed. Mulheres; Belo Horizonte: PUC Minas, 2004.

DUARTE, Constância Lima. *Imprensa feminina e feminista no Brasil*: século XIX. Dicionário ilustrado. Belo Horizonte: Autêntica editora, 2016.

DUARTE, Constância Lima. Gênero e etnia no nascente romance brasileiro. *Revista Estudos Feministas,* vol. 13, nº 2. Florianópolis, mai/ago 2005. Disponível em:http://www.scielo.br/scielo.php?script=sci_arttext&pid=S0104-026X2005000200019

MUZART, Zahidé Lupinacci (org.). *Escritoras brasileiras do século XIX*: Antologia. Florianópolis/Santa Cruz do Sul: Editora Mulheres/EDUNISC, 1999, p. 271-272.

REIS, Maria Firmina. *Cantos à beira-mar*. Disponível em:
https://aarteliteraria.wordpress.com/2018/02/11/cantos-a-beira-mar-o-livro--de-poemas-de-maria-firmina-dos-reis/ Acesso em 28 mai 2018.

REIS, Maria Firmina. Cantos à beira-mar. Disponível em:
http://www.jornaldepoesia.jor.br/mfirmina02.html Acesso em 30 mai 2018.

SCHNEIDER, Michel. *Ladrões de palavras*: ensaio sobre o plágio, a Psicanálise e o pensamento (1985). Tradução de Luiz Fernando P. N. Franco. Campinas: Ed. UNICAMP, 1990.

Maria Firmina dos Reis e seu conto *A escrava*: consolidando uma literatura abolicionista[22]

Rafael Balseiro Zin

Introdução

Nascida em 11 de outubro de 1822, na ilha de São Luís, capital da então província do Maranhão, Maria Firmina dos Reis foi registrada como filha de João Pedro Esteves e Leonor Felipe dos Reis. Menina negra e bastarda, vivendo sob condições de segregação racial e social latentes, aos cinco anos, teve que se mudar para a vila de São José de Guimarães, ligada ao antigo município de Viamão, localizado no continente e separado da capital pela baía de São Marcos (LOBO, 2006, p. 193; DUARTE, 2009, p. 263). Por lá, cresceu em companhia

22 As reflexões aqui apresentadas fazem parte da minha dissertação de Mestrado em Ciências Sociais, intitulada *Maria Firmina dos Reis: a trajetória intelectual de uma escritora afrodescendente no Brasil oitocentista* e que foi defendida, em setembro de 2016, na Pontifícia Universidade Católica de São Paulo (ZIN, 2016).

da avó, da mãe e de suas duas únicas amigas, a prima Balduína e a irmã Amália Augusta dos Reis.

Distanciada das efemérides políticas típicas de uma capital do Império, a acolhida que teve na casa da tia materna, melhor situada economicamente, foi fundamental para a sua primeira formação (MOTT, 1988), além do apoio que teve de um primo, também por parte de mãe, o jornalista, escritor e gramático Francisco Sotero dos Reis, "a quem deve sua cultura, como afirma em diversos poemas" (LOBO, 1993, p. 224). Já adulta, em 1847, aos vinte e dois anos, Firmina é aprovada em concurso público para a *Cadeira de Instrução Primária* em Guimarães, que já atingira a condição de município, tornando-se, assim, a primeira professora efetiva a integrar os quadros do magistério maranhense, função que ocuparia até o início de 1881, ano em que se aposenta e em que funda, aos cinquenta e cinco anos, no vilarejo de Maçaricó, a primeira escola mista e gratuita do estado, dessa vez, dedicando-se aos filhos de lavradores e de donos de terras da região (MORAIS FILHO, 1975). É, portanto, algo pouco factível para as condições da época e que evidencia o fato de ter sido ela uma mulher consciente do papel de transformação que poderia desempenhar naquela sociedade.

Do ponto de vista da produção intelectual, Maria Firmina dos Reis não deixa a desejar. A primeira obra sua de que se tem notícia, *Úrsula*, foi publicada, em 1859, na cidade de São Luís, pela Tipografia do Progresso. Sob o heterônimo "*Uma Maranhense...*", a autora aborda a questão do cativeiro a partir do entendimento do negro, perspectiva essa que nortearia outros trabalhos (DUARTE, 2005). É interessante observar que, num momento em que as mulheres viviam submetidas a um sem-número de limitações e de preconceitos, a ausência do nome, somada à indicação da autoria feminina, aliam-se ao tratamento "absolutamente inovador dado ao tema da escravidão no contexto do patriarcado brasileiro" (DUARTE, 2009, p. 265).

No ano seguinte à publicação de seu romance inaugural, Firmina passa a colaborar em jornais locais com textos poéticos, divulgando, n'*A Imprensa*, um primeiro poema utilizando, ainda sob o manto protetor, as iniciais M.F.R. Em 1861, participa da antologia poética *Parnaso Maranhense*, e o jornal *O Jardim das Maranhenses* dá início à publicação de seu segundo trabalho, o conto *Gupeva*, de temática indianista e que fora veiculado em forma de folhetim, prática recorrente no período (HALLEWELL, 1985). Tendo em vista a boa aceitação da obra, em 1863, o jornal *Porto Livre* republica *Gupeva*. Em 1865, a autora brinda o seu público leitor, em momentos diversos, com o lançamento de novos poemas e, uma vez mais, *Gupeva* é reimpresso, agora pelo jornal *Echo da Juventude*, contendo ligeiras modificações de estilo, mas sem alterar seu conteúdo. Suas publicações chamam a atenção de leitores e repercutem nos meios intelectuais, o que nos leva a crer que a autora já era reconhecida, admirada e apreciada por seus escritos e pela ousadia de pensar e realizar coisas, considerando o contexto, não muito comuns a uma mulher negra e de parcos recursos, vivendo distante dos perímetros da Corte: a publicação de um romance inaugural em formato de livro; três publicações de uma mesma obra em periódicos distintos; além da veiculação de diversos outros textos, em curto espaço de tempo e em diferentes canais.

Rompendo com as barreiras do patriarcado e manifestando o exemplo de sabedoria e determinação, Maria Firmina dos Reis continua fértil em sua produção literária, trazendo a lume, em 1871, os poemas de *Cantos à beira-mar*, publicados pela Tipografia do País, também em São Luís. Anos mais tarde, em 1887, num período em que a instituição da escravidão passava de "mal necessário" a um "problema que exigia solução" (CHALHOUB, 2012), no auge das campanhas abolicionista e republicana, a escritora lança n'*A Revista Maranhense*, nº 3, além de novos poemas, o conto *A escrava*. Vale dizer que esse texto é mais um ato intelectual de consciência social de Firmina contra o estigma dos negros no Brasil, do que um manifesto contra a servidão, propriamente, ainda que se perceba um forte viés político contido nas entrelinhas. Para completar sua trajetória, além de ter contribuído de maneira significativa na imprensa maranhense com ficções, crônicas e até enigmas e charadas[23], a autora atuou como folclorista[24], na recolha e na preservação de textos da literatura oral; e como compositora, sendo responsável, ao mesmo tempo, pela elaboração, com letra e música, do *Hino da libertação dos escravos*, de 1888 (MORAIS FILHO, 1975; DUARTE, 2009), além de ter contribuído com a criação de algumas canções de caráter folclórico para folguedos populares, como a pastoral e o bumba meu boi.

De modo sucinto, essa breve cronografia serve para mostrar que Maria Firmina dos Reis teve participação relevante como cidadã e intelectual no Império, "ao longo dos noventa e dois anos de uma vida dedicada a ler, escrever e ensinar" (DUARTE, 2009, p. 264). No Maranhão de seu tempo, ainda que tenha vivido como uma mulher negra e livre em meio a uma ordem social, política e econômica escravagista (FRANCO, 1969), foi considerada pelos seus pares como um exemplo de erudição. Sua popularidade deve ter sido tão grande em Guimarães, que, até hoje naquela cidade, "a uma mulher inteligente e instruída chamam-na Maria Firmina" (MOTT, 1988, p. 62).

Acontece, contudo, que os anos se passaram e, mesmo tendo ocupado um lugar proeminente no cenário cultural maranhense oitocentista, tomando com as mãos a aspiração de, através do magistério e da literatura, contribuir para a construção de um país mais justo e sem opressão, a escritora ficou esquecida por muitos anos,

23 De acordo com Zahidé Muzart (1999, p. 264), Maria Firmina dos Reis colaborou assiduamente com vários jornais literários, além dos já mencionados, como *Verdadeira Marmota, Semanário Maranhense, O Domingo, O País, Pacotilha, Federalista e outros*, publicando seus enigmas e charadas, um passatempo bastante apreciado pelos leitores desses periódicos.

24 Criada por Mário de Andrade em 1936, enquanto atuava como diretor do Departamento de Cultura da cidade de São Paulo, a *Sociedade de Etnografia e Folclore* foi uma entidade que, de acordo com seus estatutos, tinha por objetivo "promover e divulgar estudos etnográficos, antropológicos e folclóricos", tendo, como membros-fundadores, pesquisadores das primeiras turmas de cientistas sociais dos cursos universitários paulistas. Em 1938, Mário de Andrade reuniu uma equipe de entusiastas com o intuito de catalogar as músicas tradicionais do Norte e Nordeste brasileiros e instituiu a *Missão de Pesquisas Folclóricas*, que tinha como objetivo declarado, como consta na ata da sua fundação, "conquistar e divulgar a todo país, a cultura brasileira" (CAVALCANTI, 2004). Note-se que, antes de Mário de Andrade, Maria Firmina já trazia consigo essa preocupação.

provavelmente, por conta de um possível silenciamento ideológico vindo das elites condutoras da vida intelectual brasileira. Faleceu, em 11 de novembro de 1917, cega, pobre e sem nenhuma honraria, na casa de uma amiga que vivera como escrava e em companhia de Leude Guimarães, um de seus filhos de criação. O resultado disso é que "uma espessa cortina de silêncio envolveu a autora ao longo de mais de um século" (DUARTE, 2009, p. 265).

De maneira um tanto peculiar, os escritos de Maria Firmina vêm à tona outra vez. O romance *Úrsula*, em sua versão original, foi "descoberto", em 1962, em um sebo na cidade do Rio de Janeiro, pelo historiador e bibliófilo paraibano Horácio de Almeida (MUZART, 1999), que, ao garimpar a identidade do heterônimo "*Uma Maranhense...*" no *Dicionário por Estados da Federação*, de Otávio Torres, além de realizar consultas em outras referências, conseguiu identificar a procedência da autora (LOBO, 1993, p. 224). Tendo compreendido a importância histórica e literária da obra, depois de ter preparado, em 1975, uma edição fac-similar do texto, Almeida doou seu achado a Nunes Freire, governador do Maranhão na época. Desde então, foram publicadas mais duas edições do livro, nos anos de 1988, idealizada pela Editora Presença, de Luiza Lobo, em parceria com o Instituto Nacional do Livro, por ocasião do centenário da abolição da escravatura; e de 2004, em decorrência de um projeto de reedição das obras literárias de escritoras do século XIX, que, inclusive, deu origem à Editora Mulheres[25], criada pelas pesquisadoras Zahidé Muzart, Susana Funck e Elvira Sponholz. Em 2009, finalmente, essa mesma editora, em parceria com a Pontifícia Universidade Católica de Minas Gerais, publicou uma reimpressão de *Úrsula* em comemoração aos cento e cinquenta anos de sua primeira edição, que vem acompanhada de um belíssimo posfácio elaborado por Eduardo de Assis Duarte: *Maria Firmina dos Reis e os primórdios da ficção afro-brasileira*.

25 Entre coletâneas de artigos, ensaios, trabalhos acadêmicos e algumas traduções, todos relacionados à mulher e/ou ao feminismo, o catálogo da Editora Mulheres conta, hoje, com cerca de noventa livros, que contribuem significativamente com os pesquisadores de todo o país que se interessam pelo tema e para a preservação e divulgação da literatura nacional, ao resgatar da invisibilidade as autoras excluídas ou silenciadas ao longo da história.

No prólogo à sua edição de 1975, porém, Horácio de Almeida salienta a ausência de registros sobre a escritora nos estudos dedicados à produção literária maranhense. Possivelmente, por ter sido redescoberta tardiamente, Firmina ficou esquecida, também, entre os principais estudiosos da literatura brasileira. Sílvio Romero (1943 [1888]), José Veríssimo (1981 [1916]), Ronald de Carvalho (1920), Nelson Werneck Sodré (1985 [1938]), Afrânio Coutinho (1986 [1959]), Antonio Candido (2000 [1959]) e Alfredo Bosi (1970), por exemplo, ignoram-na completamente. E mesmo um intelectual afrodescendente como Oswaldo de Camargo (1987), em sua coletânea *O negro escrito*, de suma importância para o resgate de escritores afro-brasileiros, não faz referência alguma a ela[26]. Dentre outros expoentes da historiografia literária nacional, muitos fizeram o mesmo, à exceção de Sacramento Blake[27] (1970 [1883-1902]), que foi contemporâneo da autora; Raimundo de Menezes (1978 [1969]), que soube da existência de *Úrsula* logo após seu ressurgimento e que acabou incluindo um verbete sobre a escritora na segunda edição de seu *Dicionário Literário Brasileiro*; e Wilson Martins (2010 [1979]), que, no terceiro volume de sua monumental *História da Inteligência Brasileira*, apenas cita seu nome em uma linha.

Os demais documentos de e sobre Maria Firmina dos Reis foram resgatados, a partir de 1973, pelo professor, poeta e jornalista maranhense José Nascimento Morais Filho, que realizou uma intensa pesquisa nos jornais locais do século XIX e início do XX alocados nos porões da Biblioteca Pública Benedito Leite, em São Luís (LOBO,

---

26 Em 2015, durante a realização do curso intitulado O negro escrito, ministrado por Oswaldo de Camargo na cidade de São Paulo e que foi oferecido pela Ciclo Contínuo Editorial, editora independente voltada para a difusão e valorização das artes e das literaturas negras e periféricas, tive a oportunidade de indagar o escritor sobre as razões que o levaram a não incluir Maria Firmina dos Reis em sua coletânea. De modo sucinto, fui informado por ele que o único motivo da ausência foi o total desconhecimento da existência da autora na época em que o livro foi escrito, o que, segundo Camargo, poderá ser revisto, caso ele consiga publicar uma segunda edição da obra.

27 Estimulado por D. Pedro II e Rui Barbosa, Sacramento Blake escreveu seu famoso *Dicionário bibliográfico brasileiro*, que traz, em sete volumes, a biografia de centenas de personalidades da época. O volume foi publicado no Rio de Janeiro pela Tipografia Nacional, entre 1883 e 1902, e, anos mais tarde, pela Imprensa Nacional, tendo sido reimpresso em 1970, nessa mesma cidade, pelo Conselho Federal de Cultura.

1993, p. 225; CARVALHO, 2006, p 62-3), e que entrevistou, entre outras personalidades, dois filhos de criação da escritora, Leude Guimarães e Nhazinha Goulart. É dele, inclusive, o primeiro esboço de uma biografia da maranhense, intitulada *Maria Firmina, fragmentos de uma vida*, obra de difícil acesso e que foi publicada em 1975, mesmo ano em que veio a público a edição fac-similar de Horácio de Almeida e o artigo *A primeira romancista do Brasil*, de Josué Montello, também conterrâneo da autora, no *Jornal do Brasil*. O livro de Morais Filho reúne charadas, enigmas e poemas divulgados na imprensa, além dos contos *Gupeva* e *A escrava*. Entretanto, o achado de maior importância, até mesmo como contribuição para a história de nossa literatura, é aquele que deve ser, provavelmente, o primeiro diário íntimo escrito por uma mulher já publicado no Brasil: o Álbum, de Maria Firmina dos Reis (LOBO, 1993, p. 225). Somado a isso, o prefácio de Charles Martin (1988) à terceira edição de *Úrsula;* as reflexões de Luiza Lobo (1993; 2006; e 2011) disponibilizadas em livros e periódicos especializados; o estudo assinado por Zahidé Muzart (1999) sobre as escritoras brasileiras oitocentistas; os apontamentos de Eduardo de Assis Duarte (2009 e 2011) e de Norma Telles (1987, 1989, 1997 e 2012) acerca da romancista, além de alguns verbetes que podem ser consultados em dicionários ou enciclopédias literárias voltados a essa temática (SABINO, 1996 [1899]; SCHUMAHER e VITAL BRAZIL, 2000 e 2007; e LOPES, 2007), completam os trabalhos mais relevantes sobre a escritora maranhense, evidenciando, assim, a escassa recepção crítica obtida por ela, em pouco mais de um século.

Consolidando uma literatura abolicionista

A publicação de *A Escrava,* obra que representa o auge da maturidade intelectual de Maria Firmina dos Reis, ocorreu em 1887, poucos meses antes da promulgação da Lei Áurea. Diferentemente da tessitura social em que a autora estava inserida quando escreveu seu romance *Úrsula*, a essa altura dos acontecimentos, os ventos já sopravam com maior intensidade a favor da libertação dos africanos e dos afrodescendentes escravizados, o que influenciaria significativamente os rumos de sua literatura[28]. Veiculado no terceiro número da *Revista Maranhense*, em São Luís, o conto denuncia as injustiças oriundas do sistema escravagista brasileiro e chama a atenção para as condições subumanas às quais os cativos haviam sido relegados, do mesmo modo em que aponta para o lugar obscuro que cercava as mulheres naquele contexto político-cultural de final de século. Pautadas em um ponto de vista outro, o mesmo que aparece nos demais trabalhos da escritora, as experiências narrativas de *A escrava* se alternam entre o sentimento de compaixão para com os oprimidos e a denúncia direta das instâncias e das autoridades legitimadoras da servidão. Tendo como epicentro os dramas vividos pela escrava fugida Joana, descritos ao longo da trama por "uma senhora[29]", o invento final de Firmina, logo, se põe a debater as questões políticas mais latentes daquele momento, mas, sobretudo, a abolição da escravatura.

A história tem início "em um salão onde se achavam reunidas muitas pessoas distintas, e bem colocadas na sociedade" (REIS, 2009, p. 241), que, depois de discorrerem sobre assuntos diversos, passaram a tratar do "elemento servil". A conversação era geral; as opiniões, porém, divergiam. E começou a discussão:

28 Vale notar que a publicação de *A escrava* se deu já no ocaso do Império, em meio às turbulências que dividiam, entre outros temas, aqueles que eram a favor e os que eram contrários à manutenção do trabalho forçado. *Úrsula*, primeira obra da escritora, havia sido publicada logo após a promulgação da Lei Eusébio de Queirós, de 1850, e, como não poderia deixar de ser, carregava em sua narrativa as preocupações de quem havia observado, de perto, os resultados não muito positivos dessa medida restritiva. *A escrava*, contudo, sofreu os impactos diretos de dispositivos jurídicos criados posteriormente, como a Lei do Ventre Livre, de 1871, e a Lei dos Sexagenários, de 1885. É em meio a essa conjuntura política de transição, portanto, que o último trabalho de Maria Firmina dos Reis vem à tona.

29 É interessante observar que o anonimato atribuído à narradora faz referência direta ao silenciamento das demais mulheres que se aventuraram no mundo das letras e que se utilizaram de pseudônimos para se proteger da dominação masculina. Assim como em *Úrsula* Firmina subscreve o texto como "uma maranhense", em *A escrava*, a narradora será apresentada apenas como "uma senhora", anônima, incógnita, o que não é feito por acaso.

> – Admira-me, disse uma senhora, de sentimentos sinceramente abolicionistas; faz-me até pasmar como se possa sentir, e expressar sentimentos escravocratas, no presente século, no século dezenove! A moral religiosa, e a moral cívica aí se erguem, e falam bem alto esmagando a hidra que envenena a família no mais sagrado santuário seu, e desmoraliza, e avilta a nação inteira!
> Levantai os olhos ao Gólgota[30], ou percorrei-os em torno da sociedade e dizei-me:
> Para que se deu em sacrifício, o Homem Deus, que ali exalou seu derradeiro alento? Ah! Então não é verdade que seu sangue era o resgate do homem! É então uma mentira abominável ter esse sangue comprado a liberdade!? E depois, olhai a sociedade... Não vedes o abutre que a corrói constantemente!... Não sentis a desmoralização que a enerva, o cancro que a destrói? (REIS, 2009. p.241-2)

O primeiro movimento do texto, assim, é a aparição da tal senhora, de "sentimentos sinceramente abolicionistas" e que professa um discurso desfavorável às dinâmicas do cativeiro, direcionando seu apelo moral cívico e religioso aos presentes no salão. Num período em que a Igreja católica apoiava a utilização da mão de obra escrava, Maria Firmina dos Reis acaba incorporando à narrativa determinadas representações da religiosidade cristã como recurso argumentativo na busca da compreensão e da adesão de seus leitores às suas ideias. Os valores de igualdade e de fraternidade, por sua vez, bastante consagrados entre os adeptos do catolicismo, são utilizados pela autora para mostrar que a opressão vivida pelos escravos no Brasil representava um conflito gritante entre a teoria e a prática religiosas. Com isso, logo na sequência, mirando com precisão no "cancro que era a servidão", a tal senhora continua sua premissa, no sentido de despertar a atenção daquelas "pessoas distintas, e bem colocadas" para os problemas causados por esse "abutre que corrói constantemente a sociedade":

30 Gólgota, ou Calvário, de acordo com a liturgia cristã, é o nome dado à colina na qual Jesus de Nazaré teria sido crucificado.

> Por qualquer modo que encaremos a escravidão, ela é, e será sempre um grande mal. Dela a decadência do comércio; porque o comércio, e a lavoura caminham de mãos dadas, e o escravo não pode fazer florescer a lavoura; porque o seu trabalho é forçado. Ele não tem futuro; o seu trabalho não é indenizado; ainda dela nos vem o opróbrio, a vergonha; porque de fronte altiva e desassombrada não podemos encarar as nações livres; por isso que o estigma da escravidão, pelo cruzamento das raças, estampa-se na fronte de todos nós. Embalde procurará um dentre nós, convencer ao estrangeiro que em suas veias não gira uma só gota de sangue escravo...
> E depois, o caráter que nos imprime, e nos envergonha!
> O escravo é olhado por todos como vítima – e o é.
> O senhor, que papel representa na opinião social?
> O senhor é verdugo[31] – e esta qualificação é hedionda.
> (REIS, 2009, p. 242)

A miscigenação e o hibridismo étnico-racial do brasileiro, acompanhados do papel de dominação praticado pelos donos de escravos, portanto, são os destaques feitos pela senhora para embasar seu discurso. Para provar que o que acabara de dizer sobre as vítimas e os algozes fazia sentido, contudo, entre "uma infinitude de casos concretos", ela escolhe "um fato que ultimamente se deu". Nesse momento, Firmina encaixa a segunda narrativa de seu conto, que principia em "uma tarde de agosto, bela como um ideal de mulher, poética como um suspiro de virgem, melancólica, e suave como sons longínquos de um alaúde misterioso" (REIS, 2009, p. 243).

A calmaria e o tom contemplativo logo são entrecortados por gritos lastimosos e soluços angustiados de uma mulher trêmula e espavorida que corria, sem rumo, para esconder-se de um homem que a perseguia, "de cor parda, de estatura elevada, longas espáduas, cabelos negros, e anelados" e que "brandia, brutalmente, na mão direita um azorrague repugnante; e da esquerda deixava pender uma delgada corda de linho" (REIS, 2009, p. 244). Vale notar que as características físicas atribuídas a essa personagem masculina não são mera

31 Tirano, déspota.

casualidade. Nessa passagem, a autora faz uso da ironia, ainda que de modo sutil, para representar a posição de algoz que determinados homens negros de pele mais clara cumpriam naquela sociedade maculada pela servidão.

Adiante, transtornado pela fúria que sentia por não ter conseguido capturar a escrava fugitiva, o feitor acaba se deparando com a tal senhora e a indaga: "– não viu passar por aqui uma negra, que me fugiu das mãos ainda há pouco? Uma negra que se finge de douda..." (REIS, 2009, p. 244). Mesmo ciente do paradeiro da "desditosa", que se escondera em "uma grande mouta de murta", a narradora, aparentando profunda indiferença, o leva à direção contrária. Franzindo as sobrancelhas e mordendo os beiços, no entanto, eis que ele ruge: "– Maldita negra! Esbaforido, consumido, a meter-me por estes caminhos, pelos matos em procura da preguiçosa... Ora! Hei de encontrar-te; mas, deixa estar, eu te juro, será esta derradeira vez que me incomodas. No tronco... no tronco: e de lá foge!" (REIS, 2009, p. 245). O contorno que Maria Firmina dos Reis dá à "loucura" é um tanto curioso, já que a fuga de Joana representa justamente a tentativa da personagem de romper com o cativeiro. A metáfora da "negra que se finge de douda...", inclusive, pode ser associada, para além da opressão vivida pelos escravos, ao lugar que as mulheres escritoras ocupavam naquela sociedade. Através de uma ação que desestabiliza a ordem cultural patriarcal e escravagista, consequentemente, a autora coloca seus personagens a serviço da liberdade, com o intuito de formar e transformar consciências.

No decorrer da trama, com o cair da noite e considerando a dificuldade que seria encontrá-la, o feitor é convencido pela tal senhora a adiar sua procura e decide partir. Nesse instante, surge na cena Gabriel, filho da escrava Joana, que, ao sair à procura da mãe, também acaba se tornando um foragido. É interessante perceber o modo como Maria Firmina dos Reis apresenta essa personagem, uma figura de expressão "franca e agradável", mas que, além do cansaço, trazia em seu corpo as marcas da escravidão:

> Era quase uma ofensa ao pudor fixar a vista sobre aquele infeliz, cujo corpo seminu mostrava-se coberto de recentes cicatrizes; entretanto sua fisionomia era franca, e agradável. O rosto negro, e descarnado; suposto seu juvenil aspecto aljofarado[32] de copioso suor, seus membros alquebrados de cansaço, seus olhos rasgados, ora lânguidos pela comoção da angústia que se lhe pintava na fronte, ora deferindo luz errante, e trêmula, agitada, e incerta traduzindo a excitação, e o terror, tinham um quê de altamente interessante. (REIS, 2009, p. 247)

Essa descrição do jovem escravizado, logo, é uma novidade para a literatura brasileira produzida até aquele momento, uma vez que está pautada por um olhar que *humaniza o oprimido e animaliza o opressor*. Gabriel, o filho da escrava fugitiva, carrega consigo os traços do amor filial: mesmo correndo o risco de sofrer represálias e demais castigos físicos, é ele quem se arrisca para salvar a mãe das mãos do feitor. A imagem que Firmina constrói, portanto, distancia-se e muito da figura grosseira e reificada atribuídas aos cativos até então.

A história prossegue e a tal senhora, que relata ter se constituído como membro da sociedade abolicionista de sua província[33], decide proteger os escravos fugidos, abrigando-os em sua própria casa. Mesmo sabendo-se à margem da lei e correndo o risco de sofrer represálias, ela impõe para si o que denomina de "santo dever":

> Eu bem conhecia a gravidade do meu ato: recebia em meu lar dois escravos foragidos, e escravos talvez de algum poderoso senhor;

32 Salpicado por pequenas gotas de orvalho, orvalhado; suado.

33 De acordo com Norma Telles (1997, p. 415): "Vinte e oito anos depois de *Úrsula,* Maria Firmina dos Reis, que sempre havia sido abolicionista, pôde explicar, um ano antes da Abolição, as redes abolicionistas para a libertação dos escravos que então haviam se generalizado pelo território do Império. A liga de mulheres para libertar escravos surgiu primeiramente em São Paulo, mas outras logo apareceram na cidade do Rio de Janeiro e nas províncias, por volta de 1870. Envolviam-se com esses clubes mulheres da classe alta, mulheres negras e das camadas inferiores da sociedade. O surgimento de sociedades e clubes femininos abolicionistas demonstra um tipo de iniciativa pública organizada que substituía, para algumas mulheres das classes altas, as anteriores atividades filantrópicas. Eles tinham o apoio de homens engajados na mesma vertente política. Na imprensa, na década de 1870, vão se tornando comuns libelos e comentários de mulheres. Algumas discursavam em praça pública e outras artistas davam espetáculos visando à emancipação dos escravos".

> era expor-me à vindita[34] da lei; mas em primeiro lugar o meu dever, e o meu dever era socorrer aqueles infelizes.
> Sim, a vindita lei; lei que infelizmente ainda perdura, lei que garante ao forte o direito abusivo, e execrando de oprimir o fraco.
> Mas, deixar de prestar auxílio àqueles desgraçados, tão abandonados, tão perseguidos, que nem para a agonia derradeira, nem para transpor esse tremendo portal da Eternidade, tinham sossego, ou tranquilidade! Não.
> Tomei como coragem a responsabilidade do meu ato: a humanidade me impunha esse santo dever. (REIS, 2009, p. 250-1)

Agradecida pelo gesto de compaixão oferecido a ela e a seu filho pela tal senhora, Joana sorriu-se e indagou com espanto: "– Inda há nesse mundo quem se compadeça de um escravo?" (REIS, 2009, p. 252). E é justamente nessa altura do texto, que Maria Firmina dos Reis confere às personagens negras o direito à voz, considerando que elas passam a falar de si mesmas e de seus infortúnios, dando início à terceira narrativa que compõe o drama. A escrava conta a história de seus pais, um "índio livre de cor fusca", que passara os seus dias ajudando a pobre esposa, "uma africana que vivera na condição de cativa" e que era forçada a se dedicar às "desmedidas tarefas" que seu senhor constantemente lhe infligia. Dessa união, nasceria Joana. Vale notar que o perfil do brasileiro idealizado por Firmina em *A escrava* já não é mais fruto da união entre uma índia tupinambá e um bravo português, como acontece em *Gupeva,* mas, sim, da união de um indígena nascido livre e uma africana que fora capturada e escravizada por um homem branco.

Após o nascimento da filha, o índio decide juntar recursos para comprar a liberdade da esposa. Sem saber ler, no entanto, ele acaba sendo ludibriado pelo senhor e recebe, ao invés de uma carta de alforria, um papel sem qualquer valor, contendo "umas quatro palavras sem nexo, sem assinatura, sem data". Não percebendo a cilada em que se metera, "agradecido beijou as mãos daquela fera" (REIS, 2009, p.

34 Castigo, represália, vingança.

254). Dois anos depois, repentinamente, ele acaba morrendo e, de imediato, o tal senhor diz à mãe: "– Joana que vá para o serviço, tem já sete anos, e eu não admito escrava vadia" (REIS, 2009, p. 255). "Surpresa, e confundida", ela cumpre a ordem sem pestanejar. Com o tempo, conta a escrava, percebendo a trapaça que envolvera o marido, sua "pobre mãe deu um grito, e caiu estrebuchando. Sobreveio-lhe febre ardente, delírios, e três dias depois estava com Deus. Fiquei só no mundo, entregue ao rigor do cativeiro" (REIS, 2009, p. 255).

De volta ao presente, em meio a delírios, a escrava encerra seu depoimento e passa a relembrar da dor que sentira ao ter seus outros dois filhos, os gêmeos de oito anos Carlos e Urbano, sequestrados por um "traficante de carne humana" para serem vendidos como cativos no Rio de Janeiro. Nesse momento, Gabriel surge em cena pedindo à mãe que descansasse. E é aí que Maria Firmina dos Reis insere na história a quarta e última narrativa de seu conto, denunciando, através das palavras de Joana, o triste legado da escravidão:

> – Deixa concluir, meu filho, antes que a morte me cerre os lábios para sempre... deixa-me morrer amaldiçoando os meus carrascos.
> – Por Deus, por Deus, gritei eu, tornando a mim, por Deus, levem-me com meus filhos!
> – Cala-te! gritou meu feroz senhor. – Cala-te ou te farei calar.
> – Por Deus, tornei eu de joelhos, e tomando as mãos do cruel traficante: – meus filhos!... meus filhos!
> Mas ele dando um mais forte empuxão, e ameaçando-os com o chicote, que empunhava, entregou-os a alguém que os devia levar...
> Aqui a mísera calou-se; eu respeitei o seu silêncio que era doloroso, quando lhe ouvi um arranco profundo, e magoado:
> Curvei-me sobre ela. Gabriel ajoelhou-se, e juntos exclamamos:
> – Morta! (REIS, 2009, p. 257-8).

O embate de Joana com as lembranças que trazia à tona acabou sendo forte demais para as suas débeis forças: "(...) tinha cessado de sofrer", disse a tal senhora, que ouvira atentamente todo o testemunho da escrava. Nesse instante, chega à porta de sua casa um rapaz.

"Era o homem do azorrague que eles intitulavam feitor; era aquele homem de fisionomia sinistra, e terrível, que me interpelara algumas horas antes, acerca da infeliz foragida; e este homem aparecia agora mais hediondo ainda" (REIS, 2009, p. 258). Acompanhado por "dois negros, que, como ele, pararam à porta", a senhora convida o feitor para entrar. Gabriel, trêmulo, busca o canto mais escuro da casa para se esconder, quando, perplexo, ouve de sua protetora:

> – Anda, Gabriel, disse-lhe com voz segura, continua a tua obra, e voltando-me para o feitor, acrescentei:
> Eu, e este desolado filho, ocupamo-nos em cerrar os olhos à infeliz, a quem o cativeiro, e o martírio despenharam tão depressa na sepultura. (REIS, 2009, p. 258)

Comovidos com a aquela situação, ao verem o corpo de Joana estendido no chão, os dois escravos "deixaram pender a fronte no peito". O feitor, por sua vez, ao primeiro ímpeto, "teve um impulso de homem", mas, recompondo-se em sua "rude, e feroz fisionomia", redarguiu:

> – É hoje a segunda vez que a encontro, minha senhora, entretanto, não sei ainda a quem falo. Peço-lhe que me diga o seu nome, para que eu conheça o patrão, o senhor Tavares. É escandalosa, minha senhora, a proteção que dá a estes escravos fugidos. (REIS, 2009, p. 258-9)

Essas palavras inconvenientes, relata a senhora, "mereceram o meu desdém". E ela decidiu não responder aos questionamentos do feitor. O silêncio que se instalara no ambiente, por conseguinte, incomodou tanto aquele homem, que ele ordenou aos dois escravos que o acompanhavam que prendessem Gabriel.

> – Detém-te! Lhe gritei eu. Estás sob a minha imediata proteção; e voltando-me para o homem do azorrague, disse-lhe:

> Insolente! Nem mais uma palavra. Vai-te, diz a teu amo, – miserável instrumento de um escravocrata; diz a ele que uma senhora recebeu em sua casa, uma mísera escrava, louca porque lhe arrancaram dos braços dois filhos; menores, e os venderam para o Sul; uma escrava moribunda; mas ainda assim perseguida por seus implacáveis algozes.
> Vai-te, e entrega-lhe este cartão; aí achará o meu nome.
> Vai, e que nunca mais nos tornemos a ver. (REIS, 2009, p. 259-60)

No dia seguinte, já ao final da tarde, a tal senhora recebe em sua casa a visita de um homem, de nome Tavares, reivindicando a propriedade e a devolução dos escravos fugidos. Após cumprimentá-la, "com maneira da alta sociedade" e pedindo desculpas pelo incômodo, ao deparar-se com o corpo de Joana retesado e sem aparentar qualquer remorso, eis que ele dispara:

> Sei que esta negra está morta, exclamou ele, e o filho acha-se aqui: tudo isso teve a bondade de comunicar-me ontem. Esta negra, continuou, olhando fixamente para o cadáver – esta negra era alguma coisa de monomaníaca, de tudo tinha medo, andava sempre foragida, nisto consumiu a sua existência. Morreu, não lamento esta perda; já para nada prestava. O Antônio, meu feitor, que é um excelente e zeloso servidor, é que se cansava em procurá-la. Porém, minha senhora, este negro! – designava o pobre Gabriel, com este negro a coisa muda de figura: minha querida senhora, este negro está fugido: espero, mo entregará, pois sou o seu legítimo senhor, e quero corrigi-lo. (REIS, 2009, p. 260-1).

Nessa passagem do texto, consequentemente, Maria Firmina dos Reis evidencia a insensibilidade e o caráter violento do senhor de escravos que, ao se referir ao elemento servil com frieza e vilania, o reduz imediatamente à materialidade de seu cruel interesse. E é nesse momento final do conto que a maranhense insere em sua narrativa uma virada surpreendente. A senhora que abrigava Gabriel, de posse de "um volume de papéis subscritados e competentemente selados"

(REIS, 2009, p. 261), apresenta-os a Tavares. Acontece que a documentação conferia justamente o direito à liberdade ao jovem cativo, que continuava apavorado com a situação. Contrariado, mas sem alternativas, o senhor exclama: "A lei retrogradou. Hoje protege-se escandalosamente o escravo, contra o seu senhor; hoje qualquer indivíduo diz a um juiz de órfãos" (REIS, 2009, p. 261). Alfim, a tal senhora lhe apresenta "um cadáver e um homem livre", voltando-se para o rapaz com os seguintes dizeres: "Gabriel ergue a fronte, Gabriel és livre!" (REIS, 2009, p. 262).

A dignidade dos vencidos, a liberdade entendida enquanto um valor universal da humanidade e a exaltação de uma postura antiescravista, portanto, são os elementos que se entrelaçam no desfecho da obra. Nesse sentido, não somente o filho de Joana encontra-se liberto, mas também o leitor, que, em tese, ao ser sensibilizado pelas ideias da maranhense, passaria a compreender e a propagar os ideais abolicionistas. Vale dizer, ainda, que a noção de alteridade presente em *A escrava* consolida o encontro da angústia vivida pelos oprimidos e a eliminação dessas sensações, seja o negro escravizado, seja a mulher silenciada, movimento esse que rompe com as velhas formulações, abrindo caminhos para o estabelecimento de uma nova realidade política, econômica e cultural que modificaria inevitavelmente aquele cenário escravagista e patriarcal do Brasil de fins do século XIX.

Considerações finais

O nome de Maria Firmina dos Reis, como foi possível observar, veio à tona a partir da redescoberta de seu romance *Úrsula*, em 1962, em um sebo na cidade do Rio de Janeiro, pelo historiador e bibliófilo paraibano Horácio de Almeida, que, em 1975, após preparar uma edição fac-similar do livro, acabou doando o original a Nunes Freire, governador do Maranhão na época. Em decorrência desse fenômeno, atualmente, os estudos que tratam de sua produção literária e dos aspectos que compõem sua trajetória vêm aumentando em todo o país, ainda que timidamente, contribuindo para a consolidação de toda uma fortuna crítica dedicada a autora. Vale lembrar, também, que Firmina participou ativamente da vida intelectual maranhense, colaborando na imprensa local, publicando livros e fazendo parte de antologias, além de ter sido professora, música e compositora.

No âmbito das letras nacionais, ela inaugurou a construção de identidades culturais que levam em consideração uma perspectiva outra, a perspectiva dos próprios vencidos, algo inédito para a literatura produzida até então. Suas narrativas, mesmo tendo como fundamento a estética de cunho romântico, se utilizam da principal manifestação do Romantismo, que é a idealização amorosa, como desvio de atenção, com o intuito de ludibriar o patriarcalismo escravagista em vigência no Império, em torno das questões levantadas por ela sobre a condição das mulheres e dos africanos e afrodescendentes escravizados. Em *A escrava*, particularmente, seu último conto publicado, já às vésperas da abolição, podemos dizer que Firmina consolida uma literatura específica, dessa vez, mais combativa e de cunho fortemente antiescravista.

Finalmente, é preciso dizer que, embora a atuação política da maranhense tenha se dado de modo indireto e através das letras, ela não pode e nem deve ser subestimada. Até porque, como sugere a pesquisadora Maria Lúcia de Barros Mott (1988, p. 17): "a resistência e a luta da mulher contra a escravidão resgata uma forma de participação informal exercida, quase sempre, fora das esferas de poder e dos quadros político-partidários, mas nem por isso menos importante e eficiente". Daí, então, a necessidade de se recuperar a produção literária e as ideias dessa escritora, uma das poucas intelectuais afrodescendentes do século XIX de que se tem notícia, cuja trajetória de vida, desde muito cedo, a faria compreender a importância de se propagar e de se estabelecer naquela decadente sociedade brasileira oitocentista os ideais de liberdade, igualdade e fraternidade, contribuindo, assim, para a construção de um país mais justo e sem opressão.

Referências

BLAKE, Augusto Victorino Alves Sacramento. *Dicionário bibliográfico brasileiro*. Rio de Janeiro: Conselho Nacional de Cultura, 1970 [1883-1902].

BOSI, Alfredo. *História concisa da literatura brasileira*. São Paulo: Editora Cultrix, 1970.

CAMARGO, Oswaldo de. *O negro escrito*. Apontamentos sobre a presença do negro na literatura brasileira. São Paulo: Secretaria de Estado da Cultura, 1987.

CANDIDO, Antonio. *Formação da literatura brasileira*: momentos decisivos. Belo Horizonte: Itatiaia, 2000 [1959].

CARVALHO, Ronald de. *Pequena história da literatura brasileira*. Rio de Janeiro: F. Briguiet& C., 1920.

CARVALHO, Claunísio Amorim. Imagens do negro na literatura brasileira do século XIX: uma análise do romance *Úrsula*, de Maria Firmina dos Reis. In: *Ciências Humanas em Revista*, São Luís, v. 4, n. 2, dezembro 2006, p. 53-69.

CAVALCANTI, Maria Laura Viveiros de Castro. Cultura popular e sensibilidade romântica: as danças dramáticas de Mário de Andrade. In: *Revista Brasileira de Ciências Sociais*, v. 19, n. 54, 2004, p. 57-79.

CHALHOUB, Sidney. *A força da escravidão*: ilegalidade e costume no Brasil oitocentista. São Paulo: Companhia das Letras, 2012.

COUTINHO, Afrânio. *Introdução à literatura no Brasil*. Rio de Janeiro: José Olympio, 1986 [1959].

DUARTE, Constância Lima. Gênero e etnia no nascente romance brasileiro: *Úrsula*. In: *Revista de Estudos Feministas*, v. 13, n. 2, maio/ago., 2005, p. 443-444.

DUARTE, Eduardo de Assis. Maria Firmina dos Reis e os primórdios da ficção afro-brasileira. Posfácio. In: REIS, Maria Firmina dos. *Úrsula* (romance); *A escrava* (conto). Florianópolis: Ed. Mulheres/Belo Horizonte: PUC Minas, 2009, p. 263-279.

_____. (Org.). *Literatura e afrodescendência no Brasil*: antologia crítica (vol 1: Precursores). Belo Horizonte: Editora UFMG, 2011.

FRANCO, Maria Sylvia de Carvalho. *Homens livres na ordem escravocrata*. São Paulo: Instituto de Estudos Brasileiros/USP, 1969.

HALLEWELL, Laurence. *O livro no Brasil*. São Paulo: T. A. Queiroz/Edusp, 1985.

LOBO, Luiza. *Crítica sem juízo*. Rio de Janeiro: Francisco Alves, 1993.

_____. *Guia de escritoras da literatura brasileira*. Rio de Janeiro: EdUERJ, 2006.

_____. Maria Firmina dos Reis. In: DUARTE, Eduardo de Assis (Org.). *Literatura e afrodescendência no Brasil*: antologia crítica (vol 1: Precursores). Belo Horizonte: Editora UFMG, 2011, p. 111-126.

LOPES, Nei. *Dicionário literário afro-brasileiro*. Rio de Janeiro: Pallas, 2007.

MARTIN, Charles. Uma rara visão de liberdade. Prefácio. In: REIS, Maria Firmina dos. *Úrsula*. 3. ed. Rio de Janeiro: Presença/Brasília: INL, 1988.

MARTINS, Wilson. *História da Inteligência Brasileira*. Volume III (1855-1877). 3. ed. Ponta Grossa: Editora UEPG, 2010 [1979].

MENEZES, Raimundo de. *Dicionário literário brasileiro*. 2. ed. Rio de Janeiro: Livros Técnicos e Científicos, 1978 [1969].

MORAIS FILHO, José Nascimento. *Maria Firmina dos Reis, fragmentos de uma vida*. São Luís: Governo do Estado do Maranhão, 1975.

MOTT, Maria Lúcia de Barros. *Submissão e resistência*: a mulher na luta contra a escravidão. São Paulo: Contexto, 1988.

MUZART, Zahidé Lupinacci (Org.). *Escritoras brasileiras do século XIX*: antologia (Vol. 1). Florianópolis: Editora Mulheres; Santa Cruz do Sul: EDUNISC, 1999.

REIS, Maria Firmina dos. *Úrsula*. São Luís: Tipografia do Progresso, 1859.

______. *Úrsula*. 2 ed. (impressão fac-similar). Prólogo de Horácio de Almeida. Rio de Janeiro: Gráfica Olímpica Editora, 1975.

______. *Gupeva* (1865). Edição fac-similar. In: MORAIS FILHO, José Nascimento. *Maria Firmina dos Reis, fragmentos de uma vida*. São Luís: Governo do Estado do Maranhão, 1975, s/p.

______. *Cantos à beira-mar* (1871). Edição fac-similar. In: MORAIS FILHO, José Nascimento. *Maria Firmina dos Reis, fragmentos de uma vida*. São Luís: Governo do Estado do Maranhão, 1975, s/p.

______. *A escrava* (1887). Edição fac-similar. In: MORAIS FILHO, José Nascimento. *Maria Firmina dos Reis, fragmentos de uma vida*. São Luís: Governo do Estado do Maranhão, 1975, s/p.

______. *Úrsula*. 3ª ed. Organização, atualização e notas de Luiza Lobo. Introdução de Charles Martin. Rio de Janeiro: Editora Presença/Brasília: Instituto Nacional do Livro, 1988.

______. *Úrsula* (romance); *A escrava* (conto). Florianópolis: Editora Mulheres/Belo Horizonte: PUC Minas, 2004.

______. IDEM ACIMA. Edição comemorativa dos 150 anos da 1ª edição. Atualização do texto e posfácio de Eduardo de Assis Duarte. Florianópolis: Editora Mulheres/Belo Horizonte: PUC Minas, 2009.

ROMERO, Silvio. *História da literatura brasileira*. Rio de Janeiro: José Olympo, 1943 [1888].

SABINO, Ignez. *Mulheres illustres do Brazil*. Edição fac-similar. Florianópolis: Editora Mulheres, 1996 [1899].

SCHUMAHER, Schuma; VITAL BRAZIL, Érico (Org.). *Dicionário mulheres do Brasil*: de 1500 até a atualidade, biográfico e ilustrado. Rio de Janeiro: Jorge Zahar, 2000.

______. *Mulheres negras do Brasil*. Rio de Janeiro: Senac Nacional, 2007.

SODRÉ, Nelson Werneck. *História da literatura brasileira*. Rio de Janeiro: Bertrand Brasil, 1985 [1938].

TELLES, Norma. *Encantações*: escritoras e tradição literária no Brasil, século XIX. 1987. 531 f. Tese (Doutorado em Ciências Sociais) – Faculdade de Ciências Sociais. Pontifícia Universidade Católica de São Paulo, São Paulo, 1987.

_____. Rebeldes, escritoras, abolicionistas. In: *Revista de História*, São Paulo, n. 120, jan/jul., 1989, p.73-83,

_____. Escritoras, escritas, escrituras. In: PRIORE, Mary Del (Org.). *História das mulheres no Brasil*. São Paulo: Contexto, 1997, p. 401-442.

_____. *Encantações*: escritoras e imaginação literária no Brasil do século XIX. São Paulo: Editora Intermeios, 2012.

VERÍSSIMO, José. *História da literatura brasileira*: de Bento Teixeira (1601) a Machado de Assis (1908). 4. ed. Rio de Janeiro: Editora Universidade de Brasília, 1981 [1916].

A razão e a perspectiva autoral negra na escrita de Maria Firmina dos Reis[35]

Karina de Almeida Calado

Esta reflexão será norteada pela discussão sobre o momento inaugural do romance de autoria negra, no Brasil, a partir de uma leitura da obra *Úrsula*, de Maria Firmina dos Reis, publicada originalmente em 1859, e pelas contribuições do filósofo camaronês Achille Mbembe (2014).

Gostaríamos de considerar que, neste texto, estamos defendendo a ideia de que a autoria negra, entendida como uma consciência negra constituída e manifesta no texto, não se relaciona apenas à condição racial do escritor, mas se caracteriza enquanto posição axiológica

35 O presente trabalho faz parte da pesquisa de doutorado, em desenvolvimento, orientada pela Professora Doutora Maria Nazareth Soares Fonseca.

negra no texto. Essa perspectiva também dialoga com o conceito de literatura negra definido por Zilá Bernd, em que a literatura negra "não se atrela nem à cor da pele do autor nem apenas à temática por ele utilizada, mas emerge da própria evidência textual cuja consistência é dada pelo surgimento de um *eu* enunciador que se quer negro" (BERND, 1988, p. 22).

Nesse sentido, o romance *Úrsula* revela a perspectiva pioneira de construção de uma consciência autoral negra na prosa romanesca do século XIX. É um romance fundador de uma perspectiva autoral negro-abolicionista em nossa literatura e, conforme Eduardo de Assis Duarte, encena de forma inédita na literatura brasileira a captura de escravos, a escravidão, "a visão de mundo dos escravizados, os cenários de liberdade negra na África, bem como as primeiras e chocantes descrições do porão do navio negreiro" (DUARTE, 2011, p. 43).

Maria Firmina dos Reis configura-se como uma voz e uma atuação à frente de seu tempo. Ao construir uma consciência autoral negra no seio do Romantismo, ela reivindica a visibilidade do negro e da mulher no projeto de nação e de identidade nacional concebido na estética romântica. Consciente de sua condição de mulher negra em uma sociedade escravocrata, utiliza-se da estratégia do pseudônimo para escapar à censura racial. Omitindo o seu nome, Maria Firmina busca tirar o peso do estigma de "ser negro" para ganhar um público que possa "solidarizar-se" com o ponto de vista abolicionista de sua obra. Maria Firmina dos Reis rompe com uma produção discursiva que está no cerne da razão que transformou homens e mulheres originários da África em objeto, mercadoria e moeda em proveito do tráfico atlântico, do século XV ao século XIX.

Achille Mbembe (2014) considera que os conceitos de "Negro[36]" e de "Raça" são invenções eurocêntricas. Trata-se de um sistema discursivo, uma ficção útil, uma produção ideológica, que justifica a inferiorização de humanidades não europeias, promovendo a redu-

36 Usamos a palavra "Negro" com a inicial maiúscula, para sermos coerentes com a grafia utilizada por Achille Mbembe (2014).

ção do ser humano a uma questão de aparência, de pele ou de cor, e, com ela, legitimando a coisificação e animalização das pessoas de origem africana. Como propõe Mbembe, esse sistema discursivo estabelecia uma primeira razão negra, uma consciência ocidental do Negro, para a qual "produzir o Negro é produzir um vínculo social de submissão e um *corpo de exploração*, isto é, um corpo inteiramente exposto à vontade de um senhor, e do qual nos esforçamos para obter o máximo de rendimento" (MBEMBE, 2014, p. 40, grifos do autor).

Mbembe argumenta que a cor negra é um construto que referencia o poder que a inventa, estabelecendo na palavra "Negro" uma relação de submissão, servidão. Fora da dialética da posse não existe o "Negro". Para esse filósofo, duas imagens que exemplificam bem essa relação são as correntes e a trela, espécie de corda, semelhante à coleira posta em cães, atada ao pescoço do escravo. Essas imagens assinalam a identidade servil, aquele que não é livre, "aquele a quem não se pode dar a mão, e que se deve, por conseguinte, arrastar pelo pescoço" (MBEMBE, 2014, p. 258).

A cena do primeiro capítulo do romance *Úrsula,* em que o escravo Túlio salva o jovem branco Tancredo, recebendo palavras elogiosas de elevação moral e o gesto sensível do aperto de mão, é um exemplo, por excelência, da ruptura que a autora estabelece com a razão negra eurocêntrica e a ordem escravocrata:

> Apesar da febre, que despontava, o cavaleiro começava a coordenar suas ideias, e as expressões do escravo, e os serviços, que lhe prestara, tocaram-lhe o mais fundo do coração. É que em seu coração ardiam sentimentos tão nobres e generosos como os que animavam a alma do jovem negro: por isso, num transporte de íntima e generosa gratidão o mancebo arrancando a luva, que lhe calçava a destra, estendeu a mão ao homem que o salvara. (REIS, 2009, p. 25)

A autora constrói, na relação que se evidencia entre as duas personagens, a perspectiva da igualdade entre seres humanos. Antes de dar a mão a Túlio, Tancredo o contempla com admiração. O gesto de dar a mão é um reconhecimento da humanidade do escravizado. A relação entre essas duas personagens revela a consciência autoral impressa ao texto, de que brancos e negros podem estabelecer um diálogo novo e livre, entre seres humanos iguais. O estudioso Eduardo de Assis Duarte pontua que essa é uma cena, não apenas inédita, mas singular, em toda a literatura do período:

> Em pleno apogeu do escravismo no Brasil, o gesto inusitado do branco – de cumprimentar o escravizado como um semelhante – ganha sentido paradigmático frente ao contexto de redução desse último aos atributos de inferioridade apontados por Mbembe. (DUARTE, 2017, p. 216)

Em contraposição a essa primeira razão negra, que, conforme Mbembe, é eurocêntrica, irrompe um segundo texto, que parte do olhar do Negro sobre si mesmo e busca responder à questão "Quem sou eu?". Nesse gesto, o Negro se vê criticamente em relação à produção discursiva que o definiu e tenta refutá-la, valendo-se de um outro texto. Nessa perspectiva, esse texto representa um segundo momento da razão negra, ou o que Mbembe vai chamar de uma consciência negra do Negro, que corresponde ao acesso do Negro à escrita, a partir do final do século XVIII, e ao fato de, pelos seus próprios traços, poder articular "uma linguagem para si, reivindicando o estatuto de sujeitos completos do mundo vivo" (MBEMBE, 2014, p. 12). Mbembe também caracteriza esse momento como uma segunda razão negra, na qual o Negro articula uma escrita que busca

> conjurar o demónio do texto primeiro e a estrutura de submissão que ele carrega; aquela em que essa mesma escrita luta por evocar, salvar, activar e reactualizar a sua experiência originária (a tradição) e reencontrar a verdade de si, já não fora de si, mas a partir do seu próprio território. (MBEMBE, 2014, p. 61)

Esse segundo texto contrasta com a razão negra eurocêntrica e configura-se como uma contra-narrativa, que busca reencontrar a verdade de si, focalizando na própria experiência de "ser Negro". Tal narrativa se insere em um movimento que procura recuperar o que foi silenciado, reprimido, enterrado, já que se apresenta como um texto construído a partir do olhar de si, da sua própria perspectiva e condição nesse mundo. Como argumenta Mbembe, um texto que traz consigo

> os vestígios, as marcas, o incessante murmúrio e até por vezes, a surda coacção do primeiro e a sua miopia, especialmente onde mais se reivindica uma ruptura. [...] é, ainda, fruto de uma longa história da radicalidade, por sua vez germinada nas lutas abolicionistas e na resistência ao capitalismo. (MBEMBE, 2014, p. 62).

Maria Firmina dos Reis situa-se no âmbito dessa consciência do Negro, inaugurando uma escrita que, a partir das reflexões de Mbembe, poderemos chamar de Negra. Em *Úrsula*, Maria Firmina trabalha a construção de uma narrativa inserida na estética romântica, seguindo o melhor padrão da estrutura da narrativa folhetinesca, mas fazendo ruir a própria produção de sentido do pensamento hegemônico, ao introduzir uma voz crítica, que questiona a sociedade patriarcal e escravocrata.

O romance *Úrsula* é um texto fundamentalmente precursor de uma escrita negra em nossa literatura, porque se desenvolve focalizando a experiência do Negro. A construção da história e das personagens é feita por uma consciência autoral negra, e a estrutura discursiva do romance é arquitetada de maneira a encenar uma complexa tessitura de vozes sociais que marcam a sociedade escravista do século XIX. Ao desenvolver uma história de um amor romântico entre pessoas brancas, não apenas produz uma fórmula necessária para agradar a um público leitor de ficção romântica, mas torna essa história essencial para a realização dos objetivos de uma consciência autoral que preza por colocar em cena os vários discursos da sociedade oitocentista. Em meio a esses discursos, a autora instala o ruído provocado pela assunção de personagens negras, das quais emergem "os vestígios, as marcas, o incessante murmúrio e até por vezes, a surda coacção do primeiro [texto] e a sua miopia", (MBEMBE, 2014, p. 62).

A consciência autoral arquitetada em *Úrsula* nos leva a considerar que ela se faz possível a partir da própria experiência étnica da escritora. Nesse sentido, a sensibilidade e a solidariedade evidentes no ponto de vista autoral (refratado na construção de tramas da narrativa que expõem a escravidão, no tratamento e na fala das personagens negras) revelam o lugar de enunciação e a condição de afrodescendência de Maria Firmina. De acordo com a observação de Luiza Lobo:

> A consciência da negritude de Maria Firmina dos Reis em sua obra pioneira consiste em ver a questão da abolição não sob um prisma universalista, europeizado e distante do cotidiano, mas sob a ótica do vencido, descrevendo as condições concretas do escravo. Ela insere em toda a sua obra preciosos aspectos antropológicos que permitem ver a existência do escravo no seu aspecto real, sob a violência e o jugo de senhores e feitores que agiam sob o amparo das leis – como na cena do assassinato da escrava Susana, em *Úrsula*. [...] Pôde ela assim observar a vida cotidiana do escravo porque também ocupava um lugar social de oprimida, como mulher e afrodescendente. Observou-a de dentro, ao contrário de obras que descrevem a escravidão teoricamente. (LOBO, 2011, p. 119, grifos da autora)

As questões apontadas por Lobo permitem-nos considerar *Úrsula* como o primeiro romance, em nossa literatura, a encarar o problema racial. Consideramos essa perspectiva como um gesto inaugural de uma escrita negra, pois é um movimento de solidariedade e de identificação com a história do Negro. Conforme Achille Mbembe, a escrita negra realiza uma invocação da raça como manifestação de seu desejo de comunidade, numa busca pela junção dos restos dispersos na diáspora. Dessa forma, o romance de Maria Firmina dos Reis ganha dimensão performativa, porque assume a escrita de uma história que visa juntar os fragmentos da história da escravidão, romper o silêncio e inscrever o Negro como agente de sua própria história:

> Esta escrita esforça-se, aliás, por edificar uma comunidade que se forja a partir de restos dispersos em todos os cantos do mundo. No Ocidente, a realidade é a de um grupo composto por escravos e homens de cor livres que vivem, na maior parte dos casos, nas zonas cinzentas de uma cidadania nominal, no meio de um estado que, apesar de celebrar a liberdade e a democracia, é, fundamentalmente, um estado escravagista. Ao longo deste período, a escrita da história tem dimensão performativa. A estrutura de tal *performance* é de ordem teológica. O objectivo passa de facto por escrever uma história que reabre, para os descendentes de escravos, a possibilidade de voltarem a ser agentes da própria história. (MBEMBE, 2014, p. 60)

A ideia de uma comunidade edificada pela escrita e forjada pela junção dos restos dispersos na diáspora, como propõe Mbembe, remete-nos às reflexões de Homi Bhabha (2013) sobre a escrita como dissemi-nação. Nessa perspectiva, a nação passa a ser vista a partir de suas margens internas, narrada nas vozes que surgem de seus entre-lugares. Para Bhabha, esse espaço de liminaridade se torna o lugar de escrever a nação. Trata-se de uma escrita marcada pela dupla temporalidade, pois é um gesto de reinscrição, e que traz como essência o caráter de suplementaridade, porque se concebe como compensação da subtração da origem. A partir dessa reflexão, Bhabha considera que o esquecimento do que foi subtraído na origem acaba por ser o princípio do movimento de reinscrição:

> Esquecer a significação de um sinal de subtração na origem constitui o começo da narrativa da nação [...] ser obrigado a esquecer se torna a base para recordar a nação, povoando-a de novo, imaginando a possibilidade de outras formas contendentes e liberadoras de identificação cultural (BHABHA, 2013, p. 258-260).

A invocação da raça e de signos da diáspora, por uma escrita que emerge das margens da nação, produz essas "outras formas contendentes e liberadoras da identificação cultural", sendo, também, atravessada por uma dimensão performativa. Nesse aspecto, o pensamento de Mbembe converge para as reflexões de Bhabha, pois, ao considerar o desejo de comunidade a partir do apelo à raça, como gesto fundador de uma identificação cultural, Mbembe sugere que essa invocação nasce de um sentimento de perda, da ideia de que a comunidade foi cindida, e que é necessário voltar a fundá-la: "restituindo-lhe uma linha de continuidade para além do tempo, do espaço e da deslocação" (MBEMBE, 2014, p. 69).

O desejo de comunidade, no romance *Úrsula* está impresso nas lembranças da África trazidas na voz das personagens escravizadas, entre outras estratégias narrativas. Em suas recordações, a personagem Preta Susana evoca a liberdade e a família deixadas na África, a qual ela chama de "pátria". Pai Antero refere-se à África como "a minha terra" e fala da festa do fetiche, dia da semana reservado ao descanso, à diversão, à brincadeira e à bebida. Ao destacar o pioneirismo desse romance, por introduzir de forma inaugural a temática da África na literatura brasileira, Eduardo de Assis Duarte afirma que a autora apresenta o continente africano não apenas como cenário da captura da personagem Preta Susana, mas como "espaço de civilização em que o individual e o comunitário se harmonizam, em que se planta e se colhe, se casa e se fazem filhos, em que existem valores e sentimentos de família e de pátria" (DUARTE, 2016, p. 41).

Consideramos que o desejo de comunidade, associado ao sentimento de pertença a uma família e a um lugar, reclama a afirmação da humanidade do Negro. Essa perspectiva permeia o romance *Úrsula* e se apresenta, por exemplo, já na introdução da primeira personagem negra na narrativa, o escravo Túlio:

> O homem que assim falava era um pobre rapaz, que ao muito parecia contar vinte e cinco anos, e que na franca expressão de sua fisionomia deixava adivinhar toda a nobreza de um coração bem formado. O sangue africano refervia-lhe nas veias; o mísero

> ligava-se à odiosa cadeia da escravidão; e embalde o sangue ardente que herdara de seus, pais, e que o nosso clima e a servidão não puderam resfriar, embalde – dissemos – se revoltava; porque se lhe erguia como barreira – o poder do forte contra o fraco!... (REIS, 2009, p. 22)

Notemos que a estratégia autoral é a de construção de uma personagem negra enaltecendo a sua humanidade. A palavra "nobreza", em uma de suas acepções, significa "superioridade moral". Com a expressão "nobreza de um coração bem formado", a autora recupera a natureza humana e os valores morais do Negro, mas também subverte todo um sistema discursivo escravista que determina características infra-humanas, animalescas e reificantes aos escravos.

A voz autoral reitera a sua posição axiológica no parágrafo, ao caracterizar a expressão "cadeia da escravidão" utilizando o termo "odiosa". Essa voz se levanta contra a escravidão e, na personagem Túlio, também projeta a subversão da condição de escravo, ainda que em vão, pois "se lhe erguia como barreira – o poder do forte contra o fraco!...". A barreira do poder, ou seja, todo o aparato que sustenta a sociedade escravista, impõe-se à revolta; no entanto, resta a palavra. E, nessa projeção da revolta, que marca a voz autoral, percebemos a intensidade do sentimento, no uso dos sinais de exclamação e de reticências, assinalando que, ainda que não pudesse dizer tudo o que sente, a autora marca a sua posição. Ao encontro do que afirma o filósofo Achille Mbembe (2014), consideramos que o momento de subversão é criador da recuperação do estatuto de humanidade:

> Enquanto categoria histórica, o Negro não existe, portanto, fora destes três momentos: o momento de atribuição, o momento de aceitação e de interiorização e o momento de reviravolta ou da subversão – que aliás inaugura a plena e incondicional recuperação do estatuto de humanidade antes rasurada pelo ferro e pelo chicote. (MBEMBE, 2014, p. 89)

O discurso colonial constrói-se na negação do outro, desvestindo-o de qualquer caráter de humanidade. Mbembe propõe que, apesar de negada pelos seus senhores, a humanidade do escravo não é apagada. Será uma "humanidade prorrogada", no sentido de que é latente no escravo o desejo de liberdade ou de vingança. Ele continua a ser humano, ainda que constantemente submetido à crueldade, à despersonalização e à desumanização:

> A destituição e abjeção que lhes são impostas não eliminam de todo a sua força de simbolização. Pela sua mera existência, a comunidade de escravos não deixa de rasgar o véu da hipocrisia e da mentira que cobre sociedades esclavagistas. [...] Situados à força num mundo à parte, reservando as suas qualidades de seres humanos para lá da submissão, aqueles que tinham sido adornados com o nome «negro» produziram historicamente pensamentos muito seus e línguas específicas. Inventaram as suas próprias literaturas, músicas, maneiras de celebrar o culto divino. Foram obrigados a fundar as suas próprias instituições – escolas, jornais, organizações políticas, uma esfera pública que nada tem a ver com a esfera pública oficial. (MBEMBE, 2014, p. 91-92, grifos do autor)

Nesse trecho, Mbembe chama atenção para a resistência do Negro ao processo de desumanização que lhe é imposto, considerando que os métodos cruéis empregados na escravidão não eliminam a força de simbolização existente nos escravizados. Nesse ponto de sua reflexão, Mbembe afirma que essa força de simbolização fará com que o Negro formule seu próprio pensamento, a sua arte, literatura, música, língua, culto, jornais, entre outras produções, que passa a desconstruir a razão negra ocidental e a configurar uma outra razão negra.

A literatura produzida pelo Negro, em que se manifesta uma autoconsciência de sua condição, vai exercer um papel fundamental na afirmação de sua humanidade. Essa literatura se desenvolve a partir da desconstrução de uma razão que nega humanidade ao Negro. Ou seja, ela já nasce tendo em sua constituição o desejo de ruptura com um discurso eurocêntrico e com modelos legitimados na tradição, que afirmavam a incapacidade do africano e dos seus descendentes de desenvolverem sistemas complexos de produção e reflexão.

Centrada no corpo e na cor, e baseada na submissão, essa visão discriminatória delineada pelas teorias da renegação física, moral e política dos Negros, difundidas no século XIX, não assumiria um sistema de concepções da sociedade, do mundo e do bem próprio formuladas pelo sujeito Negro. As formulações da ordem do universal e da razão não faziam parte do que se esperava dos africanos e dos seus descendentes. Assim, a sua representação de vida, por meio da produção de linguagem em formas artísticas complexas, não entrava nas perspectivas da formação discursiva do século XIX, o que justificava a exclusão do Negro, sob o pretexto da inferioridade humana e intelectual, e embasava a tese de o Negro "ser à parte" (MBEMBE, 2014, p. 152). Inserida numa lógica que o considerava "primitivo", a experiência do Negro não servia ao universal, ao civilizado. No discurso ocidental, faltava ao Negro a característica fundamental que o define como humano: a capacidade de pensar por si e de exercer a faculdade da razão, como salienta Mbembe:

> A classificação em vigor ao longo do século XIX excluía os Negros do círculo da Humanidade ou, de certo modo, atribuía-lhes um estatuto de inferioridade na escala das raças. É esta negação de humanidade (ou este estatuto de inferioridade) que obriga o discurso dos Negros a inscrever-se, desde as suas origens, numa tautologia: «também somos seres humanos». (MBEMBE, 2014, p. 157)

A ideologia da diferença é algo construído pela razão negra eurocêntrica. Mbembe reitera que a maioria das teorias políticas do século XIX determina uma estreita relação entre o sujeito humano e o sujeito racial, considerando que o Estado colonial se valeu do argumento dos costumes para assinalar a diferença e a desigualdade, para fins da segregação. Entretanto, em seu discurso próprio, o Negro vai se apropriar da ideologia da diferença cultural em seu benefício, como é o caso da Negritude e das variantes do pan-africanismo. Nesse sentido, o discurso do Negro vai se inserir em uma dupla perspectiva: a reafirmação/reabilitação de sua identidade humana, a confirmação da co-pertença negra à Humanidade; e a ficção de um sujeito de raça.

A afirmação da humanidade do Negro articula-se, via de regra, com a reivindicação positiva da diferença, elevando suas tradições, seus costumes e sua história. É, por exemplo, essa afirmação da diferença frente à cultura imposta pelo colonizador que mobilizará os movimentos pela independência dos países africanos, em meados do século XX. Conforme Mbembe, é a raça que "permite fundar, não apenas a diferença em geral, mas também a própria ideia de nação e de comunidade, uma vez que são os determinantes raciais que servem de base moral à solidariedade política" (MBEMBE, 2014, p. 158).

Embora pontue a existência de um paradigma negativo da diferença, Mbembe traz questionamentos acerca do que há de possibilidade criativa na diferença, e constrói em sua reflexão a ideia de que há aspectos positivos na diferença que merecem destaque. Ele afirma que a diferença positiva permite ao Negro "redescobrir-se como fonte autónoma de criação, avaliar-se como humano, encontrar sentido e fundamento naquilo que é e que faz" (MBEMBE, 2014, p. 165), pois é uma abertura, uma orientação, para o futuro.

No encerramento de seu livro *A crítica da razão negra*, Mbembe destaca que muitas vezes é necessária essa proclamação da diferença por aqueles que passaram pela dominação colonial, fazendo parte do processo de recuperação da humanidade que lhes fora roubada. Nessa perspectiva, a proclamação da diferença consiste apenas em um projeto mais amplo "de um mundo que virá, de um mundo antes de nós, no qual o destino é universal, um mundo livre do peso da raça e do ressentimento e do desejo de vingança que qualquer situação de racismo convoca" (MBEMBE, 2014, p. 306).

É válido salientar que, em seu pensamento, Mbembe ressalta que a reivindicação da diferença não pode considerar que haja um sujeito Negro absoluto, ou uma identidade negra absoluta, mas sempre em contato com a multiplicidade. Nesse sentido, a identidade negra deve ser considerada como identidade em devir, pois a diferença é construída no triplo processo de entrelaçamento, de mobilidade e de circulação: "há uma identidade em devir que se alimenta simultaneamente de diferenças entre os Negros, tanto do ponto de vista étnico, geográfico, como linguístico, e de tradições herdeiras do encontro com *Todo o Mundo*" (MBEMBE, 2014, p. 167, grifos do autor).

A proclamação da diferença, que converge para a recuperação da humanidade do Negro, assenta-se na busca pelo reconhecimento da igualdade. Essa perspectiva está na essência dos primeiros ecos de uma poética negra, conforme vamos observar na escrita de Maria Firmina dos Reis. Em *Úrsula,* temos uma visão de que a escrita negra surge como ruptura com a imposição do silêncio, como restituição do "eu" ante à coisificação, à animalização e à desfiguração. As personagens negras no romance são construídas sob a perspectiva dos mais elevados valores morais e da referência à África como espaço da liberdade, da abundância, da felicidade e da saudade.

Esse processo de recuperação do "eu" se inicia com a identificação "Eu sou um Negro", como parte de um momento de autorreconhecimento, de afirmação da existência. Maria Firmina é uma das vozes inaugurais, no século XIX, de uma literatura que estabelece uma ruptura com o lugar que lhe foi consignado, afirmando em sua escrita um espaço de luta e de insubmissão. Essa literatura, que vamos chamar de "negra", assumirá o "significante negro para melhor afirmar a dignidade inata de cada ser humano, a própria ideia de uma comunidade humana, de uma mesma humanidade, de uma semelhança e de uma proximidade humana fundamental" (MBEMBE, 2014, p. 289).

Em *Úrsula,* percebemos que não apenas o significante negro é assumido para afirmação da dignidade do sujeito Negro, mas que a própria África é afirmada como espaço de humanidade e de civilização. Na desconstrução da ordem discursiva escravista, a personagem Preta Susana, então, avalia como "bárbaros" os sequestradores de seres humanos na África. Observamos que, ao empregar a palavra "bárbaro", a autora inverte a lógica da razão negra eurocêntrica, conferindo os atributos da carga de significados dessa palavra ("primitivo", "incivilizado"), aos sequestradores.

Ao narrar a memória de sua captura, a primeira cena de aprisionamento de escravos na literatura brasileira, como já destacamos, Preta Susana nos fala da liberdade, da felicidade, da família, do esposo e da filha, das paisagens e da terra que fora obrigada a deixar:

> Tudo me obrigaram os bárbaros a deixar! Oh! tudo, tudo até a própria liberdade! [...] Vou contar-te o meu cativeiro. Tinha chegado o tempo da colheita, e o milho e o inhame e o mendubim eram em abundância em nossas roças. Era um destes dias em que a natureza parece entregar-se toda a brandos folgares, era uma manhã risonha e bela, como o rosto de um infante, entretanto eu tinha um peso enorme no coração. Sim, eu estava triste, e não sabia a que atribuir a minha tristeza. [...] Ainda não tinha vencido cem braças de caminho, quando um assobio, que repercutiu nas matas, me veio orientar acerca do perigo iminente, que aí me aguardava. E logo dois homens apareceram, e amarraram-me com cordas. Era uma prisioneira – era uma escrava! Foi embalde que supliquei em nome de minha filha, que me restituíssem a liberdade: os bárbaros sorriam-se de minhas lágrimas, e olhavam-me sem compaixão. Julguei enlouquecer, julguei morrer, mas não me foi possível... a sorte me reservava ainda longos combates. (REIS, 2009, p. 115-116)

O peso enorme no coração de Preta Susana, aliado ao assobio que repercutia nas matas, anunciava a catástrofe que marcaria a vida da personagem. Amarrada com cordas, privada de sua liberdade a partir daquele momento, a sua história passa a se inscrever na trajetória de cerca de 12,5 milhões de escravizados que foram trazidos à força para as Américas, entre os quais estima-se que 10,7 milhões sobreviveram à viagem e foram desembarcados, e dos quais 5,8 milhões de negros africanos aportaram no Brasil.

Susana expõe a desumanidade de seus algozes em um relato de sentimentos que se aproxima e traduz as súplicas e as lágrimas de tantas mulheres africanas escravizadas em nossa história, como podemos observar no trecho "foi embalde que supliquei em nome de minha filha, que me restituíssem a liberdade: os bárbaros sorriam-se de minhas lágrimas, e olhavam-me sem compaixão" (REIS, 2009, p. 115).

No final do trecho citado, notamos o reconhecimento da personagem de que ali se inscrevia o início do seu trágico destino. Susana jamais voltaria a reestabelecer a harmonia perdida. As correntes marcariam o seu cativeiro, e também a sua morte, passando pelo "estreito e infecto porão" de um tumbeiro, pelos maus-tratos e pela servidão, até morrer, já velha e acorrentada, em uma escura e úmida prisão "entregue aos vermes, à fome e ao desespero" (REIS, 209, p. 225).

De seus longos combates, a personagem Preta Susana narra a sua sobrevivência em meio à mais absoluta carência de tudo que é necessário à vida, descrevendo com detalhes o horror do porão, e escancarando as técnicas da racionalidade que operavam o tráfico de seres humanos.

> Meteram-me a mim e a mais trezentos companheiros de infortúnio e de cativeiro no estreito e infecto porão de um navio. Trinta dias de cruéis tormentos e de falta absoluta de tudo quanto é mais necessário à vida passamos nessa sepultura até que abordamos as praias brasileiras. Para caber a mercadoria humana no porão, fomos amarrados em pé e, para que não houvesse receio de revolta, acorrentados como animais ferozes das nossas matas, que se levam para recreio dos potentados da Europa. Davam-nos a água imunda, podre e dada com mesquinhez, a comida má e ainda mais porca: vimos morrer ao nosso lado muitos companheiros à falta de ar, de alimento e de água. É horrível lembrar que criaturas humanas tratem a seus semelhantes assim e que não lhes doa a consciência de levá-los à sepultura asfixiados e famintos!
>
> Muitos não deixavam chegar esse último extremo – davam-se à morte. Nos últimos dois dias não houve mais alimento. Os mais insofridos entraram a vozear. Grande Deus! Da escotilha lançaram sobre nós água e breu fervendo, que escaldou-nos e veio dar a morte aos cabeças do motim.

> A dor da perda da pátria, dos entes caros, da liberdade foram sufocadas nessa viagem pelo horror constante de tamanhas atrocidades. (REIS, 2009, p. 117)

A voz de Susana revela a consciência de que ela e os demais cativos naquele porão estavam empilhados exatamente como previa a racionalidade do comércio escravista: eram mercadoria humana. Como tal, não fazia parte do tratamento dispensado a esses seres o mínimo de dignidade, pois já estavam tachados com os atributos de não humanos. O espaço insalubre, a fome, a sede, os maus-tratos, a animalização, a asfixia, a repressão violenta a qualquer ato de revolta, a morte, o suicídio; todos esses aspectos evidenciam uma tentativa de descrição de todo o horror vivido no porão do tumbeiro.

Conforme relata Susana, a experiência de viver tamanhas atrocidades tem a força de sufocar a dor da perda da pátria, dos familiares e da liberdade. Notemos que a personagem usa a palavra "sufocadas" para se referir às dores dessas perdas. É um gesto claro de que a dor e a memória de tudo o que fora deixado, embora impossibilitadas ou desviadas, jamais serão esquecidas.

O discurso de Susana é refratado por uma consciência autoral abolicionista. Além da refração discursiva, é possível observar que, em vários trechos da narrativa, a voz autoral assume plenamente a voz da personagem. E, como destacamos, a perspectiva da humanidade do Negro e da igualdade entre seres humanos permeia toda a obra.

Referências

BHABHA, Homi K. *O local da cultura*. Tradução Myriam Ávila et al. 2. ed. Belo Horizonte: Editora UFMG, 2013.

BERND, Zilá. *Introdução à literatura negra*. São Paulo: Editora Brasiliense, 1988.

DUARTE, Eduardo de Assis. Maria Firmina dos Reis: na contracorrente do escravismo, o negro como referência moral. In: CHALHOUB, S.; PINTO, A.F.M. (Org.). *Pensadores negros – pensadoras negras:* Brasil, séculos XIX e XX. Cruz das Almas: EDUFRB; Belo Horizonte: Fino Traço, 2016, p. 41-58.

DUARTE, Eduardo de Assis. *Úrsula* e a desconstrução da razão negra ocidental. Posfácio. In: REIS, Maria Firmina dos Reis. *Úrsula*. 6. ed. Belo Horizonte: PUC-Minas, 2017. p. 209-236.

LOBO, Luiza. Maria Firmina dos Reis. In: DUARTE, Eduardo de Assis (Org.). *Literatura e afrodescendência no Brasil*: antologia crítica. v. 1. Belo Horizonte: Editora UFMG, 2011. p. 112-126.

MBEMBE, Achille. *Crítica da razão negra*. Lisboa: Antígona, 2014.

REIS, Maria Firmina dos. *Úrsula*. Atualização do texto e posfácio de Eduardo de Assis Duarte. Florianópolis: Ed. Mulheres; Belo Horizonte: PUC Minas, 2009.

A construção do sujeito negro em *A Escrava*, de Maria Firmina dos Reis

Laísa Marra

Pesquisar a obra de Maria Firmina dos Reis (1822-1917) sugere, entre outras coisas, uma oportunidade de vislumbrar o século XIX no Brasil pós-colonial e escravocrata por outra lente. Com a maranhense, tem-se a excepcionalidade de uma escritora negra escrevendo literatura antiescravagista para um público leitor[37] composto, em sua maioria, pela elite escravocrata. Neste texto, proponho uma leitura do conto *A escrava* (REIS, 2004), publicado em 1887 no periódico *Revista Maranhense*, buscando identificar algumas estratégias formais encontradas pela autora para criar um efeito estético indissociável de uma ética antirracista.

37 Observe-se que a estimativa mais otimista sobre o número de alfabetizados no Brasil, segundo censo de 1890, não ultrapassa a taxa de 17,4% (FERRANO; KREIDLOW, 2004).

No conto, tem-se uma moldura narrativa que apresenta, através de um narrador onisciente, o cenário de um salão onde pessoas de alta classe discutem assuntos variados. Nesse salão, o leitor é introduzido a "uma senhora de sentimentos sinceramente abolicionistas" que, diante da discussão sobre o "elemento servil" (REIS, 2004, p. 241), defende entre seus pares um discurso ao mesmo tempo pró-abolição e pró-igualdade racial – o que não é, de modo algum, a mesma coisa no século XIX, haja vista a humanização da escrava Isaura *porque* branca (GUIMARÃES, 2011), bem como a reificação das personagens negras de Joaquim Manuel de Macedo (2006).

As principais ideias lançadas pela senhora abolicionista provêm de argumentos correntes entre movimentos pró-abolição, ainda que seja original que a personagem escolhida para incorporá-los seja feminina, e que não receie fugir do recato esperado das mulheres à época para ser bastante incisiva, chegando a acusar seus interlocutores de vilões da História: "O senhor é o verdugo – e esta qualificação é hedionda" (REIS, 2004, p. 242). Nesse ponto, utilizando-se da técnica da narrativa encaixada, Maria Firmina dos Reis introduz a primeira pessoa no conto ao conferir a palavra a essa senhora abolicionista, a qual descreverá, enquanto narradora-personagem, seu encontro com a escrava Joana. Encaixada nessa narrativa, Joana contará, também em discurso direto, sua experiência pessoal de cativeiro. O tecido narrativo é, portanto, desenvolvido em camadas que se sobrepõem e que são marcadas por duas perspectivas femininas: a primeira é a uma mulher livre (não sabemos sua cor); a segunda, a de uma escrava negra. Por sua vez, o narrador onisciente abre o conto, situa o espaço, introduz a personagem da senhora e desaparece tão logo esta anuncia que contará uma situação vivida por ela.

Principia-se, assim, a narrativa sobre o encontro com a escrava fugida Joana e seu jovem filho, Gabriel. De início, chama a atenção do leitor o contraste entre o cenário romântico em que está a senhora, admirando sozinha e melancólica a natureza exuberante do crepúsculo – "E o sol, dardejando seus raios multicores, pendia para o ocaso em rápida carreira. Não sei que sensações desconhecidas me agitavam, não sei!... mas sentia-me com disposições para o pranto." (REIS, 2004, p. 243) –, e o cenário cotidiano da escravidão, pois sua contemplação é interrompida pela agitação de uma mulher que corre desesperada e se esconde atrás de uma moita. Nesse momento, chega um cavaleiro "pardo", de aparência sinistra, carregando um azorrague e uma corda de linho. É um feitor: "Aquele homem de aspecto feroz era o algoz daquela pobre vítima, compreendi com horror" (Idem, ibidem, p. 244). Desse modo, é notável a interrupção da cena individual romântica, em que há aproximação entre o estado de espírito da personagem e a natureza, causada por um episódio social típico da escravidão, isto é, a fuga e a busca de uma escrava.

I. A dinâmica dos olhares

Seguindo o enredo do conto, lê-se que depois de despistar o feitor e antes de dialogar com a mulher escondida, a senhora é surpreendida por um rapaz desconhecido. É importante frisar nessa parte a acentuação dada à faculdade da visão. Primeiro, como estratégia de defesa, a senhora *fixa* o olhar no rapaz: "[...] *fixei-o*. Apesar do terror que me havia inspirado, *fixei-o* resolutamente." (REIS, 2004, p. 246; grifos meus). Então, o vocabulário é amenizado: "De repente serenou o meu temor; *olhei-o, e do medo, passei à consideração*, ao interesse" (Idem, ibidem, p. 247; grifo meu). A mudança de *fixar* para *olhar* coincide com uma mudança radical na maneira como o rapaz passa a ser percebido; ele deixa de ser apenas uma figura opressora (um predador, masculino e "calhambola"[38], frente a uma mulher sozinha) para se tornar ele próprio um oprimido, "um infeliz, cujo corpo seminu mostrava-se coberto de recentes cicatrizes" (idem, ibidem, p. 247), que, contudo, conservava sua humanidade:

38 A personagem observa, mais à frente, que seu medo era justificado por se tratar de um "calhambola" (REIS, 2004, p. 248), ou seja, um quilombola.

> entretanto sua fisionomia era franca, e agradável. O rosto negro, e descarnado; suposto seu juvenil aspecto aljofarado de copioso suor, seus membros alquebrados de cansaço, *seus olhos rasgados, ora lânguidos pela comoção de angústia que se lhe pintava na fronte, ora deferindo luz errante, e trêmula, agitada, e incerta traduzindo a excitação, e o terror, tinham um quê de altamente interessante.* (REIS, 2004, p. 247; grifos meus).

Como o grifo da citação acima indica, pelo olhar da senhora conhecemos o olhar do rapaz, o qual deferia uma luz errante (trêmula, agitada, incerta, com excitação, terror). Observa-se que as emoções dos dois personagens têm alguma reciprocidade, pois um inspira medo no outro. Além disso, a escolha do verbo *deferir* é conveniente porque sugere uma cumplicidade, como se o rapaz atendesse a uma solicitação feita pelo olhar da senhora, a qual será confirmada pela franqueza e amabilidade com que ambos se tratarão no primeiro diálogo.

Antes, no entanto, há mais uma reflexão sobre o jogo dos olhares no encontro dessas duas figuras sociais tão diferentes e que merece ser destacada: "Cruzamos, ele, e eu as vistas e ambos recuamos espavoridas. Eu, pelo aspecto comovente, e triste daquele infeliz, tão deserdado da sorte; ele, por que seria?" (REIS, 2004, p. 247). A interrogação da personagem é intrigante. Não sabemos por que o rapaz, Gabriel, recua a vista. Podemos cogitar, todavia, que o faz em sua própria defesa, por estar, até então, acostumado a certo "comércio dos olhares" (MBEMBE, 2014, p. 191), o qual observa o corpo negro somente na condição de objeto e mercadoria.

De acordo com Achille Mbembe (2014, p. 193), analisando a dialética colonial/racial do olhar pelo viés de Frantz Fanon: "A raça só existe por 'aquilo que nós não vemos'. Para além 'do que não vemos', não existe raça. Com efeito, o poder racial exprime-se no facto de que aquele que escolhemos não ver nem ouvir não poder existir ou falar por si só". Logo, o papel da cena citada no conto, do encontro dos olhares das personagens, poderia estar relacionado a uma distinção elementar feita por autores como Eduardo de Assis Duarte (2008) acerca da literatura brasileira sobre o negro e da literatura afro-brasileira, sendo esta última marcada, entre outras coisas, por um *ponto de vista negro*. Isto é, uma perspectiva de dentro, a qual *enxerga* o sujeito negro antes como um ser humano escravizado do que como escravo destituído de humanidade[39].

Essa é uma possibilidade de interpretação, porém ela não encerra a pergunta, que se estende: por que, afinal, Gabriel recua o olhar? E, antes, o que ele vê quando cruza as vistas com sua interlocutora? Lembremo-nos que até aqui as personagens não trocaram nenhuma palavra. Estamos no território das metáforas clássicas do olho como "janela da alma", lugar de interioridade. Ao questionar os sentidos presentes nos movimentos visuais de Gabriel, a narradora inverte a dinâmica colonizadora: ela própria, uma cidadã livre, é colocada no lugar de quem é perscrutada por alguém que está na condição de escravo e que nem por isso deixa de ter uma complexidade interior, rica em pensamentos e emoções. Esse é o pressuposto indicado pela troca de olhares da mulher e do escravo: ambos são sujeitos, porém estão incertos de que são assim entendidos. De qualquer maneira, ambos são agentes de um encontro que se dá sem mediação patriarcal.

Refletir sobre o que vê o escravizado quando observa para o escravizador, e não o contrário, é um exercício que a crítica contemporânea das Ciências Humanas tem se colocado para compreender melhor o processo colonial. Sobre isso, Ruth Frankenberg (2004, p. 314-316) cita uma descrição feita por David Roediger de uma cena comum na sociedade escravista:

> Considere uma escrava na plataforma do leilão, à espera de ser vendida: imagine essa escrava sendo vista, examinada, na verdade, pelos compradores potenciais. Imagine o que ela sentia. Imagine-a tremendo e chorando, perdendo o controle e até procurando revidar. Essas tentativas de nos imaginarmos olhando para a pla-

39 Além do ponto de vista, Duarte (2008) destaca outros elementos que podem distinguir literatura sobre o negro ou negrista da literatura afro-brasileira, quais sejam: temática, autoria, linguagem, público.

> taforma do leilão e sentindo empatia pelos que eram vendidos encontraram um lugar duramente conquistado na cultura norte-americana. Mas pouca coisa nos prepara para ver essa escrava como alguém que olha, que estuda os compradores. (Roediger *apud* FRANKENBERG, 2004, p. 314)

Como aponta Frankenberg (2004), a descrição de Roediger é sagaz ao colocar essa mulher como alguém que examina quem a examina, ainda que não tenhamos acesso a suas conclusões. No entanto, segundo a autora, essa descrição é prejudicada pela dicotomia ela (escrava negra) *versus* nós (leitores brancos) e pela "representação do Outro oprimido como sendo, em primeiro lugar, um corpo sofredor, e em segundo, uma mente que vê" (FRANKENBERG, 2004, p. 315).

A questão é diferente na narrativa de Reis. Suas personagens escravizadas são apresentadas como seres humanos, pessoas conscientes da injustiça estruturante do sistema colonial escravocrata que as oprime e que as obriga ao lugar de "corpo sofredor". Isto é, não há em *A Escrava* – como há nas narrativas oitocentistas europeias "em prol de uma missão civilizadora" mencionadas por Frankenberg (2004) – um caminho de sofrimento que a escrava precisa percorrer para que seja percebida como vítima e, depois, humana. Em Reis, as personagens escravizadas são sujeitos e, por isso, vítimas da colonização e da escravidão. Esse é um ponto relevante, principalmente se tivermos em conta que na escrita da autora – tanto nesse conto como em *Úrsula* (REIS, 2004) e *Gupeva* (MORAIS FILHO, 1975) – o vilão branco muitas vezes é quem ocupa o lugar de bárbaro em relação ao negro e ao indígena.

Ainda acerca dessa dinâmica do olhar no contexto escravocrata, vale insistir que a historiografia e as produções literárias canônicas, via de regra, estiveram cegas para a compreensão elaborada pelo escravizado com relação a toda estrutura da escravidão, e da modernidade de que ela faz parte. Essa é uma leitura possível da instalação "Testemunhas Oculares x, y e z", da artista plástica Adriana Varejão

(SCHWARCZ; VAREJÃO, 2014). Nesse trabalho, Varejão representa três mulheres não-brancas em telas que lembram as técnicas das pinturas renascentistas. Em cada uma dessas mulheres é marcante a cicatriz, ainda em carne viva, no lugar em que deveria estar um globo ocular. Este, por sua vez, encontra-se realocado em pedestais em frente a cada uma das telas. Feitos de acrílico e ultrarrealistas, os globos oculares podem ser abertos. Dentro de cada um, estão gravadas cenas de antropofagia.

Schwarcz e Varejão (2014) explicam que as íris, bem como vários aspectos da anatomia humana (o crânio, por exemplo) foram analisadas segundo as teorias raciais oitocentistas que tinham como intuito traçar sinais biológicos daquilo que se argumentava enquanto a ***degeneração das raças*** (em referência às pessoas não-brancas). No entanto, na instalação de Varejão, é como se o olho arrancado dessas mulheres, tidas como objeto da economia colonial, tivesse guardado outras imagens da colonização e que, agora, essas imagens pudessem traçar uma espécie de resposta crítica ao discurso colonial. Como se, apesar de terem tido seus olhos violentamente arrancados[40], suas perspectivas silenciadas, as mulheres da tela mantivessem a pulsão antropofágica de devorar seus inimigos, os colonizadores, retirando

40 Situação esta tanto metafórica, no sentido de anulação da perspectiva da oprimida, quanto literal. Lília Schwarcz (SHWARCZ; VAREJÃO, 2014, p. 31) relata que no Brasil houve casos de senhoras que, como vingança, "presenteavam" seus maridos adúlteros com os olhos arrancados das mucamas com quem eles se relacionavam sexualmente.

deles seu poder, o qual, nesse caso, pode ser lido como o poder de contar uma história segundo uma visão própria– como o faz Reis com a *visão do vencido* em "*A escrava*".

II. A Estética da Memória

Dando continuidade à análise da maneira descoberta por Reis para formalizar na narrativa a humanização do negro, examinaremos agora outros dois artifícios formais encontrados pela autora para dar conta de um viés menos explorado por seus contemporâneos abolicionistas: a escravidão sob a perspectiva individual do escravo ou, mais especificamente, da mulher escravizada. Ressaltam-se, assim, a escolha pelo protagonismo da memória de Joana, bem como a utilização do discurso direto para tratar de sua história como recursos associados ao efeito estético pretendido pela autora.

Nesse ponto, considerando que faltavam modelos literários para tratar do tema da escravidão pela ótica do sujeito escravizado, é válido conjecturar que Maria Firmina dos Reis recorreu a fontes orais, provenientes de (ex-)escravizados, para criar suas personagens cativas, tais como Joana. Segundo consta na certidão de batismo[41] de Reis, ela era filha ilegítima de uma ex-escrava ("mulata forra", nos termos do referido documento). Isso indica que a autora, mesmo tendo nascido livre, esteve ligada por laços de afeto, parentesco ou até sociabilidade a pessoas que, como sua mãe, passaram pela experiência do cativeiro.

Assim sendo, a autora se volta para a mesma escolha estética empreendida no romance *Úrsula*, publicado em 1859. Os paralelos entre as personagens Joana (em *A escrava*) e Mãe Suzana (em *Úrsula*) são notáveis. Tanto no romance como no conto, os discursos diretos dessas mulheres escravizadas conferem à escrita de Maria Firmina dos Reis sua originalidade maior e seu lugar de precursora da literatura afro-brasileira. Desse modo, se em *Úrsula* Maria Firmina dos Reis (2004) havia testado a estratégia de recriação da memória da pessoa

41 Uma cópia desse documento foi disponibilizada pela professora Dilercy Aragão Adler nas redes sociais, mas ainda não consta em trabalho publicado.

escravizada para carregar de dramaticidade e verossimilhança o relato de Mãe Susana sobre sua vida harmoniosa na África, a violência do tráfico negreiro, a diáspora, e o trabalho forçado no Brasil; em *A escrava*, a memória é invocada novamente, mas dessa vez como última resistência de Joana.

É, portanto, expressivo que a narrativa de Reis trabalhe artisticamente com a denúncia da escravidão acionando a memória oral de uma escrava. Primeiro porque, via de regra, os gêneros confessionais estiveram historicamente muito relacionados à expressão do subalterno e da subalternidade (FRANCO)[42]. Depois, porque no Brasil a anulação da memória dos escravos se deu, muitas vezes, de maneira sistemática e institucional – sendo a histórica queima dos arquivos da escravidão, ordenada por Rui Barbosa em 1890, uma prova objetiva desse processo.

Além disso, sabe-se que, na primeira metade do século XX, as interpretações das relações (inter) raciais brasileiras se deram muito à moda de Gilberto Freyre (1987), ou seja, a partir de uma ótica branca, centrada no encontro *sensual* entre a *raiz* portuguesa e as *influências* africanas na formação do povo brasileiro miscigenado. Duramente criticada, tanto dentro como fora da academia, interpreta-se hoje que a democracia racial freyriana é inversamente proporcional à realidade de violência inerente ao sistema escravagista.

Nesse processo de revisão e desmitificação de algumas conclusões de *Casa Grande e Senzala* (1987), contribui sobremaneira a virada epistemológica ocorrida na segunda metade do século XX. Dentre vários fatores articulados às mudanças de paradigmas epistemológicos, destaco a constatação da subjetividade da História (CERTEAU, 2017); as ideias de memória coletiva, memória cultural e história oral, como discutidas por Jan Assman e John Czaplicka (1995); bem como a ascensão da "memória dos vencidos" (NORA, 2017) como fundamentais para que as vozes de pessoas escravizadas

42 A título de ilustração, vale mencionar, a autobiografia do ex-escravo Mahommah Gardo Baquaqua (2017), bem como a carta da escrava Esperança Garcia, que será citada mais à frente.

tenham a força de questionar as incrustadas concepções nacionais de escravidão e democracia racial. Inserem-se nesse contexto de novos instrumentos conceituais a crítica contemporânea da obra de Reis (2004) e de sua importância para a história e para a literatura.

Seguindo com a leitura do conto, temos que Joana é resgatada por Gabriel e pela senhora abolicionista ainda naquele final de tarde. Ela é então levada para a casa desta última, onde ficaria provisoriamente a salvo do feitor e receberia os cuidados necessários para sua sobrevivência, uma vez que se mostrava fragilizada tanto fisicamente como psicologicamente. Percebendo que estava à beira da morte, Joana sente a necessidade de narrar as opressões que a levaram àquele estado, tendo sua memória como último e único instrumento de ação: "– Deixa eu concluir, meu filho, antes que a morte me cerre os lábios para sempre... deixa-me morrer amaldiçoando meus carrascos" (REIS, 2004, p. 257).

A primeira história narrada por Joana diz respeito à sua infância. Filha de africana escravizada e indígena livre, ambos analfabetos, Joana tem o valor de sua alforria acumulado pelo pai, que entrega a soma ao senhor da fazenda em troca da promessa da alforria. Entretanto, quando seu pai morre, descobre-se que o senhor da fazenda aproveitara-se do analfabetismo do casal para os enganar, dando-lhes um papel qualquer em troca do valor recebido pela liberdade da filha deles. Assim, devido à desigualdade de forças entre senhor e escravo, entre palavra escrita e falada, Joana passa a vida como escrava e órfã (sua mãe morrera depois desse incidente traumático). Adulta, ela tem dois filhos além de Gabriel: os gêmeos Urbano e Carlos, os quais são separados dela por um "traficante de carne humana" (REIS, 2004, p. 256), o senhor da fazenda (Tavares) e um feitor, sendo este o motivo pelo qual ela enlouquece.

Levando em consideração que o tema principal do conto é a separação da família negra pela brutalidade do sistema escravagista, vale a comparação entre Joana e a personagem histórica Esperança Garcia, para que tenhamos mais claro o pano de fundo social no qual Reis constrói sua trama ficcional. Esperança Garcia foi uma mulher escravizada que escreveu, em 1770, uma carta endereçada ao governador da província do Piauí com a finalidade de denunciar os maus tratos sofridos por ela e sua família sob o jugo de Antônio Vieira de Couto, administrador da capitania. Segue a carta (SOUZA, 2016, p. 1):

> Eu Souhua escrava de V.S. dadministração do
> Capª m Antº Vieira de Couto, cazada. Desde que
> O Capªmpª Lá foi adeministrar, q. me tirou da
> fazdª dos algodois, aonde vevia com meu marido,
> para ser cozinheira da sua caza, onde nella
> passomtº mal.
> A Primeira hé q. ha grandes trovadas de pancadas
> enhum Filho meu sendo huã criança q. lhe
> fez estrair sangue pella boca, em mim não poço
> esplicar q Sou hu colcham de pancadas, tanto
> q cahy huã vez do Sobrado abacho peiada; por
> mezericordia de DsesCapei.
> A segunda estou eu e mais minhas parceiras por
> confeçar a três annos. E huã criança minha e
> duas mais por Batizar.
> Pello q Peço a V.S. pello amor de Ds. e do Seu
> Valim Tº ponha aos olhos em mim ordinando digo
> mandar a Porcurador que mande p. a Faz dª aonde
> elle me tirou pª eu viver com meu marido e Batizar
> minha Filha
> de V.Sa. sua escrava
> EsPeranCa Garcia

Podemos traçar um paralelo entre essa epístola e a memória oral de Joana, pois mesmo diferindo quanto ao status de não-ficção, no primeiro caso, *versus* ficção, no segundo, é significativa a afinidade entre as duas narrativas tanto no que diz respeito à forma, confessional; quanto ao conteúdo, de expressão contra as violências estruturantes da escravidão, especialmente no que concerne aos abusos físicos e à fragmentação da família negra. Sublinhe-se que Esperança Garcia e seu filho, ainda criança, são feitos de "colchão de pancadas" (SOUZA, 2016, p. 1) justamente no espaço da casa grande, o que contribui para minar a imagem popular de que este seria um local pacífico.

No conto de Reis, temos Joana, no leito de morte, relembrando as violências envolvidas na separação de sua família: "Corri para meus filhos, que dormiam, apertei-os ao coração. Então *senti um zumbido nos ouvidos, fugiu-me a luz dos olhos e creio que perdi os sentidos.*" (REIS, 2004, p. 256; grifos meus). A narração da cena continua dramática: as crianças eram arrastadas pelos homens enquanto chamavam pela mãe e se agarravam à sua saia. Joana tentava interceder pelos filhos, mas eles eram ameaçados:

> – Cala-te! Gritou meu feroz senhor. – Cala-te ou te farei calar.
> – Por Deus, tornei eu de joelhos, e tomando as mãos do cruel traficante: – meus filhos!... meus filhos!
> Mas ele dando um mais forte empuxão, e ameaçando-os com o chicote, que empunhava, entregou-os a alguém que os devia levar... (REIS, 2004, p. 257).

Tendo em mente que o conto é todo permeado por menções à violência cotidiana do sistema escravagista – desde a aparição do feitor com seu azorrague e da corda de linho, as cicatrizes de Gabriel, a "loucura" de Joana, a exaustão devida ao trabalho incessante, a fraude da carta de alforria, o analfabetismo, as separações, até a morte de Joana –, a separação de Joana de suas crianças figura como um estopim, pois a personagem já não tem mais forças, físicas e emocionais, para continuar sobrevivendo.

Na comparação das narrativas de Reis e Garcia verificamos que a violência estrutural contra a pele negra é o grande fator de coesão. Achille Mbembe (2014, p. 259) destaca que durante a escravatura a violência racial cumpria três funções: a) "visava a enfraquecer a capacidade dos escravos para assegurarem sua reprodução social"; b) "pretendia imobilizar os corpos, destruí-los, se necessário".; e c) "por último, atacava o sistema nervoso e procurava extinguir todas as capacidades de as vítimas criarem um mundo de símbolos próprios".

As duas primeiras funções estão contempladas nas narrativas de Garcia e Reis, sendo que nesta última tem espaço também a denúncia da estafa mental a que são levadas Joana e, antes dela, sua mãe. Ademais, está destacada a consciência de ambas narradoras acerca do poder da escrita, pois tanto no conto como na carta a busca pela resolução dos conflitos se dá, paradoxalmente, através da palavra e da lei enquanto mecanismos de defesa.

Em *A escrava*, essa solução só se torna possível porque há uma aliança entre a senhora liberal, que detém os meios oficiais para se fazer ouvida, e Joana, portadora das experiências e, logo, da memória das injustiças da escravidão. Juntas, essas mulheres conseguem barrar a tirania do senhor de escravos Tavares e possibilitam a alforria de Gabriel. No clímax do conto, tem-se, portanto, a concomitante liberdade de Gabriel e a vitória de uma mulher que, sem marido ou figura masculina paternalista, enfrenta o sistema escravocrata e consegue salvar seu protegido dos castigos que o esperavam (REIS, 2004, p. 261).

Indispensável para a verossimilhança desse desfecho é a Lei n. 2.040, de 1871, a qual obrigava o proprietário a reconhecer, mesmo contra sua vontade, o pagamento feito pela alforria de um escravo, bem como as associações abolicionistas, que tinham o poder e a disposição para intermediar essas libertações. De fato, a Lei do Ventre Livre é o arcabouço legal e histórico sobre o qual se desenvolve o conto, pois no relato de Joana fica clara a crítica de que o método de emancipação progressiva dos cativos (ao invés da total abolição da escravatura) não era capaz de competir efetivamente com as desigualdades de força entre senhores e cativos.

Nesse sentido, a idade dos gêmeos Carlos e Urbano, oito anos, é especificada para deixar claro que eles nasceram depois de 1871, sendo, portanto, legalmente livres. Teoricamente, o senhor de escravos teria que manter as crianças até oito anos sob sua tutela, quando poderia pedir do Estado a indenização de 600$000, ou optar por se utilizar da força de trabalho do tutelado até a idade de 21 anos (18, no caso das mulheres). Além disso, o artigo 4, parágrafo 7, da referida lei proibia o afastamento de crianças menores de doze anos de seus pais: "Em qualquer caso de alienação ou transmissão de escravos, é prohibido, sob pena de nullidade, separar os conjuges, e os filhos menores de 12 annos, do pai ou da mãi." (BRASIL, 1871).

Assim, através da memória de Joana, que morre ao final da narrativa, vemos construída uma narrativa crítica de crime e impunidade por parte dos proprietários de escravos, os quais tinham os mecanismos, muitas vezes indisponíveis aos negros (analfabetos ou não), para acionar a lei quando lhes convinha (como no caso das indenizações), ao mesmo tempo em que podiam contorná-la, sem prejuízos, quando lhes fosse oportuno. Desse modo, observa-se, no conto, a denúncia de um sistema legal alicerçado na manutenção dos privilégios raciais brancos, incapaz por isso de desarticular a realidade social e individual das relações escravocratas.

A senhora abolicionista é, nesse sentido, uma espécie de alter ego de Reis na medida em que sugere uma aliança politicamente engajada entre o oral e o escrito: "[No sistema colonial] É preciso que outra pessoa fale em seu nome [do negro] e em seu lugar, para que o que ele pretende dizer faça completamente sentido em nossa língua" (MBEMBE, 2014, p. 193). Aliança esta que só se dá caso exista, *a priori*, reconhecimento intersubjetivo da igualdade humana – como indica a narração do encontro dos olhares da senhora abolicionista e de Gabriel.

Com base no que foi exposto, entende-se que o trabalho com a memória dos oprimidos, elaborado por Maria Firmina dos Reis, revela uma estética indissociável a uma ética antirracista. Seguindo o princípio de muitos de seus contemporâneos (tais como José de Alencar [MENEZES, 2013]), para quem a literatura era uma missão ou projeto nacional a ser desenvolvido, Reis percorreu um caminho próprio, dedicando-se às contradições e desigualdades raciais enraizadas no Brasil pós-colonial. É preciso, portanto, reconhecer na autora seu papel de precursora tanto na expressão artística da diáspora como da literatura afro-brasileira, pois se, por um lado, Reis não conseguiu se inserir efetivamente no círculo intelectual mais influente de sua época; por outro lado, sua literatura acrescenta complexas novidades para nossa tradição literária.

Vem daí, portanto, a ênfase da crítica atual sobre Reis em seu caráter *outsider*[43]. Não se trata de ingênua celebração do subalterno, como pretendem desqualificar alguns críticos mais acostumados à tradição da crítica da literatura brasileira dentro de uma unidade tida como racialmente neutra. Trata-se, isso sim, de ler a literatura produzida no Brasil *a contrapelo*, ou seja, em suas contradições e fragmentações, com destaque para as complexidades sociais, raciais, estéticas de nossas letras. Se não reconhecemos que Maria Firmina dos Reis fala de um lugar fundamentalmente diferente daquele de um escritor como Joaquim Manuel de Macedo, Bernardo Guimarães ou José de Alencar será muito difícil compreender porque a perspectiva e as escolhas estéticas dos autores são tão diferentes.

43 *Refiro-me aos trabalhos de Duarte (2004; 2011), Lobo (2011), Muzart (2013), dentre outros.*

Referências

ASSMANN, Jan; CZAPLICKA, John. Collective Memory and Cultural Identity. *New German Critique*, n. 65, Spring/Summer, 1995, p. 125-133.Disponível em: <http://www.jstor.org/stable/488538>. Acesso em: 01 nov. 2017.

BAQUAQUA. Mahommah Gardo. *Projeto Baquaqua.* Disponível em: <http://www.baquaqua.com.br>. Acesso: 01 out. 2017.

BRASIL. Constituição (1824). Lei Nº 2.040, de 28 de Setembro de 1871. Disponível em: <https://www.planalto.gov.br/ccivil_03/leis/lim/lim2040.htm>. Acesso em: 01 out. 2017.

CERTEAU, Michel de. *A escrita da História*. 3ed. Trad. Maria de Lourdes Menezes. Rio de Janeiro: Forense Universitária, 1982. Disponível em: <http://www.usp.br/cje/anexos/pierre/CERTEAUMAEscritadahistória.pdf>. Acesso em: 26 out. 2017.

DUARTE, Eduardo de Assis. Posfácio. Maria Firmina dos Reis e os primórdios da ficção afro-brasileira (posfácio). In: REIS, Maria Firmina dos Reis. *Úrsula; A escrava*. Florianópolis: Ed. Mulheres; Belo Horizonte: PUC Minas, 2004.

_________. Literatura afro-brasileira: um conceito em construção. *Estudos de Literatura Brasileira Contemporânea*. n. 31, Brasília, jan./jun, 2008, pp. 11-23.

_________(Org.). *Literatura e afrodescendência no Brasil*: antologia crítica. Belo Horizonte: Editora UFMG, 2011.

FERRARO, Alceu Ravanello; KREIDLOW, Daniel. Analfabetismo no Brasil: configuração e gênese das desigualdades regionais. *Educação e Realidade*, Porto alegre, v. 29, n. 2, p. 179-200, jul./dez. 2004. Disponível em: <http://seer.ufrgs.br/educacaoerealidade/article/view/25401>. Acesso em: 10 nov. 2017.

FRANCO, Jean. "Si me permiten hablar": la lucha por el poder interpretativo. In: ACHUGAR, Hugo; BEVERLY, John (Ed.). *La voz del otro*: testimonio, subalternidad y verdad narrativa. Lima, Pittsburgh: Latinoamericana Editores, 1992.

FRANKENBERG, Ruth. A miragem de uma branquidade não-marcada. In: VRON WARE (Org.). *Branquidade*: identidade branca e multiculturalismo. Trad. Vera Ribeiro. Rio de Janeiro: Garamond, 2004.

FREYRE, Gilberto**.** *Casa-grande & Senzala:* formação da família brasileira sob o regime da economia patriarcal. Rio de Janeiro: José Olympio, 1987.

GUIMARÃES, Bernardo. *A escrava Isaura*. São Paulo: FTD, 2011.

LOBO, Luiza. Maria Firmina dos Reis. In: DUARTE, Eduardo de Assis (Org.). *Literatura e afrodescendência no Brasil: antologia crítica*. Belo Horizonte: Editora UFMG, 2011.

MACEDO, Joaquim Manuel de. *As Vítimas-Algozes*: quadros da escravidão. São Paulo: DCL, 2006.

MBEMBE, Achille. *Crítica da razão negra*. Trad. Marta Lança. Lisboa: Antígona, 2014.

MENEZES, Eduardo Diatahy B. de. Alencar e seu projeto literário de construção nacional. *Tensões Mundiais*. Fortaleza, v. 9, n.16. 2013, p. 176-195.

MORAIS FILHO, José Nascimento. *Maria Firmina, fragmentos de uma vida*. São Luiz: COCSN, 1975.

MUZART, Zahidé L. Uma Pioneira: Maria Firmina dos Reis. *Muitas Vozes*, Ponta Grossa, v.2, n.2, p. 247-260, 2013.

NORA, Pierre. Entre memória e história: a problemática dos lugares. Trad. Yara Aun Khoury. In: *Projeto História:* Revista do Programa de Estudos Pós-Graduados em História do Departamento de História da PUC-SP, São Paulo, n.10, p. 7-28, dez.1993. Disponível em: <https://revistas.pucsp.br/index.php/revph/article/viewFile/12101/8763>. Acesso: 26 out. 2017.

REIS, Maria Firmina dos. *Úrsula; A escrava*. Florianópolis: Ed. Mulheres; Belo Horizonte: PUC Minas, 2004.

SOUZA, Elio Ferreira de. *A carta da escrava 'Esperança Garcia' de Nazaré do Piauí: uma narrativa de testemunho precursora da literatura afro-brasileira*. Disponível em: <http://150.164.100.248/literafro/data1/artigos/artigoelio.pdf> . Acesso em: 26 out. 2017.

SCHWARCZ, Lilia; VAREJÃO, Adriana. *Pérola imperfeita*: A história e as histórias na obra de Adriana Varejão. Rio de Janeiro: Cobogó, 2014.

Corpos e mentes: a loucura nas obras firminianas – *Úrsula* (1859) e *A escrava* (1887)

Rosangeli de Fátima Batigniani

Este trabalho tem por objetivo evidenciar o estilo gótico relacionado à loucura nas obras da autora Maria Firmina dos Reis, privilegiando o romance *Úrsula* (1859) e o conto *A escrava* (1887). As obras permitem uma análise acerca do tema "loucura", assunto que permeia as personagens Úrsula e o vilão Fernando P., assim como a escrava Joana. A metodologia a ser usada permite avaliar como as personagens firminiana coadunam com as características do estilo gótico. No tocante a personagem Joana inserida em *A escrava* será pensada na perspectiva da resistência ao sistema escravocrata, tendo como mecanismo a loucura.

No século XVIII surge o gótico como nova vertente da literatura que tinha como propósito expressar o cotidiano da burguesia por meio de personagens. Sua origem está nos romances ingleses tendo como precursor a obra *O Castelo de Otronto (1764)* de Horace Walple. O estilo gótico tem como representação a arquitetura, as construções, habitações como as velhas abadias, mansões e castelos arruinados. Segundo Otto Maria Carpeaux (1978, p.160 citado por MUZART, 2008, p.301). No romance gótico figura "as mocinhas presas em cárceres subterrâneos por criminosos, monges debochados, uma caricatura do mundo feudal com fortes tendências anticlericais". Nas produções literárias góticas o não civilizado ocupa espaço fazendo contrapondo com tudo o que representa o clássico.

A literatura gótica no século XVIII era chamada de literatura do pesadelo, devido ser ambientada em castelos, abadias cujos labirintos tornavam-se cenários ideais para cenas de terror, crimes. Para Mauricio Cesar Menon (2007) no gótico podemos perceber uma crise moral presente nos momentos de angustia, depressão, idealização da morte, erotismo nos confessionários por meio de cenas fantasiosas. Neste cenário "o sobrenatural é substituído por imagens assustadoras cuja origem está na loucura, alucinações ou pesadelos" (MENON, 2007p.23) características estas que encontramos na escrita de Maria Firmina aqui trabalhadas.

Já no século XIX as histórias góticas tomam outras formas evoluindo para projeções e conflitos "do eu-interior unidos a emocionalidade" (MENON, 2007, p.24). Antigos castelos são substituídos por casarões repletos de mistérios e geralmente em ruinas; florestas e pântanos dão lugar às estreitas ruas escuras cheias de becos; as entidades sobrenaturais cedem lugar a imagens assustadoras cuja origem se encontram na loucura, nas alucinações e nos pesadelos.

Esses enredos encontraram espaço latente para suas publicações no romance folhetim que no dizer do professor Eduardo de Assis Duarte (2017) era a coqueluche da época. Devido seu impacto tinham como forte característica publicações periódicas, alcançando um público fiel o que muito contribuiu para sua expansão e divulgação.

O estilo gótico permitiu a muitas escritoras se debruçarem em romances utilizando uma poética que privilegiava a imaginação fantasiosa, uma ficção mais sóbria na qual ressaltava "mocinhas indefesas, heroínas castas, puras e belas". Dentre elas, em especial as escritoras inglesas como Clara Reeve, Sophia Lee, Charlotte Smith e Anne Radcliffe pioneira nesse estilo. A obra de Maria Firmina dos Reis no dizer de Norma Telles (2017) tem uma proximidade com os ingredientes góticos encontrados na obra de Ann Radcliffe em especial nas descrições de paisagens e nas personagens heroínas jovens. No entanto, as pesquisas nos levam a dizer que não podemos afirmar que Maria Firmina tenha se espelhado na autora inglesa.

No século XIX a literatura brasileira contempla textos com fortes características góticas e dentre eles temos: *Úrsula (1859)* de Maria Firmina dos Reis; *D. Narcisa de Villar* (*1852)* de Ana Luiza de Azevedo Castro; *A rainha do Ignoto (1899)* de Emília Freitas; *A judia Rachel* (*1886)* de Francisca Senhorinha da Motta Diniz. Essas autoras tiveram uma aproximação com o gótico radclifeano, tanto pelos temas fantasmagóricos ou pelo viés da loucura e da morte. No tocante a Maria Firmina dos Reis e suas obras as quais serão trabalhadas neste texto, o estilo gótico é uma presença constante, seja nos romances, nas poesias e até mesmo em seu diário como é expresso no texto *Uma Lágrima sobre um Túmulo,* escrito no ano de 1853.

> Era a hora do silêncio e do repouso, hora mágica – misteriosa--grande- sublime-majestosa como Deus! Triste, melancólica como a imagem do túmulo ... [...] Doze horas soaram ... A noite estava silenciosa – e erma. E eu estava sobre o cume do rochedo... Era o silêncio dos túmulos que ai reinava!!! [...] E eu chorava porque a meus pés estava um túmulo!!!E as estrelas que prateavam a abóbada celeste, – e o mar que alvejava no seu leito, e a brisa do Sul que rociava as faces, – e o verme, que se arrastava para sua presa, – e o orvalho que se pendurava das ramas – esta-

> vam mudos e tranquilos. Só eu tinha o coração opresso por isso a meus pés estava um túmulo! (MORAIS FILHO,1975, s/p).

O fragmento acima dá a dimensão das características góticas expressas por Maria Firmina dos Reis em seu diário, quando ela busca mostrar sua tristeza pela perda de alguém muito querida. Assim como em seu romance *Úrsula* (1859) aqui também percebemos como o espaço do cemitério toma uma dimensão como forma de mostrar a tristeza, a nostalgia sentida pela escritora.

Maria Firmina dos Reis escreveu *Úrsula* no ano de 1859, romance de viés abolicionista. O romance oferece um leque de elementos que nos direcionam a compreensão do tema em perspectivas diversas. A autora ao escrever uma obra abolicionista faz com que sua literatura traduza o pensamento dominante da época retratando o que a sociedade no dizer de Antônio Torres Montenegro (1988) "projeta, modula e antecipa como futuro".

Úrsula tem como enredo uma história de amor mesclada às perseguições, assassinatos, loucura, desavenças familiares, relatos de sofrimentos dos negros escravos, Mãe Susana, Tulio e Antero. O enredo começa contando a história de Tancredo, bacharel da Academia de São Paulo, que após uma decepção amorosa, sai de casa fugindo das maldades do pai e da traição da mulher que amava. Galopando em seu cavalo e sem rumo, sofre um acidente em um bosque perto da casa de Úrsula. É salvo por Túlio um escravo da mãe de Úrsula que o leva para casa de sua senhora para receber cuidados para sua enfermidade. Após passar por momentos febris e delírios Tancredo se recupera e no contato diário naquela casa se apaixona por Úrsula, que também começa a nutrir uma paixão por ele.

Mas, o vilão Fernando – o comendador, tio de Úrsula também sente uma paixão por ela e logo forma-se um triângulo entre Tancredo, Úrsula e Fernando que inconformado com o desprezo da sobrinha começa uma perseguição a Tancredo e Úrsula. Fernando assassina Tancredo no dia de seu casamento com Úrsula, o que leva a personagem a loucura. Fernando atormentado com a desgraça que causou termina seus dias em um convento assumindo a identidade de Frei Luís de Santa Úrsula "o louco".

As características góticas presentes no romance *Úrsula* (1859) como assassinatos, revelações, a presença constante da atmosfera noturna, o clima de melancolia, crueldade, violência e loucura, perseguições, obsessão, fazem da obra firminiana um romance extremamente voltado para o gótico. Como forma de analisarmos essas características góticas devemos em primeiro lugar recorrer ao ambiente no qual a história se desenvolve, sendo este um elemento classificado por Menon (2007) como de "maior expressão". É nesse ambiente que encontramos os espaços que representam uma literatura gótica como: o castelo, o espaço religioso e a natureza.

Maria Firmina dos Reis ao escrever sua *Úrsula* em lugar de castelos optou por privilegiar a natureza, e Norma Telles (1987) nos dá a dimensão dessa escolha ao expressar que as aventuras da heroína "não são por corredores escuros, labirintos e alçapões e sim pela floresta". A heroína Úrsula escapa do vilão não pela morte, mas pela loucura, sendo esta a forma pela qual ela se sentirá livre da opressão. No romance temos também como ambiente o cemitério lugar onde Úrsula refugiava-se para dar vazão as suas lembranças. Era lá que ao crepúsculo a personagem vagava como forma de estar perto daquela que fora sua grande companheira-sua mãe. Maria Firmina ao descrever esse momento induz seu leitor a perceber o quanto é dolorosa as visitas de Úrsula ao cemitério: "Úrsula, a essa hora do crepúsculo, desatinada por tantas dores [...] de joelhos beijou a terra úmida, e ainda revolta pelo alvião: e o pranto amargo, que vinha lá dos abismos de sua alma, eram a mais sincera expressão da sua dor – e a mais grata prece ao altíssimo". (REIS, 2004,p.155).

Maria Firmina utiliza outros espaços como forma de reforçar os efeitos do horror na narrativa. Assim acontece na perseguição de Fernando a Úrsula e Tancredo. Fernando P..., num instinto animalesco crava o punhal nas costas de Tancredo que sem forças diz: "Mataste-me! Farta-te de sangue, fera indômita e cruel! [...] Fernando P...., essa menina [...]ama-me muito para poder esquecer-me e; odeia-te muito para poder perdoar-te. O teu amor será a punição do teu crime". (REIS, 2004, p. 215).

A análise do perfil da personagem Fernando P.. leva-nos a buscar resposta nas palavras de Foucault quando diz que não podemos perceber uma exclusão entre loucura e crime, mas sim uma união entre eles. Para Foucault o indivíduo pode representar um pouco mais de insanidade e um pouco mais de criminoso, no entanto "até o fim a loucura mais extremada será assombrada pela maldade" (FOUCAULT, 2005, p. 138).

Nas narrativas góticas o vilão destaca-se sempre por ser possuidor de uma força tirânica e imbuídos de uma perversa maldade, em contraponto às virtudes dos heróis e das heroínas. Em *Úrsula* Maria Firmina dos Reis deixa explicita as características de viés gótico, ao criar um personagem como Fernando P...., uma figura aristocrática, portador de um poder inquestionável, de vontades superiores, de suprema arrogância e porque não dizermos um assassino em potencial. Todas estas características inerentes ao personagem Fernando P.... são detalhadas pelo narrador ao longo do romance nas muitas tentativas do comendador em forçar sua união com Úrsula. Em sua insanidade Fernando P.... investe para cima da escrava Mãe Susana, como forma de buscar resposta para o esconderijo de Úrsula. "Susana! Hás de pagar-me! – Bradou fora de si – não zombarás de mim impunemente [...]. Que me tragam sem detença Susana! [...] que a tragam de rastos. Que a atem *à* cauda de um fogoso cavalo, e que fustiguem sem piedade, [...].

A paixão obsessiva que Fernando nutri pela sobrinha é que torna a narrativa recheada de horrores, de medo suscitado nas personagens e que vão consequentemente influenciar os leitores em relação à obra. Destarte, pensamos na importância do historiador como leitor de uma obra, identificar sua época contemplando estratégias nos prefácios e nas notas que, os autores empregam para escrever suas obras e a forma como o literato autoriza o leitor a interpretar seu texto. Dessa forma foi possível adentrar no viés da loucura, tema este que Maria Firmina dos Reis explora em suas obras *Úrsula* (1859) e o conto *A Escrava* (1887).

Algumas escritoras do século XIX tornam frequentes em suas obras preocupações como metáforas de aprisionamento, obsessão, mal decorrente de ansiedade, e até mesmo da socialização por viverem excluídas numa sociedade patriarcal. De acordo com Norma Telles (2017) no século XIX, a maioria das escritoras travavam uma luta sozinha, sendo este isolamento a ser tratado como "enfermidade, alienação e loucura". Ao começar a escrever as autoras conscientes ou inconscientes começam a questionar valores sociais, mesmo de forma tímida criticavam a sociedade e contestavam os padrões geradores daquele paradigma. Assim projetavam seus "impulsos subversivos" em suas personagens com viés grotescos, deformados, cruéis, apaixonados e melodramáticos. Era como se o ato de escrever fizesse surgir à figura da louca, como se a autora e personagem tomassem a mesma dimensão.

Para que se tenha uma noção maior sobre a loucura podemos adentrar por caminhos diferentes, um deles é entender se a origem da loucura está ligada ao distúrbio mental, o outro é na forma como forma como a sociedade estabelece a convivência da pessoa chamada de louca. Michel Foucault em seu livro a *História da loucura* indica que a noção de loucura como existe no século XIX "formou-se no interior de uma consciência histórica, e isto de dois modos: primeiro porque a loucura em sua aceleração constante forma como que uma derivada da história; e, a seguir, porque suas formas são determinadas pelas próprias figuras do devir" (FOUCAULT, 2005, p.375).

A construção da personagem louca para Maria Firmina dos Reis assim como para outras escritoras, representa uma tentativa de "auto articulação", tendo como apresentação uma figura imbuída de raiva e destruição que coloca todo o sentimento para fora. Maria Firmina dos \Reis assim como outras escritoras ao projetar sua angustia, seu mal-estar na construção da figura da louca, "esteja tanto se identificando quanto revisando a definição que a cultura lhe impôs" (TELLES, 2017, p.5/9/). E aqui podemos dizer que acontece a interiorização da autora. É nesse momento que escritoras e em especial Maria Firmina dos Reis se tornam introspectivas, dando vazão a todo comportamento que a sociedade da época impôs a elas.

Os personagens loucos criados por Maria Firmina dos Reis são resultados de perseguições e de atrocidades. Úrsula fica louca após ver seu marido ser assassinado pelo seu tio, o vilão Fernando P...,e em sua loucura consegue vingar-se dele amaldiçoando-o, vendo-o rastejando pedindo-lhe perdão e corroído por remorsos. Fernando P....,em seus delírios de remorsos também fica louco, por não ter a mulher por quem tantos anos dedicou seu amor obsessivo. Assim, a loucura coloca num mesmo patamar um homem poderoso, cruel e uma jovem indefesa, cada qual tendo "um motivo diferente extraído de sua identidade programada socialmente perdida em percursos que não conduzem a novos lugares" (TELLES, 2017,p. 5/8).

No conto *A Escrava,* publicado na *Revista Maranhense* ano de 1887, Maria Firmina dos Reis trata a questão da loucura em outra perspectiva. Aqui o elemento gótico se encontra na forma como a escrava Joana articula uma loucura para fugir das atrocidades do seu senhor. Numa sociedade escravocrata pessoas acometidas de doenças como a lepra, as loucuras representavam os excluídos da sociedade tornando-se sem visibilidade alguma perante outras pessoas. Como vimos, no século XIX a loucura passa a ser tema principal na literatura e nas artes. Segundo Foucault (2005) este é um espaço onde o louco não é visto como uma figura boba, mas sim como detentor da verdade. E aqui Maria Firmina dos Reis mescla sua arte literária com a realidade de uma sociedade escravocrata.

A escrava Joana depois de passar por muitos sofrimentos cria estratégias para fugir das atrocidades cometidas pelo seu senhor, fingindo-se de louca. A historiografia tem indicado que muitos escravos se fingiam de loucos para fugirem do sistema escravocrata. Assim como eram acometidos pelo banzo, doença crônica em consequência da saudade dos seus, de sua pátria – a *África* e dos maus tratos recebidos e pela perda da liberdade.

Os escravos usavam de muitas estratégias para fugirem das maldades dos seus senhores e dos capitães do mato e uma delas era fingir-se de loucos. O ato de fugir, permanecer escondido, longe dos senhores e dos capturadores era como uma arte, e tudo tinha que ser muito planejado. O escravo tinha que estar atento para o momento certo da fuga. Tinham que pensar as direções e caminhos a seguir, estar por dentro das redes de proteção e solidariedades a serem acionadas e as precauções serem tomadas. A forma como a escrava Joana foi encontrada por uma senhora abolicionista evidencia esta questão.

A escrava foi encontrada pela senhora abolicionista, por meio de gritos lastimosos, soluços angustiados que chegaram aos ouvidos da senhora que observou: "uma mulher correndo, em completo desalinho [...] segui-a , ela apavorada, trêmula, deu meia volta em torno de uma grande mouta, e colando-se no chão nela se ocultou" (REIS,2009,p.245). A escrava Joana se esconde por ser caçada como um animal pelo feitor, e no imaginário de Maria Firmina a escrava está tomada de medo, ela tem certeza que sendo encontrada será severamente castigada. A construção do personagem perseguidor confirma todo o tratamento dado aos escravos fugidos. "Inferno! Maldição! Onde estará ela? Tú me pagarás! Maldita negra! [...] Hei de encontrar-te; mas, deixa estar eu juro, será esta derradeira vez que me incomodas. No tronco no tronco: e de lá foge! (REIS, 2009, p.244).

A loucura de Joana tem um motivo além das chicotadas que levava. Ela, como muitas mães escravas, presenciou seus filhos de oito anos serem vendidos para o Rio de janeiro. E ao perder seus filhos para o mercado dos escravos, mostra por meio de sua loucura as verdades explicitas no sistema escravocrata. A loucura imaginada por Maria Firmina do Reis faz "renascer da doença a verdade da obra" (FOUCAULT, 1978, p. 528). Assim ela relata a história da escrava Joana:

> Um homem apeou-se a porta do Engenho, onde juntos trabalhavam meus pobres filhos – era um traficante de carne humana. Este abjeto, e sem coração! Homem a quem as Lágrimas de uma mãe, não podem comover, nem comovem os soluços do inocente. (...) Alonguei os ouvidos; as vozes se aproximavam. Em breve reconheci a voz do senhor. Senti palpitar desordenadamente meu coração; lembrei-me do traficante.
> Corri para meus filhos, que dormiam, apertei-os ao coração. Então senti um zumbido nos ouvidos, fugiu-me a luz dos olhos e creio que perdi os sentidos.
> A! Minha senhora! Abriu os olhos. Que espetáculo! Tinham metido adentro a porta da minha pobre casinha e nela penetrado meu senhor, o feitor, e o infame traficante.
> Ele, e o feitor arrastavam sem coração, os filhos que se abraçavam a sua mãe.
> - Por Deus, por Deus, gritei eu, tomando a mim, por Deus, levem-me com meus filhos!
> -Cala-te! Gritou meu feroz senhor. - Cala-te ou te farei calar.
> -Por Deus, tornei eu de joelhos, e tomando as mãos do cruel traficante:...meus filhos! Meus filhos!
> Mas ele dando um mais forte empuxão, e ameaçando-os com o chicote, que empunhava, entregou-os a alguém que os devia levar. (REIS, 2009, p.256-257).

Em seu delírio de moribunda a escrava Joana clama por seus filhos, pois ela com certeza sabe que jamais estarão juntos novamente. Assim era na realidade na sociedade escravocrata no Brasil. A Lei de 1871 chamada Lei do ventre Livre dava brechas para que muitas crianças fossem negociadas por seus proprietários devido a alienação mental da mãe.

Procuro em meus devaneios entender como Maria Firmina dos Reis tratou tão profundamente a questão da loucura em suas obras. Possivelmente ela, como uma cidadã politizada que era, além da inspiração do estilo gótico tenha também se inspirado nos relatos de alienação mental que os jornais da província faziam sobre o Hospício Pedro II no Rio de janeiro. Este hospício foi inaugurado no ano de 1852, e era para lá que o Estado levava as pessoas acometidas de loucura, tornando-as sem visibilidade para a sociedade. Nesse momento o tema da alienação mental ganhou maior relevo.

A partir do século XIX a medicina a serviço do Estado passou a exercer um intenso controle sobre a sociedade. Este controle tinha como objetivo normatizar a vida pública e privada da população, e em especial as mulheres estabelecendo normas e condutas a serem praticadas na sociedade. Utilizando de diversas teorias, a medicina e em especial a psiquiatria buscou justificar a loucura das pessoas que não obedeciam aos padrões estabelecidos pela nova ordem social, moral e jurídica. Mediante história da psiquiatria no Brasil o conceito de loucura torna-se variável, comportamentos que são estabelecidos como "sintomas" mudam conforme o momento, atendendo aos interesses culturais, políticos e social, e dentro desse contexto o olhar inquisidor da medicina voltava-se para algumas categorias, como as mulheres e em especial as mulheres negras como bem expressa Maria Clementina da Cunha "a degeneração e a loucura são inerentes à visão das negras" (CUNHA,1983, p.184 citada por CALEIRO,2017, p.06).

Outra possibilidade que vejo é o Mercado dos escravos – Cafua das Mercês, que havia em São Luís construído no século XVIII. Nesse mercado eram vendidos os escravos que desembarcavam do Portinho, e os que eram destinados a outras províncias, incluindo as crianças. E provavelmente Maria Firmina dos Reis tenha presenciado ou escutado algum relato de escravas que viram seus filhos serem vendidos para o Rio de janeiro para serem revendidos para outras províncias.

Maria Firmina dos Reis imbuída de todo esse conhecimento, mostrando tanto em *Úrsula* (1859) com a história de um amor marcado por vinganças e assassinatos, quanto no conto *A Escrava* (1887) a venda de seres humanos, procurou fazer de suas obras um alerta para a sociedade maranhense. Ao tratar de assuntos como a escravidão, à alienação mental no período escravocrata, ela abre espaço para que nós historiadores possamos dialogar com estes caminhos entrecruzados: a Literatura e a História.

Referências

BATIGNIANI, Rosangeli de Fatima. *Caminhos entrecruzados: história, escravidão e literatura em Úrsula (1859) e As Vítimas Algozes: quadros da escravidão (1869).* Dissertação de mestrado- Universidade Estadual de Montes Claros – Unimontes, Programa de Pós-Graduação em História Social /PPGH, 2016

CALEIRO, Regina Célia Lima. *O inferno e a redenção: a história das mulheres na ficção de Aluísio de Azevedo.* Anais do II Seminário Nacional de Pesquisa em História Social: Leituras do Poder. UNIMONTES, 2017.

CALEIRO, Regina Célia Lima. *Gênero sem Razão. Revista Multidisciplinar das Faculdades* Pitágoras, 2007.

FOUCAULT, Michel. *História da loucura: na Idade Clássica.* [Tradução de José Teixeira Coelho Neto]. 8 ed. São Paulo: Perspectiva. 2005.

GOMES, Flavio dos Santos. *Jogando a Rede, Revendo as Malhas: fugas e fugitivos no Brasil Escravista.* In: Revista Tempo, Rio de janeiro, vol.1.1996, p.67-93

MENON, Mauricio Cesar. *Figurações do gótico de seus desmembramentos na literatura brasileira*; de 1843ª 1932. Tese de Doutorado em Letras. Faculdade de Letras de Londrina, Paraná: UEL, 2007.

MONTENEGRO, Antônio Torres. *Abolição.* São Paulo: Ática, 1988.

MORAES FILHO, José Nascimento. *Maria Firmina: fragmentos de uma vida.* São Luís: Governo do Maranhão, CEOCSN, 1975.

MUZART, Zahidé Lupinacci. *Sob o signo do gótico: o romance feminino no Brasil, no século XIX.* In. Associação F Internacional de Lusitanistas, Veredas, Santiago de Compostela, 2008.

REIS, Maria Firmina dos. *Úrsula. A escrava.* Atualização e posfácio de Eduardo de Assis Duarte. Florianópolis: Mulheres; Belo Horizonte: PUC – Minas, 2009.

TELLES, Norma. Textos: *Sonhos e iluminações das mulheres loucas da literatura.* In Escrita (Revista de Literatura) Ano XIII – n. 39 - 1988, pp.22-26.mmm

Maria Firmina dos Reis: Incursões poéticas no cenário oitocentista

Jéssica Catharine
Barbosa de Carvalho

Maria Firmina dos Reis foi escritora e professora de primeiras letras, no século XIX, em uma pequena cidade no interior da província maranhense, reconhecida entre seus contemporâneos e atualmente como atuante tanto na imprensa do período quanto na instrução de jovens na Vila de Guimarães, como professora de primeiras letras. Sua primeira e mais conhecida obra é o romance *Úrsula* (1859), em que salta nas pesquisas o aspecto antiescravagista impresso na narrativa, o que faz da escritora importante nome da Literatura Negro-brasileira[44]. Mas, para além de sua produção em prosa, sua participação na

44 Cuti (2010) defende o conceito de Literatura Negro-brasileira, sobre o qual fundamentamos o estudo acerca da obra de Maria Firmina dos Reis, enfatizando o caráter consciente e político de suas produções. Essa literatura é tomada como vertente da literatura brasileira, questionando as bases de formação do cânone nacional, que oblitera ou estereotipia a imagem, a resistência, a intelectualidade do sujeito negro, bem como outros aspectos

imprensa ocorreu por meio de poesias publicadas, entre as décadas de 1860 a 1900, em diversos jornais maranhenses, como *O Jardim das Maranhenses*, *Eco da Juventude*, *A Verdadeira Marmota*, participação na coletânea *Parnaso Maranhense* (1861), publicação do livro de poesias *Cantos à beira-mar* (1871), entre outros, que lhe renderam reconhecimento do público e comentários positivos sobre sua produção.

Assim, neste estudo, abordam-se alguns desses textos e temas com dois objetivos: analisar de que forma suas poesias e participação na imprensa relacionam-se com sua produção em prosa; e considerar sua produção poética como expressão dos sentimentos vividos como sujeito inserido no meio social. Para tanto, recorre-se às pesquisas de Zahidé Muzart (2003), em seu estudo sobre a imprensa feminina no Brasil e a publicação de textos como forma de emancipação; Conceição Evaristo (2009), e a noção de Escrevivência elaborada em seus estudos de Literatura Negra, que considera, além do ponto de vista do texto, a experiência do sujeito ligada à sua produção; e Teresinha Queiroz (2011), abordando a produção literária feminina no século XIX como uma atividade não aceita pacificamente quando subvertiam os temas frívolos a que eram destinadas as mulheres. Esses estudos contribuem para pensar a participação da mulher na vida social, assim como problematizam o modo como o sujeito empírico transforma-se em eu-lírico para a construção do texto literário. Considera-se a experiência expressa pela escritora em seus textos, sendo suas poesias mais uma das formas de compreender sua atuação ao subverter um padrão vigente para as mulheres, no seu caso uma mulher negra, inserindo-se no meio letrado.

No período em que atuou Maria Firmina dos Reis, a escrita feminina não era uma atividade considerada profícua para mulheres, afinal, dependendo do local e do contexto em que viviam, muitas sofriam ataques por essa atividade, além de serem rotuladas de ma-

que retiram desse sujeito seu próprio caráter humano. Para Cuti, Maria Firmina dos Reis é uma das precursoras dessa literatura, construindo um "eu" narrador negro-brasileiro, com voz marcadamente afrodescendente em sua obra inaugural, o romance *Úrsula*, e também em outras produções.

neira negativa socialmente, caso desejassem seguir a carreira pública como escritoras. Conforme Queiroz (2011, p. 204):

> A leitura e a escrita de romances, no século XIX, conquistavam o universo feminino e pareciam bastante adequadas às mulheres. Tanto a leitura quanto a escrita dos romances permitiam às mulheres o acesso a novos espaços geográficos, sociais, culturais e humanos, através das descrições detalhadas de estados psicológicos interiores e de cenas exteriores. [...] Nesse século, o romance atinge o apogeu como gênero, ao tempo em que as mulheres passam a ter forte presença como escritoras e como leitoras. Entretanto, essas novas práticas não são aceitas passiva e pacificamente em virtude dos deslocamentos sociais que propiciavam, às vezes silenciosos, mas quase sempre tagarelas, que eram vistos como desconfiguradores dos papéis atribuídos a cada sexo.

Assim, escrever no século XIX, para as mulheres, poderia significar uma afronta ao funcionamento da sociedade, marcada pela figura do homem em atividades intelectuais e a mulher nas atividades domésticas. Na atividade da escrita, aos homens era importante tratar de questões filosóficas e sociais, enquanto às mulheres, quando lhe era permitido ler e escrever, estavam destinadas apenas aos temas pouco ligados ao convívio social. A participação na imprensa, igualmente, era mais aceita para os homens, apesar da existência de jornais destinados ao público feminino, alguns dedicados a reafirmar a cultura patriarcal, e outros permeados pela questão educacional e reflexões acerca do papel da mulher, afirmando um desejo de emancipação, que somente mais tarde teria eco expressivo. Conforme Duarte (2016, p. 25), "A emancipação intelectual, política e social da brasileira ficou, assim, a mercê de forças que ora a impulsionavam para a frente, ora a queriam estacionada na ignorância e na dependência."

Nesse contexto de tímida entrada das mulheres no mundo das letras, a partir do acesso às escolas, as revistas e os jornais que circulavam na sociedade eram os principais meios para que exercessem aquilo que aprendiam aos poucos. O aprendizado da leitura leva esse público aos romances folhetins, e logo aos volumes completos de romances europeus, considerados perigosos em virtude dos comentários que tinham origem em países como a França e o talento de George Sand, considerada um antimodelo feminino e péssima influência para as leitoras (QUEIROZ, 2011, p. 204).

Havia, assim, o local fixado de postura social da mulher, e as leituras poderiam provocar mudanças indesejadas. Mas esse movimento foi inevitável, afinal, tanto o público feminino entrou em contato com tais escritos perniciosos, quanto manifestaram suas críticas sobre eles, e também produziram seus próprios textos literários, fundando espaços para isso, confrontando instituições limitadoras calcadas na percepção da mulher como sujeito passivo, como a escola, a família, a Igreja, instituições legitimadoras da opressão e importantes para a construção da imagem da mulher esposa e mãe, distante de atividades intelectuais.

Maria Firmina dos Reis, em registro do seu *Álbum de lembranças*, uma espécie de diário onde mantinha registros espaçados de sua vida, desenvolve um texto dividido em três partes sob o título "Resumo da minha vida", em que podem ser verificados diversos escritos que informam sobre vida da mulher na sociedade oitocentista, e por meio do qual são narrados sentimentos de desesperança em relação a muitos aspectos de seu estar em sociedade:

> De uma compleição débil e acanhada, eu não podia deixar de ser uma criatura frágil, tímida, e por consequência melancólica: uma espécie de educação freirática veio dar remate a estas disposições naturais. Encerrada na casa materna, eu só conhecia o céu, as estrelas e as flores, que minha avó cultivava com tanto esmero; talvez por isso eu tanto ame as flores; foram elas o meu primeiro amor. Minha irmã... minha terna irmã, e uma prima querida, foram as minhas únicas amigas de infância; e nos seus seios eu derramava meus melancólicos e infantis queixumes; por ventura sem causa, mas já bem profundos. (REIS apud MORAIS FILHO, 1975, s/p.)

Nesse texto, a escritora menciona o poder opressor da instituição escolar e a insatisfação com relação à sua tímida presença na vida de diversas mulheres, entre outros aspectos que se confundem com outros registros de mulheres do século XIX. A casa materna, ou o ambiente interno e distante das rodas sociais, apenas na companhia de outras mulheres, dão termo às *disposições naturais* que revelam uma fragilidade contestada pela própria escritora, ao inserir-se em meio público, por meio de seus trabalhos como escritora e professora. Assim, ao mesmo tempo em que é reconhecida a tentativa de distanciar a mulher da vida pública, toma-se isso como mote para questionar o papel social destinado a elas.

O sentimento de insatisfação pode ser reconhecido também no poema "Minha Vida", publicado na coletânea *Parnaso Maranhense*, em que, já na primeira parte, observa-se a construção de um eu-lírico melancólico. Além deste sentimento, tem-se a percepção da vida de maneira negativa, destacando-se a tristeza e a solidão dos dias, mas não sem a busca da menor beleza que possa *se harmonizar* com os sentimentos do eu-lírico, visto que mesmo os movimentos da natureza parecem expressar uma espécie de aflição intransponível:

> Um deserto espinhoso, árido e triste
> Atravesso em silêncio. Erma solidão!...
> Nem uma flor, que ameigue estes lugares.
> Nem uma voz que amenize o coração!
>
> *É tudo triste... e a tristeza acaso*
> Convém a minha alma?...oh dor! oh dor!...
> Eu amo acalentar-te no imo peito,
> Como a fragrância, que se esvai da flor.
>
> Secas as folhas pelo chão caídas.
> Calcada aos pés, o seu ranger me apraz;
> Um ai sentido como que murmuram.
> Que lembra as queixas, que o proscrito faz.

> E atenta eu escuto esse gemer queixoso,
> Que com minha alma triste se harmoniza,
> Não sei se ameiga as dores; mas ao menos
> Meus profundos pesares – ameniza. (REIS, 1861, p. 223-224)

O encontro entre o sentimento de melancolia e a percepção da vida de maneira triste possibilita pensar a relação entre a narração da escritora sobre o reconhecimento de seus sentimentos e a visão do eu-lírico sobre si. O *atravessar em silêncio* demonstra a compreensão da solidão que a ronda, bem como o olhar sobre o menor dos movimentos que possa, de alguma forma, amenizar a desesperança crescente. O olhar e compreensão de seu estar no mundo de maneira solitária tece relações com a concepção de vida das mulheres no século XIX, vistas com a função primordial de cuidar do lar e da família, construindo-se um imaginário ideal pautado na domesticação das mulheres, reforçando a construção ideológica desse sujeito e amarras que criavam temor para elas.

No entanto, muitas mulheres buscaram entender esse contexto e modificá-lo utilizando-se de diversos meios, entre eles a escrita. Muzart (2003) destaca a amplitude de jornais editados por mulheres ou que recebiam a participação desse público na imprensa de maneira positiva. Mas, para além das iniciativas e grande quantidade de produção, salienta-se o quanto as mulheres escritoras tornaram-se desconhecidas. Para Muzart, esse fato é, antes de tudo, um esquecimento político, afinal, muitas iam além da ordem pré-estabelecida, causando desconfortos que poderiam desestabilizar um pensamento vigente:

> Observa-se que aquelas [mulheres] que compactuaram com o *status quo*, que compactuaram com ditaduras e opressões, ou simplesmente foram senhoras burguesas bem comportadas, essas foram muito louvadas. Na verdade, o esquecimento de escritoras do século XIX é um esquecimento político. (MUZART, 2003, p. 227)

Assim, tem-se que muitos escritos e suas autoras foram obliterados pela crítica e deixados fora de caminhos da tradição literária que pudessem leva-las ao reconhecimento, perdendo-se também muito do desenvolvimento do pensamento feminino durante décadas, afinal, uma das estratégias para barrar o desenvolvimento desses escritos foi a desqualificação dos textos e de suas autoras. Conforme Lobo (2014), muitas dessas mulheres foram marcadas pela denominação de loucas por sua desobediência ao modo tradicional de organização da sociedade. Além disso, durante muito tempo "o fulcro do questionamento sobre a literatura de autoria feminina é a vitimização" (LOBO, 2014, p. 30), reafirmando-se o papel passivo destinado a sujeitos marginalizados. Em relação às mulheres, a loucura destituiria sua rebeldia para mudar legitimamente uma condição imposta, assim, mostrava-se como estratégia competente para torná-las cada vez mais distantes da emancipação.

Dessa forma, enfatizam-se nos estudos atuais as ações dessas mulheres, inclusive por meio da literatura, por mais que o apagamento dessa resistência tenha alcançado frutos consistentes durante tantos anos. Para além de um otimismo ainda precoce para surgir, mesmo na atualidade, poder reconhecer vozes escondidas possibilita mudanças importantes, que dia após dia aspiram emergir. Mesmo nesse conluio de perdas, algumas mulheres conseguiram ganhar espaços para, hoje, terem suas reflexões (re)descobertas a partir de um ponto de vista que, ao mesmo tempo em que situa escritos aos seus contextos e desejos de emancipação, propõe o exercício de repensá-los no momento atual. Ver os escritos das mulheres no período, bem como o crescimento de periódicos dedicados a promover a emancipação feminina, é observar o nascimento de uma postura feminista mesmo antes do florescimento do movimento de maneira incisiva, afinal, o pensamento de mudança é anterior à organização formal, especialmente visto o *contexto proibitivo* (DUARTE, 2014) questionado por essas mulheres.

Na província maranhense, o desenvolvimento da imprensa ocorria de maneira gradual, fruto das transformações socioeconômicas que aconteciam desde a capital, até outros espaços, em que o interesse pela escrita começava a surgir. Conforme Mendes (2013, p. 30), "A sociedade local, de natureza agrária, ligada à terra, começou a ceder lugar, embora lentamente, para uma sociedade urbana que tomou como exemplos os modelos de civilidade importados da Europa.", o que abriu caminho para novas formas de vida e sociabilidades. Esse movimento era comum a diversas capitais no país, o que proporcionava o desenvolvimento das artes, consideradas instrumentos de civilização e objetos de cunho político, bem como o incentivo aos homens de letras. Nesse meio, a escrita feminina surge juntamente com outras iniciativas. Os periódicos são publicados como instrumentos para notícias, emissão de opiniões e também com intenção artística e literária, explorando textos e autores locais, provocando o crescimento da aceitação.

Às mulheres maranhenses, havia espaço para publicação, público para a leitura das obras, bem como animação, mesmo que tímida e cheia de contradições em certos momentos, também frutos de um sentimento de temor comum ao tempo em relação ao crescimento da participação social e intelectual feminina. Maria Firmina dos Reis integrou esse meio com suas publicações, tendo reconhecimento durante anos, sendo uma das precursoras dessa tendência na província e no país. Seus escritos ocuparam as páginas de diversos jornais maranhenses e, ainda que a escritora não tenha tido reconhecimento fora do círculo literário a que pertencia, o diálogo entre sua produção e outras do mesmo período é evidente, mostra disso é o fato de ter sido uma das poucas mulheres a serem convidadas para publicar na coletânea *Parnaso Maranhense*[45].

45 O Parnaso Maranhense é uma coletânea de poesias de escritores que se destacaram no cenário literário maranhense. Foi publicado em 1861 pela Tipografia do Progresso, a mesma que divulgava a venda do romance Úrsula, tendo como alguns de seus objetivos tornar mais conhecida e apreciada a obra de grandes poetas maranhenses, livrando-os do esquecimento, e mostrar as tendências literárias brasileiras e sua forma de apreensão naquela província.

Na produção de Maria Firmina dos Reis, seus escritos são permeados por problemas atinentes a seu tempo, o que a faz integrante do meio letrado e refletem o desejo de socialização dos escritos e ideias. Além do romance *Úrsula* (1859) e das poesias, a escritora também publicou contos, como *A escrava* (1887) e *Gupeva* (1861; 1863, 1865), e outros escritos em que o estilo e as temáticas sociais permaneciam, assim como o tom destoante de alguns de seus escritos na sua relação com o Romantismo nacional, mesmo que a utilização de elementos formais e temáticos comuns ao movimento também estivessem presentes[46]. Em alguns dos periódicos em que Maria Firmina publicava, encontram-se elogios à sua escrita e ânimo à sua produção[47]. Um exemplo é o comentário acerca da publicação do seu livro de poesias:

> CANTO À BEIRA-MAR – É este o formoso título debaixo do qual vão ser impressas as poesias da talentosa maranhense D. Maria Firmina dos Reis, digna professora pública do ensino primário da freguesia de Guimarães. São bem conhecidos muitos dos seus mimosos versos; e por eles, sem dúvida, o público acolherá muito agradavelmente a coleção que se lhe promete. Se são dignos de admiração os frutos da inteligência e da animação quando é o homem que com eles vêm enriquecer as letras pátrias, mais o é sem dúvida, se partem do talento de uma senhora. Nem só mais

46 Nas principais obras de Maria Firmina dos Reis podemos observar a forma como os textos situam-se dentro e fora do Romantismo brasileiro. Luiz Oliveira (2016) estuda esse aspecto em análise do romance Úrsula, a partir do modo como o estilo da narrativa em seus suportes formais e temáticos estão de acordo com o movimento, ao passo que o tom marcadamente afrodescendente destoa do estilo literário vigente à época, ainda em sua fase nascente.

47 Um dos jornais em que Maria Firmina dos Reis mais atuou foi O Jardim das Maranhenses, mantido por mulheres e destinado ao público feminino, valorizando a escrita das senhoras e incentivando esse grupo a publicarem seus escritos, de forma a promover não apenas o reconhecimento das mulheres como escritoras, mas seu papel como produtoras de conhecimento e de obras dignas de serem apreciadas pelo público local, não simplesmente cultivadas no espaço privado. Em diversos números é citado a qualidade das produções da escritora, como no número 24, em que é anunciada a iniciativa de publicar o conto Gupeva: "Existe em nosso poder, com destino a ser publicado no nosso jornal, um belíssimo e interessante ROMANCE, primoroso trabalho da nossa distinta provinciana, a Exma. Sra. D. Maria Firmina dos Reis, professora pública da Vila de Guimarães; cuja publicidade, tendencionamos dar princípio do n. 25 em diante. Garantimos ao público a beleza da obra; e pedimos-lhe a sua benévola atenção. A pena da Exma. Sra. D. Maria Firmina dos Reis já é entre nós conhecida; e convém muito animá-la a não desistir da empresa encetada. (JARDIM DAS MARANHENSES, 29 set. 1861, p. 1)

> raros são os triunfos que neste gênero conquista em nosso país o belo sexo, como também importam eles mais vigor de talento e sentimento, e maior esforço para vencer os obstáculos que ainda dificultam entre nós ao sexo feminino uma instrução mais sólida e desenvolvida. (*Publicador maranhense.* 2 jan. 1871, p. 2)

No trecho citado a função de Maria Firmina dos Reis como professora é exaltada, como em outras ocasiões este e outros jornais o fizeram, além da menção à parca instrução ao sexo feminino. Como em outras notas sobre o trabalho da escritora, esta segue a regra de louvar a tentativa de inserir-se no mundo das letras, reconhecendo a dificuldade da empreitada e comparando-o à trajetória masculina, mais aceita e possível para publicação. Olívia Candeia (2011, p. 48) afirma que a conquista de uma melhor instrução formal foi uma das formas para a modernização do papel social da mulher, no entanto, elas só ocorreram de maneira acentuada no final do século XIX, momento em que a educação passa a ser entendida como fator de progresso.

Para os homens, essa transformação provocou temores, a ponto de, por algum tempo, utilizarem estratégias que pudessem barrar esse deslocamento de posição social das mulheres, ao que elas respondiam com outros métodos, como a utilização de pseudônimos masculinos em suas produções, meio utilizado com pouca frequência no Brasil, mas funcional para transpor a agressividade masculina. A mulher torna-se uma espécie de ameaça, e o reconhecimento vindo de uma ou outra nota, como a transcrita acima, fortalece o movimento de emancipação, mesmo que de maneira ainda difusa.

Observar o espaço em que Maria Firmina dos Reis publicava também é uma das formas de reconhecer sua postura frente às limitações de seu tempo, pois assim como *O Jardim das Maranhenses* valorizava e incentiva a presença do público feminino na escrita e leitura, outros jornais começavam a manifestar certo apresso pelos textos produzidos por mulheres. Além disso, sua participação na imprensa revela as teias sociais das quais a escritora era integrante, bem como suas relações e possibilidade advindas delas para seu trabalho como escritora. Santos (2016, p. 80-81), ao analisar as sociabilidades mantidas pela escritora, revela que seu primo, Francisco Sotero dos Reis, era um dos editores da Tipografia do Progresso que, além do romance *Úrsula*, também editava o jornal *A Imprensa*, o qual Maria Firmina dos Reis foi colaboradora. Dessa forma, as relações sociais estabelecidas podem ter contribuído para que seu nome e suas obras se tornassem mais conhecidos.

Ao analisarmos as poesias de Maria Firmina dos Reis procuramos relacioná-las à sua trajetória, utilizando seu *Álbum de lembranças* e os espaçados registros colhidos por Morais Filho (1975) em sua busca por reconstruir a história da maranhense. Tomar a autora como parte importante para a análise é uma posição que se vincula à noção de literatura negro-brasileira, por meio da qual se sustenta a importância da subjetividade do sujeito negro para a construção do texto literário.

Conceição Evaristo (2009) aborda essa questão afirmando a importância da subjetividade para a construção do texto literário, apropriando-se do esquema tradicional de teoria literária em relação às bases autor-obra-público, para reivindicar o papel do autor como central para a análise literária. A autora o faz a partir da noção de Escrevivência, por meio da qual refrata o olhar sobre o ponto de vista e, por vezes, para a experiência do sujeito empírico que constrói a narrativa literária. Maria Firmina, mulher negra, vivendo em meio ao regime escravista de uma sociedade patriarcal, poderia ter algo a dizer sobre o mundo a partir desse ponto de vista e desse lugar experenciado, na análise aqui empreendida afirmamos a perspectiva de que ela o fez.

Nos termos de Evaristo (2009, p. 18): "Em síntese, quando escrevo, quando invento, quando crio a minha ficção, não me desvencilho de um 'corpo-mulher-negra em vivência' e que por ser esse 'o meu corpo, e não outro', vivi e vivo experiências que um corpo não negro, não mulher, jamais experimenta.". Para este trabalho, analisa-se a poesia da escritora como expressão dos sentimentos vividos como sujeito social, dessa forma, a concepção de escrevivência possibilita a relação entre o eu-lírico construído em suas poesias com as narrações que constam em seu *Álbum de lembranças*, desvendando sua postura social articulada com sua produção poética.

Para esta relação entre a poesia e o *Álbum de lembranças* há alguns de seus escritos em que o tom poético e o estilo utilizado para a construção do texto mostram-se semelhantes, como o poema *"No álbum de uma amiga", publicado em Cantos à beira-mar*:

D'amiga a existência
Não queiras provar,
Há nelas tais dores,
Que podem matar.

O pranto é ventura,
Que almejo gozar;
A dor é tão funda,
Que estanca o chorar.

Se intento um sorriso,
Que duro penar!
Que chagas não sinto
No peito sangrar!...

Não queiras a vida
Que eu sofro - levar,
Resume tais dores
Que podem matar.

E eu as sofro todas, e nem sei
Como posso existir!
Vaga sombra entre os vivos, - mal podendo
Meus pesares sentir.

Talvez assim deus queira o meu viver
Tão cheio de amargura.

> P'ra que não ame a vida, e não me aterre
> A fria sepultura. (REIS, 1976, p. 67-68)

A temática explorada no texto encontra eco na própria vivência da mulher no século XIX, com a imposição do ambiente interno e compreensão da vida escapando em meio às reações para transformar o sentimento de *dor* que assola esse eu-lírico. A noção da mulher como inferior ao homem ou como mais frágil e menos apta a trabalhos intelectuais marca o pensamento de toda uma época, reafirmando-se um papel social isolado da vida pública. Peter Gay (1988), ao estudar a experiência burguesa do século XIX, afirma que diários, cartas de família, manuais do lar e outros documentos íntimos são ricas fontes para analisar a experiência desses sujeitos, especialmente as mulheres, bem como para identificar dissimulações, frutos da necessidade de romper com certos padrões. Em reações sutis pela busca dos seus direitos a partir de pequenas subversões, os diários serviam como documento para expor suas insatisfações, mesmo que de maneira inconsciente, assim como poesias aparentemente simples, depois divulgadas em outros meios, como em jornais literários ou coletâneas de poesias, como o fez Maria Firmina dos Reis. Nesses documentos há relatos que indicam muito mais do que a resignação, pois aparece latente o desejo de mudança.

Desde a primeira estrofe demonstra-se uma percepção negativa de se estar no mundo, o que não é vida, mas simples *existência*. O choro estancado pela tristeza profunda e resignada por imposição marcam a disciplina exigida para as mulheres, desqualificando-a para que permanecesse interna ao lar e passiva ao poder social masculino. Sobre a alegria, mesmo o sorriso não se mostra possível diante das amarguras, afinal, a vida em si não é vivida, o eu-lírico apenas sofre com um sentimento intraduzível, mas muito presente para ser escondido. Este sentimento indefinível aparece diversas vezes no *Álbum* da escritora, demonstrando seu desconforto diante de certas situações e amarras sociais.

A mudança de referência também é um dos aspectos que mostram o eco desse sentimento, ao iniciar com *D'amiga* como sujeito diferente sobre o qual se fazem afirmações, e logo depois colocar-se pessoalmente no texto por meio da primeira pessoa, além de desnudar a empatia, descortina a continuidade do duro tratamento para diversas mulheres, inclusive para as mulheres negras, em sua dupla marginalização e vítimas de violências muito mais fortes nessa sociedade, como também os sentimentos, a um só tempo, de resignação e insatisfação pelo que não se pode questionar. A felicidade aparece como uma noção distante, alcançável com uma única saída: a morte. Sentimento semelhante é exposto no *Álbum* de Maria Firmina dos Reis:

> Que será pois o que sinto? Amo a noite, o silêncio, a harmonia do mar, amo a hora do meio dia, o crepúsculo mágico da tarde, a brisa aromatizada da manhã; amo as flores, seu perfume me deleita; amo a doce melodia dos bosques, o terno afeto de uma mãe querida, as amigas de minha infância e de minha juventude, e sobre todas essas coisas amo a Deus; e ainda assim não sou feliz, porque insondável me segue, me acompanha esse querer indefinível que só poderá encontrar satisfação na sepultura. (REIS apud MORAIS FILHO, 1975, s/p.)

A felicidade, assim, não se alcança com os elementos naturais, tampouco com a devoção a Deus, por mais sincero e profundo que possa se mostrar esse amor. A Igreja, como instituição opressora, impunha para a mulher o temor da ira divina caso seu comportamento doméstico ou social ultrapassasse certos limites, assim, a obediência ao primeiro mandamento, Amar a Deus sobre todas as coisas, impunha-se como a ordem suprema. No entanto, para o mesmo sentimento intraduzível ou um *querer indefinível* resta a resposta desoladora: a morte, único meio para a satisfação das queixas às condições de sua *existência*.

A obra poética de Maria Firmina dos Reis também passa por diversas transformações. Possivelmente por conta do sucesso da temática indianista no Brasil entre 1845 a 1865, a escritora também enveredou para esses escritos, produzindo e publicando poesias e o conto *Gupeva*, sobre os quais imprimia um ponto de vista interessante, dentro e fora do Romantismo nacional. Conforme Candido (2000, p. 18), o indianismo no Brasil surge em virtude da busca pelo específico brasileiro, sobre o qual o índio tornou-se uma representação aceita e equiparável a personagens nobres europeus, apresentando-se com grande capacidade poética. No entanto, diante dos sentidos contidos nessa representação, de "reação contra os desmandos e violências do colonizador" (CANDIDO, 200, p. 19), sobressai a dificuldade de abordar o indígena diferente dos padrões europeus, assim, o olhar romântico, por vezes, reforçava a influência do pensamento do colonizador e sua força sobre o ideal brasileiro.

Para a análise da produção poética de cunho indianista de Maria Firmina dos Reis, pode-se destacar o poema "O canto do Tupi", publicado no jornal *Eco da Juventude* (1865), no qual a escritora insere seu olhar sobre a temática e constrói um eu-lírico que fala de si e de dentro da tradição indígena. A primeira pessoa marca a identificação desse sujeito, como ocorre em outras produções da escritora, seja a partir da voz da mulher, seja a partir da voz do sujeito negro, ambos os casos ocorrendo no romance *Úrsula*, seja por meio da voz do indígena, demonstrando consciência e orgulho pela sua cultura:

> Sou filho das selvas – não temo o combate.
> Não temo o guerreiro – guerreiro nasci;
> Sou bravo, – eu invoco do bravo o valor,
> Sou filho dum bravo, valente Tupi.
>
> Na marcha pra guerra, se invoco Tupã,
> Tupã me responde na voz do trovão;
> Entesa-se o arco, – desprende-se a frecha,
> E o fraco reclina o seu rosto no chão.

Sou filho das selvas – nas selvas nasci,
Sou bravo guerreiro, só amo o lidar;
Se tribo inimiga correndo aí vem,
Ao campo, sanhudo, vou só, pelejar.
Se sonho, nos sonhos eu vejo anhangá,
Que vela a meu lado, qual vela Tupã;
As vezes lhe escuto: guerreiro ao combate
Vai lesto, vai forte, mal rompa a manhã.

Eu vivo nas selvas – nas selvas imensas.
Que vastas se estendem nas terras do norte;
Se corro a peleja, bem sei que a vitória
Pertence ao meu braço, que é grande, que é forte.

Nas selvas do norte – nasci dum guerreiro
Que as tribos guerreiras fazia tremer.
Herdei-lhe esse sangue, seus brios herdei,
Valente como ele só sei combater.
(REIS. In: *Eco da juventude*, 5 fev. 1865, p. 7)

Nesse trecho do poema percebe-se o canto pela honra e caráter bravo e guerreiro do indígena, tema recorrente nas produções indianistas, como em *I-Juca Pirama* e *O canto dos Tamoios*, de Gonçalves Dias, pautados na história de coragem de seus protagonistas e o modo como enfrentam seus inimigos. A questão da força, e a recorrente construção de cenas em que é reforçado o fato de que o índio jamais deve fugir de um combate, marcam a representação desse sujeito nas produções indianistas. O poema "O canto do Tupi", seguindo a tradição romântica, exalta a figura do índio, e o louvor também se estende à ancestralidade do indígena, igualmente forte e guerreira. Além disso, percebe-se o peso dado ao espaço de origem, que o mantém capaz para a luta e é instrumento de proteção e segurança.

Para além da citação a aspectos da tradição indígena, analisar a poesia de Maria Firmina dos Reis e a menção a essa cultura passa por uma transformação importante em relação à religiosidade, quando comparado a produções como *Úrsula* ou mesmo seu *Álbum de lembranças*. Em grande parte de seus escritos sobressai a crença ao Deus cristão, a figura sagrada aparece durante todo o romance *Úrsula*, seja entre os personagens brancos, ou entre os personagens negros, brasileiros ou africanos. Do mesmo modo, no *Álbum*, mostra-se a crença em um Deus cristão de virtudes e amor infinitos. No entanto, nas produções indianistas, a religiosidade exaltada é a dos próprios indígenas, em especial na crença nas manifestações de Tupã, que trazem sentidos importantes para as tribos que nelas acreditam.

Como em "O canto do Tupi", também em *Gupeva* a manifestação de Tupã é mencionada, dando-se uma percepção positiva para elas. No entanto, pode-se inferir que a escritora não estava apenas seguindo as premissas do indianismo romântico, mas imprimindo o ato de rejeição ao cristianismo pelos indígenas como uma ação necessária, visto que havia, acima de tudo, a impossibilidade das forças do Deus cristão sobre os desejos dos homens, enquanto Tupã agia e falava com aqueles que acreditavam em sua manifestação:

> E prosseguiu: O que se passou porém nessa noite de tão amargurada recordação, só Deus e eu sabemos. O sedutor de Épica, mancebo, era um francês, um francês é um cristão; bem, desde essa hora eu deixei de o ser. Tupã não abandona seus filhos ... mancebo, eu não amo o Deus dos cristãos. O conde de ... era filho da igreja. (REIS, 1865 apud MORAIS FILHO, 1975, s/p.)

O conto, diferente de muitos textos românticos, não se fundamenta majoritariamente na história do encontro amoroso entre colonizador e colonizado, mas na história de vingança de Gupeva contra os franceses, no qual o indígena lamenta e vinga-se do mal provocado pelo colonizador europeu e sua imposição aos indígenas. A utilização da cultura e crenças indígenas para a construção narrativa reforça o caráter de rebeldia contra os valores impostos pelos colonizadores e, pensando no conjunto da obra de Maria Firmina dos Reis, demonstra seu conhecimento acerca da sustentação de um sistema de poder pautado pelas práticas colonizadoras, que podem ser contestadas, inclusive pela rejeição da religiosidade.

Maria Firmina dos Reis, como muitas mulheres do período, buscou reivindicar um lugar no mundo das letras, seguindo uma tendência ainda nascente de crescimento da escrita feminina no Brasil. Em seus textos, demonstra um ponto de vista próprio, mas vinculado às produções nacionais. Sua participação na imprensa reforça uma tentativa de subverter alguns padrões patriarcais, de forma que, mesmo mantendo o espirito melancólico em seus escritos, ultrapassa certos limites das construções sociais vigentes.

Para a compreensão de sua obra, a noção de escrevivência corrobora para pensar a importância da subjetividade da autora para o desenvolvimento de seus textos, afinal, dá a conhecer sentimentos que ecoam entre outras mulheres que viveram na sociedade patriarcal oitocentista, como também imprime seu ponto de vista a partir de seu lugar como mulher negra, sobre quem impunha-se o isolamento social. Seu papel como professora possibilita sua inserção em grupos sociais que acabam por motivá-la a seguir também como escritora, tendo recebido incentivos significativos para que se tornasse reconhecida, burlando, em parte, o sistema de opressão vindo de instituições limitadoras.

Estudar a obra de Maria Firmina dos Reis, como também de outras escritoras do período, possibilita notar que a passividade não era a atitude primordial para as mulheres no período, como faz crer a concepção comum sobre esses sujeitos. Contestar essa postura cristalizada no pensamento social traz à tona essas personagens esquecidas, que, em meio ao *contexto proibitivo*, de alguma forma faziam com que sua voz ecoasse. A produção poética de Maria Firmina dos Reis, bem como a publicação de seus textos na imprensa, afirmam a capacidade feminina de demonstrar sua intelectualidade, como também a compreensão do espaço literário como forma de divulgação de suas ideias sobre a vida e o mundo.

Referências

CANDIDO, Antonio. *Formação da literatura brasileira:* momentos decisivos. 6. ed. Belo Horizonte: Vila Rica Editoras Reunidas Ltda, 2000.

CANTO À BEIRA-MAR. *Publicador maranhense.* São Luís, ano 30, n. 1, 2 jan. 1871, p. 2.

CUTI. *Literatura negro-brasileira.* São Paulo: Selo negro, 2010.

DUARTE, Constância Lima. *Imprensa feminina e feminista no Brasil*: século XIX. Belo Horizonte: Autêntica Editora, 2016.

DUARTE, Eduardo de Assis. Por um conceito de literatura afro-brasileira. In: DUARTE, Eduardo de Assis; FONSECA, Maria Nazareth Soares (Org.). *Literatura e afrodescendência no Brasil*: antologia crítica. Belo Horizonte: Editora UFMG, 2014. p. 375-400. v. 4.

EVARISTO, Conceição. Literatura negra: uma poética de nossa afro-brasilidade. *Scripta,* Belo Horizonte, v. 13, n. 25, 2. sem. 2009, p. 17-31.

GAY, Peter. *A experiência burguesa da rainha Vitória a Freud:* a educação dos sentidos. São Paulo: Companhia das letras, 1988.

LOBO, Luíza. Um questionamento sobre a escrita de autoras da América Latina. In: MENDES, Algemira de Macêdo; CARVALHO, Diógenes Buenos Aires de. *Literatura e gênero*: relações de poder e representações literárias. Teresina: EDUFPI, 2014.

MENDES, Melissa Rosa Teixeira. Uma análise das representações sobre as mulheres no Maranhão da primeira metade do século XIX a partir do romance *Úrsula,* de Maria Firmina dos Reis. 149f. 2013. Dissertação (Mestrado em História Social). Universidade Federal do Maranhão. São Luís, 2013.

MORAIS FILHO, José Nascimento. *Maria Firmina: fragmentos de uma vida. São Luís: COCSN, 1975.*

MUZART, Zahidé. Uma espiada na imprensa das mulheres no século XIX. *Estudos Feministas,* Florianópolis, v. 11, n. 1, jan-jun/2003, p. 225-233.

OLIVEIRA, Luiz. *Úrsula* (1859), de Maria Firmina dos Reis: entre a razão negra e o projeto romântico. In *Atas do III Simpósio internacional de literatura negra ibero-americana.* Curitiba: UFPR/SCHLA, 2017. p. 105-114.

REIS, Maria Firmina. *Cantos à beira-mar. São Luís, 1976.*

______. Minha vida. In: *Parnaso maranhense:* coleção de poesias. São Luís: Tipografia do progresso, 1861, p. 223 - 225.

ROCHA, Olívia Candeia Lima. *Mulheres, escrita e feminismo no Piauí (1875-1950).* Teresina: Fundação Cultural Monsenhor Chaves, 2011.

SANTOS, Carla Sampaio dos. A escritora Maria Firmina dos Reis: história e memória de uma professora no Maranhão do século XIX. 126f. 2016. Dissertação (Mestrado em Educação). Universidade Estadual de Campinas. Campinas, 2016.

QUEIROZ, Teresinha. Amélia Beviláqua e a escrita feminina no Brasil. In: BORRALHO, José Henrique de Paula; BEZERRA, Nielson Rosa; GALVES, Marcelo Cheche (org.). ***Pontos, contrapontos não desvendados*:** os vários tecidos sociais de um Brasil oitocentista. São Luís: Café e Lápis Editora/UEMA//Capes, 2011. p. 175-203.

Maria Firmina dos Reis em diálogo com romancistas negras brasileiras

Fernanda Rodrigues de Miranda

Conceição Evaristo, escritora negra brasileira premiada cuja obra vem se destacando de forma crescente no circuito literário nacional e internacional, recentemente afirmou que "neste momento de celebração das exceções, a gente não pode esquecer a crueldade da regra"[48]. A regra é clara, para não dizer branca: o silenciamento, a subalternização da voz, o emparedamento que neutraliza a circulação – aspectos que historicamente atravessam a autoria negra no Brasil, salientando a densa invisibilização deste corpo autoral no texto nacional[49].

48 Conceição Evaristo, entrevista ao *Nexo Jornal*.

49 Uma radiografia do romance brasileiro contemporâneo e suas marcações autorais homogêneas foi realizada por Regina Dalcastagnè (2012), cuja pesquisa traça a ausência, sintetizada em números percentuais, do

Evaristo é poeta, romancista e contista. Seu livro *Olhos d'Água* ganhou o Jabuti na categoria Contos e Crônicas em 2015, falando sobre isso, ela afirmou em entrevista: "Foi preciso o prêmio Jabuti para comprovar que essa mulher negra não está neste espaço literário por intromissão. É porque ela escreve mesmo"[50].

Quando pensamos a autoria negra feminina a partir do gênero romance, a "crueldade da regra" é bastante palpável, dado o pequeno número de obras. Não obstante o *corpus* reduzido, a potência da dicção de autoras como Conceição Evaristo, Ruth Guimarães, Anajá Caetano, Carolina Maria de Jesus, Aline França, Ana Maria Gonçalves, Miriam Alves, mostram que o gênero é campo altamente fértil para a escrita de mulheres negras.

Fértil, porque no gênero romance pode-se ver melhor delineados os conflitos, os dissensos e disputas dos indivíduos frente à ordem social, pois a escrita dispõe de mais tempo e espaço para articular pensamentos e ideias acerca do imaginário, do concreto, dos devires, e suas implicações diante da história e dos caminhos subjetivos. No gênero romance, que é múltiplo e diverso por natureza, tanto os macroprocessos pertinentes ao social quanto as micropolíticas do cotidiano são articulados na tessitura narrativa através do triângulo sujeito, tempo e experiência, resultando em uma forma de escrita que se revela estrategicamente num instrumento cognitivo do mundo.

No Brasil, o gesto primeiro dessa escrita vem das mãos de Maria Firmina dos Reis. Uma escritora e intelectual negra consciente do seu tempo, e crítica a ele. Através da leitura da obra observamos que a escritora maranhense dialogou de forma consciente e ativa com o seu próprio presente, tanto histórico quanto literário[51].

---

corpo negro na narrativa, concluindo que a representação de pessoas negras no romance brasileiro se restringe a irrisórios 7,9% das personagens, somam apenas 5,8% dos protagonistas e 2,7% dos narradores. A pesquisa foca a literatura contemporânea e as publicações das grandes editoras, porém traça um panorama sintomático da disparidade de lugares de fala de personagens, narradores e autores que enunciam o romance brasileiro.

50 *Conceição Evaristo, entrevista para o site Lamparina Scope.*

51 Essa característica me remete à definição que Claudio Magris imprimiu para o romance: "o único gênero que surgiu sob as condições da autoconsciência epistemológica e historiográfica que caracterizam o período

Seu romance foi publicado em 1859, em uma tipografia do Maranhão. Essa data significa dizer que o texto vem a público nos momentos iniciais da história da circulação de textos ficcionais no Brasil[52], quando as "narrativas de fundação" estavam sendo elaboradas. *O Guarani*, por exemplo, havia sido publicado dois anos antes – no mesmo ano em que José de Alencar também lançou a peça de teatro *Demônio familiar* (1857), no qual inscreve sua visão acerca da escravidão, também publicamente enunciada nas Cartas publicadas em jornais que remeteu ao Imperador[53], defendendo seus pontos de vista.

Em um contexto histórico onde as ideias abolicionistas estavam circulando, Maria Firmina dos Reis instaura um signo novo no mundo de significações da razão colonial – o negro enquanto *sujeito* de uma experiência histórica anterior à escravização, com vínculos afetivos, pertencimentos territoriais e ética de existência coletiva. Publicado em um momento de enrijecimento das pressões nacionais e internacionais pró-emancipação[54], o romance introduz uma perspectiva onde "o negro é o parâmetro de elevação moral" (DUARTE, 2004, p. 273), e os europeus, agentes do escravismo, são os "bárbaros".

Em termos literários, a obra igualmente se insere de forma crítica ao seu presente, porque inserido no romantismo, o texto se isenta do "instinto de nacionalidade", como nomeou Machado de Assis, deixando a "cor local" para segundo plano e ressaltando, em primeiro, a vinculação afetiva do africano à sua pátria, em contraposição à au-

moderno" (Magris, 2009, p. 1016).

52 A impressão e publicação de textos na colônia só iniciou em 1808, quando a família Real desembarcou no Rio de Janeiro, tornando essa cidade capital de todo o Império português. Diferente do que acontecia em outros territórios coloniais europeus, toda e qualquer atividade de imprensa, como publicação de jornais, panfletos e livros, ficou proibida no Brasil até esse momento. A partir desse advento, a primeira metade do século XIX viu surgir inúmeros periódicos impressos. Embora em um contexto de analfabetismo sistêmico, foram esses jornais, mais que os livros, os primeiros dínamos de inserção da mulher no universo letrado, primeiro como leitora, depois como autora (Duarte, 2016).

53 Sob o pseudônimo de Erasmo, José de Alencar escreveu diversas Cartas ao Imperador. Todas foram publicadas em sua *Obra Completa*, exceto aquelas que tratavam especificamente da emancipação dos escravos. Este conjunto veio a público apenas em 2008, organizadas por Tâmis Parron e publicadas sob o título *Cartas a favor da escravidão.*

54 Em 1850 é promulgada a Lei Eusébio de Queiroz, que tornou crime o tráfico negreiro no país.

sência aparente de pulsões nacionalistas impressas nas personagens brancas. Assim, a constituição da nacionalidade brasileira, grande paradigma romântico agenciado de forma intensa na literatura que circulava no período, não constitui um eixo dominante no texto da autora maranhense, visto que não há investimento explícito na busca de construção da nação e do ser nacional. A razão para isto está exatamente no fato de que o romance investe na escrita da subjetividade de pessoas negras escravizadas, que não estavam inseridas no projeto de nação gestado àquela altura. Em consequência disso a alforria jamais poderia ser tomada como sinônimo de liberdade – pois um negro nunca seria livre em um país de escravos.

Maria Firmina dos Reis articula a sua enunciação negra a partir da própria construção discursiva do romance: como sabemos, em *Úrsula*, o negro possui características morais elevadas, como a coragem, a lealdade e a bondade; tem vontade própria, tem lugar de fala e seus próprios códigos de conduta. A partir do ponto de vista da mulher africana escravizada (personagem Susana), o texto engendra uma concepção profunda de liberdade, projetada na memória da experiência na terra de origem.

Com base nas características das personagens e nos diálogos de *Úrsula,* Maria Firmina dos Reis articula um discurso abolicionista que desmontava a concepção do escravizado comum nos discursos de seu tempo – considerando que o século XIX é também o século da emergência da *raça* como paradigma nuclear de naturalização das diferenças, sustentado em teorias, postulados científicos e também em romances.

Em ruptura à visão hegemônica sobre os africanos e afrodescendentes no século XIX, o negro é representado em *Úrsula* enquanto "pessoa", como agente portador de memórias vivas da experiência de antes da diáspora, sujeitos de afeto imbuídos de princípios éticos. Esses elementos dão ao romance de Maria Firmina dos Reis a materialidade de uma enunciação negra singular para o século XIX, uma enunciação que, ao constituir o negro como sujeito, põe em suspenso a ordem colonial escravocrata.

Ciente do silenciamento, Maria Firmina dos Reis encerra o prólogo de *Úrsula* pedindo *continuidade* ao seu gesto de primazia, solicitando acolhimento ao leitor, para que outras escritoras possam lançar suas frases no mundo público de circulação de discursos:

> Não a desprezeis, antes amparai-a nos seus incertos e titubeantes passos para assim dar alento à autora de seus dias, que talvez com essa proteção cultive mais o seu engenho, e venha a produzir cousa melhor, ou quando menos sirva esse bom acolhimento de incentivo para outras, que com imaginação mais brilhante, com educação mais acurada, com instrução mais vasta e liberal, tenham mais timidez do que nós (Reis, 2017, p. 26, grifos meus).

A crueldade da regra, como disse Conceição Evaristo, encontra aqui seus começos. De fato, depois que o romance de Firmina veio a público, demorou quase cem anos para outra autora negra publicar um romance. *Água Funda* (1946), de Ruth Guimarães. As primeiras páginas do livro da autora paulistana já nos lança à experiência histórica da escravidão, aludindo aos seus sentidos de permanência, ainda que inscrita na posteridade da casa grande:

> O engenho é do tempo da escravatura. Seu Pedro Gomes, o morador mais antigo do lugar, ainda se lembra quando o paiol, perto da casa grande, era senzala. Antes disso, era só um rancho de tropa, na baixada, e mato virgem subindo morro. A casa grande pode-se dizer que é de ontem. Tem pouco mais de cem anos e ainda dura outros cem. (Guimarães, 1946, p. 12).

A escravidão negra é reinscrita em outros dois romances que leremos, a partir de agora, em diálogo com *Úrsula*. São eles: *Negra Efigênia, paixão de senhor branco* (1966), de Anajá Caetano e *Um defeito de cor* (2006), de Ana Maria Gonçalves.

Anajá Caetano: A "Romancista Negra"

Anajá Caetano nasceu em São Sebastião do Paraíso, sul de Minas Gerais. Os paratextos do seu romance *Negra Ifigênia: paixão de senhor branco* são, basicamente, a principal fonte de informação disponível sobre ela: na apresentação, orelha e prefácio, destaca-se a referencialidade negra da autora, desde suas origens africanas aos seus pertencimentos políticos.

Os paratextos do romance alinham diversos nomes representativos do protesto negro pelo mundo àquela altura, construindo uma espécie de "moldura de combate" para o texto. Dessa forma, abre o livro uma sequência de homenagens a diferentes vozes, acentuando a matriz combativa na qual a autora pousa seu romance. Nesta lista de homenageados estão José do Patrocínio, Luiz Gama, Cruz e Souza, Patrice Lumumba, Leopoldo Senghor, Florestan Fernandes, Antonio Bento "o caifaz da abolição" e Castro Alves. Cita-se também, como amigos da autora, Eduardo de Oliveira, Eunice Arruda, Oswaldo de Camargo, Solano Trindade, entre outros. Há uma homenagem póstuma dedicada a John Kennedy, assinada por ela, junto à localização, São Paulo, e à data, 13 de maio de 1965.

O 13 de maio é uma data que tem implicações imediatas no desenlace do enredo do romance, pautando a historicidade da política da voz de Caetano, se pensarmos que, até meados dos anos 60, o ativismo negro brasileiro ainda celebrava o 13 de maio com pertencimento. A ruptura só viria uma década depois, nos anos 1970, quando o Movimento Negro Unificado para Erradicação da Discriminação Racial elege a data do aniversário de morte de Zumbi dos Palmares, em 20 de novembro, como data estratégica de protesto e de pauta da consciência negra.

O prefácio do romance é assinado pelo poeta e pesquisador Eduardo de Oliveira (1926-2012), o primeiro vereador negro da cidade de São Paulo, autor do Hino à Negritude, composição que em 2009 foi oficializada em todo o território nacional. No prefácio de Oliveira, o romance de Caetano é descrito como "uma genial e bem-sucedida tentativa de reconstituição histórica." (CAETANO, 1966, p. 11) e a autora, classificada como "autodidata" é denominada "a romancista dos escravos".

Ainda nos paratextos do romance, outra nota é digna de destaque: trata-se de uma "homenagem especial", em que a autora refere a visita imprevista que recebera de duas autoridades africanas, o embaixador e o conselheiro da República de Gana,

> Desejavam ambos conhecer a romancista negra – "esse pedaço d'África pendurado na noite do meu povo" – como diria o poeta Eduardo de Oliveira. Ambos queriam identificar a autora que, no Brasil, quase um século após a libertação dos escravos escrevia um romance de costumes, reportando com fidelidade hábitos multisseculares (sic) de tribus (sic) africanas. (CAETANO, 1966, p. 15).

Para responder ao interesse dessa interlocução africana, segue-se então a principal fonte de informações autorais que possuímos sobre Anajá Caetano:

> A autora esclareceu a origem daquelas **reminiscências.** Descendente de angoleses da tribu (sic) dos "Quiôcos" conservara de memória todas aquelas narrativas de seus antepassados, na sua maioria feitas ao pé do fogo, junto ao borralho da velha e solarenga residência de seu pai de criação, o dr. José de Souza Soares. **Ficou assim justificada a preponderância das inclinações artísticas da autora**, porquanto, como é sabido e notório os "Quiôcos" foram, na África, os precursores de uma série de apreciáveis criações artísticas cuja influência seria impossível negar (CAETANO, 1966, p. 15, grifos meus).

A fala da autora é sustentada a partir do vínculo com a história de seus antepassados africanos, povos artistas. E posicionada no lugar da memória, das reminiscências. A partir destes elementos, a escritora reivindica o lugar de romancista negra, através do pertencimento assumido a uma etnia[55] e a uma memória africana.

A narrativa de Caetano é articulada a partir de um mecanismo de inversão dos sentidos sociais impressos na sociedade colonial. Este mecanismo de inversão sustenta o enredo, trocando lugares e posições raciais fixas na estrutura colonial e incidindo em vários pontos, por exemplo, sobre a caracterização das feminilidades negra e branca.

Se, em *Úrsula,* Maria Firmina dos Reis constrói personagens femininas brancas vitimadas pela ordem patriarcal, em Caetano a mulher branca é a síntese do signo colonial: opressora maior da mulher colonizada. Nesse movimento, há, contudo, um desvio da centralidade do poder masculino colonial, pois toda autoridade é posicionada nos gestos da Senhora, inclusive no âmbito matrimonial.

A obra se empenha em pôr às avessas certos sentidos do corpo feminino racializado, investindo na desconstrução do estereótipo através do qual a representação da mulher negra na literatura está engendrada: a partir do signo erótico, da sexualidade exaltada. Invertendo, a obra projeta a mulher negra como objeto amoroso e esposa, e a Sinhá como sexualmente obcecada e adúltera, protagonista de encontros sexuais constantes com homens e mulheres escravizadas.

No romance o negro não é retratado pela insígnia do escravo, como corpo exclusivo de trabalho, mas sim como sujeito detentor de conhecimentos. Africanos letrados, com conhecimentos técnicos em diversos segmentos, como a medicina e a metalurgia, pululam no enredo. O investimento do romance em positivar elementos da

55 Os Côkwe são uma etnia bantu que residem no nordeste de Angola, se estendendo ao sul do país e ao extremo sudoeste da República Democrática do Congo e ao extremo noroeste da Zâmbia. O nome Tchokwe apresenta algumas variantes (Tchokwe, Chokwe, Batshioko, Cokwe). "Côkwe" é a forma vernácula utilizada oficialmente em Angola, mas nos tempos coloniais adotaram-se variantes aportuguesadas para a denominação da etnia, como Quiôcos – que é a forma utilizada por Anajá Caetano. Os Tchokwe/Chokwe desfrutam de uma admirável tradição de esculpir máscaras, esculturas e outras figuras. A sua arte inventiva e dinâmica é representativa das várias facetas inerentes a sua vida comunitária, dos seus contos míticos e dos seus preceitos filosóficos. As suas peças de arte gozam de um papel predominante em rituais culturais, representando a vida e a morte, a passagem para a fase adulta, a celebração de uma colheita nova ou ainda o início da estação de caça. A região Lunda-Tchokwe é constituída pelas províncias da Lunda-Norte, Lunda-Sul e Moxico, cada uma comportando diversas etnias, sendo os Tchokwe o grupo majoritário.

cultura africana está também na maneira como aspectos dessa cultura são requisitadas para compor o modo de vida das personagens. Narra-se, por exemplo, o ritual de núpcias e preparação da mulher virgem a partir da tradição de Angola:

> Se vivessem em sua terra natal, na Angola, ela estaria em ponto de ser recolhida ao "ritungo"... Sim, quando ela ficou núbia teria sido afastada da convivência dos homens, e no "ritungo" se processaria a longa preparação para o casamento – a "mucanda"... Seriam muitas e muitas luas de expectativa até que estivesse pronta para se casar... sim, a iniciação da virgem era longa... Ela teria que aprender tudo o que uma mulher necessita para ser uma companheira dedicada, uma esposa fiel e devotada ao seu homem... Para comprovar essas qualidades ela teria que tocar o "ririmba-rim-ba" todas as madrugadas, antes do galo cantar. Era assim mesmo, era assim. Depois, viria o casamento. A grande festa. Ela dançaria e por fim desposaria o manto da pureza – o "zeva" para entregar-se a ele pura, absolutamente pura. Entretanto o destino nos uniu em terra estranha para onde vieram como se fossem feras garroteadas, num navio negreiro... aqui tudo foi diferente. (CAETANO, 1966, p. 95).

O ritual é descrito em oposição à perversidade sexual dos senhores diante das meninas e mulheres escravizadas, vítimas de estupros recorrentes, mas não apenas. Também os encontros amorosos entre os negros são pautados, no romance, pelo paradigma da violência senhorial, mostrando a ingerência do princípio colonial na própria constituição afetiva das pessoas negras, pois o personagem que está narrando a cena citada, apaixonado por Benedita e sabendo do apetite lascivo do senhor diante das negras jovens ainda virgens, se antecipa – "antes que o branco afoito o colhesse violentando aquela virgem cujas formas antecipavam um mundo de volúpia e prazer... foi isso que precipitou tudo. Temendo perder a sua "muari", tomou-a na marra a primeira oportunidade" (CAETANO, 1966, pp. 94, 95).

Para evitar que a mulher negra fosse violentada pelo homem branco, que "judiava, perseguia, violava as virgens para saciarem nelas os seus mais baixos instintos", o homem negro a violenta. O corpo da mulher negra está emparedado na ordem colonial, destinado a ser violado: se não fosse à força, pelo branco, seria à força, pelo negro. Depois, cabe a ela o saldo de preconceito: "... o povo soube, a negrinha coitada, passou a ser olhada pela tropa como mulher à-toa, como uma "chirimas": a negra que serve a todos e não é de ninguém" (CAETANO, 1966, p. 95, 96). Assim, embora Tião nutrisse sentimentos por Benedita, o seu ato de violência abre acesso ao corpo da mulher, que passa a ser visto por todos como território de ninguém.

Benedita e Tião protagonizam a primeira parte da história, são os pais de Efigênia, a heroína do romance. Efigênia é o objeto amoroso de Antônio Bento, que a rapta para com ela viver em sua fazenda. O casal romântico é formado pelo Senhor e a escrava, representando outra inversão de valores, visto que posiciona a mulher negra em uma economia dos afetos, e não de objeto sexual.

Ainda que operando diversas proposições de inversão de lugares, o romance de Caetano mantém as estruturas polarizadas e estanques, apenas trocando peças do tabuleiro. O corpo de Efigênia significa um território ocupado (posto que foi raptado) donde brota a conciliação – um corpo a ser possuído, não pela via comum do sexo, mas sim pela do enlace firmado em acordo, conforme narra a cena final do casamento entre eles, acontecido no dia 13 de maio, em meio a uma festa entre escravos e brancos.

Embora o romance aponte uma moldura de protesto, exposta 1. nas referências políticas que a autora cita em sua homenagem paratextual; 2. na auto intitulação de "romancista negra"; 3. na demarcação de sua ascendência africana; e 4. nos elementos específicos do enredo e das personagens, *Negra Ifigênia: paixão de senhor branco* traz a mulher negra emparedada à uma condição colonial, dominada pelo homem branco, e, embora o texto termine na data da abolição, deixa indícios ao leitor de que a ordem colonial permaneceria atuante e sem mudanças profundas.

Nessa perspectiva, o enredo do romance, que termina quando a abolição da escravatura é anunciada, pauta a permanência da razão colonial sustentando a dinâmica das relações, das políticas de coexistência.

Um defeito de cor

A mulher negra como protagonista e autora de uma contestação profunda da ordem colonial, ganha contornos em outro romance centrado na narrativa da escravidão: *Um defeito de cor*, publicado em 2006. Uma obra cujo empenho incide na releitura do tempo escravo, reescrevendo o passado colonial através do protagonismo da experiência negra diaspórica. Resultado de ampla pesquisa da autora, um romance de história das mentalidades, modalizado como escrita da memória, em que relembrar não é somente retorno, mas um ato de contra-efetuar a História nacional.

No prólogo, Ana Maria Gonçalves explica que "apenas alguns trechos" do livro são ficção e foram escritos para cobrir partes perdidas do "original", atribuindo o conteúdo da narrativa a um manuscrito "originário". Como todos sabem, o manuscrito jamais existiu de fato, sendo imaginário, se alça ao nível de metáfora, pois escrever ficção para cobrir "as partes perdidas do original", diz respeito também às rupturas epistemológicas que resultam dos materiais da literatura negra diante da história oficial do Brasil e seus apagamentos frente a tudo que não é branco.

Kehinde, assim como Susana, nasceu na África e fez a travessia do Atlântico em um navio negreiro na condição de escrava. Susana deixou a filha, o esposo, a pátria. Kehinde já tinha visto sua família ser destruída pela violência ainda em território africano, depois, perde sua irmã gêmea e a avó na travessia. Susana, já adulta, e Kehinde, ainda pequena criança, chegam sozinhas no Brasil. Susana é a voz que traz, pela primeira vez na literatura brasileira, a narrativa em primeira pessoa dessa travessia, a partir de sua memória da viagem. A narrativa de

Kehinde também é oriunda de suas memórias e está sendo contada quando a personagem já é velha. Rememorando sua vida, ela nos leva para dentro do navio, e vamos acompanhando a viagem de grande dor junto da personagem.

O gesto enunciativo de Susana e de Kehinde são duas pontas de encontro entre os romances, os posicionando em uma linha discursiva partilhada. O romance articula uma voz narrativa que dialoga em muitos aspectos com *Úrsula*: centrados no período da escravidão, ambos estão empenhados na focalização de experiências negras na diáspora, a partir do qual a História pode ser lida sob outras perspectivas. Nesse sentido, podemos ler nos dois romances o princípio de que "a escrita da história tem uma dimensão performativa, o objetivo passa de fato por escrever uma história que reabre, para os descendentes de escravos, a possibilidade de voltarem a ser agentes da própria história" (MBEMBE, 2014, p. 60).

O Tempo – ou melhor, as múltiplas temporalidades de uma experiência negrana/da diáspora – é elemento constitutivo do romance. O tempo, e mais a experiência da travessia por múltiplos espaços, formula – através de deslocamentos constantes, rearticulações culturais, estranhamentos e negociações identitárias deles resultantes – memórias que cobrem uma vida longa: a narrativa começa em 1810, na África, quando Kehinde tinha seis anos, e termina no final do século com ela ditando suas memórias em outra viagem atlântica da África para o Brasil, ainda em busca do filho perdido, que, de acordo com indicativos da trama tratar-se-ia de Luís Gama, autor paradigmático na constituição da literatura negra brasileira.

*

Fraturando os mecanismos da racionalidade colonial – Maria Firmina, escrevendo no século XIX, posiciona-se como uma voz crítica ao seu tempo, marcado pela servidão. Ana Maria Gonçalves, produzindo no século XXI, reescreve o século XIX e a mentalidade nele operante, cujos vestígios ainda incidem no presente. Anajá Caetano, no meio século XX, inverte os lugares demarcados na colônia, e encerra o romance sem encerrar a questão. Nada mais realista em termos da nossa configuração sócio- racial, dado que o saldo secular da escravidão ainda permanece vivo nas instâncias políticas, simbólicas, discursivas e materiais do presente.

A leitura comparativa dos romances que situam o enredo durante o período da escravidão é instigante. Temos, em primeiro lugar, a enunciação de Firmina no romântico e escravocrata século XIX, quando a escrita, para a mulher, era um ato de ruptura em si mesmo, destacando-se a personagem Susana – representação da mulher negra vivida, já de cabelos brancos, sujeito da experiência escrava detentora de memórias não somente da travessia, mas principalmente da liberdade. Chegando à década de 1960 com a obra de Anajá Caetano, que articula uma inversão de valores que permanecem, contudo, dicotômicos, inscrevendo a mulher negra escravizada em uma condição de pouca agência. Por fim, o texto de Gonçalves, cujo empenho incide na reescrita do passado a partir da experiência diaspórica, traduzida no protagonismo da mulher escravizada que se torna livre.

Referências

ALENCAR, José de. *Cartas a favor da escravidão*. Org. Tâmis Parron. São Paulo: Editora Hedra, 2008.

CAETANO, Anajá. *Negra Efigênia: paixão de senhor branco*. São Paulo: Edicel, 1996.

DALCASTAGNÈ, Regina. *Literatura brasileira contemporânea, um território contestado*. Editora Horizonte, 2012.

DUARTE, Constância Lima. Imprensa feminina e feminista no Brasil, século XIX. Dicionário ilustrado. Belo Horizonte: editora Autentica, 2016.

DUARTE, Eduardo de Assis. Maria Firmina dos Reis e os Primórdios da Ficção Afro-brasileira. Posfácio da 5ª edição de *Úrsula*. In: Reis, Maria Firmina dos. *Úrsula*. Florianópolis: Editora Mulheres, 2004.

EVARISTO, Conceição. "Minha escrita é contaminada pela condição de mulher negra". Entrevista ao Nexo Jornal, disponível no endereço: <https://www.nexojornal.com.br/entrevista/2017/05/26/Concei%C3%A7%C3%A3o-Evaristo-%E2%80%98minha-escrita-%C3%A9-contaminada-pela-condi%C3%A7%C3%A3o-de-mulher-negra%E2%80%99> Acesso em 30/06/17.

EVARISTO, Conceição. Entrevista para o site Lamparina Scope. Disponível em: https://www.lamparinascope.com/single-post/2017/06/06/Concei%C3%A7%C3%A3o-Evaristo-Foi-preciso-o-pr%C3%AAmio-Jabuti-para-comprovar-que-essa-mulher-negra-aqui-n%C3%A3o-est%C3%A1-no-espa%C3%A7o-liter%C3%A1rio-por-intromiss%C3%A3o. Acesso em 24/06/17.

GONCALVES, Ana Maria. *Um defeito de cor*. Rio de Janeiro: Record, 2014.

MAGRIS, Claudio. *O romance é concebível sem o mundo moderno?*. In: MORETTI, Franco (Org.). A cultura do romance. São Paulo: Cosac e Naify, 2009.

MBEMBE, Achille. *Crítica da razão negra*. Trad. Marta Lanca. Lisboa: Antigona, 2014.

REIS, Maria Firmina dos. *Úrsula*. 6ª ed. Belo Horizonte: Editora PUC Minas, 2017.

Metodologia para Análise de Cenas: comparação entre entradas em cena de personagens literários – os casos de Túlio e Simeão de Maria Firmina dos Reis e Joaquim Manuel de Macedo

Luciana Martins Diogo

Uma das ideias recorrentes afirmadas a respeito de Maria Firmina dos Reis por aqueles que realizaram a análise de sua obra é que nesta se encontra expressa a voz das identidades sociais subalternizadas durante o processo escravocrata: a da mulher e a do escravo negro.

Juliano Carrupt do Nascimento (2009) analisando a estrutura narrativa do romance *Úrsula* afirma que a trama se organiza na distribuição das falas dos oprimidos e se rege pelo princípio da subjetividade intrínseca (NASCIMENTO, 2009, p.8) – fonte do individualismo romântico –, assim, se propõe a estudar a extensão da estética romântica às vozes de negros e mulheres na obra de Maria Firmina. Ele afirma que:

> No caso de Maria Firmina dos Reis, em pleno século XIX, momento que ainda estava se definindo enquanto forma literária, [...] há a elaboração de [...] personagens cuja identidade se define como propriamente africana, que são exemplos de humanidade, fato que destoa de toda construção pejorativa acerca do negro escravo, sendo que africano fica além de escravo, por se constituir imaginariamente dentro de sua própria concepção de cultura, ou seja: **o negro possui sua própria voz, constrói sua própria identidade, tornando-se livre por sua própria imaginação,** que elabora a imagem da África, sem cair no colonialismo porque o seu discurso transporta-o às suas origens ancestrais (Idem, p. 36)[56]".

Em *Úrsula*, afirma Sandra Maria Job (2011), "entram em cena os personagens que diferenciam a literatura de Maria Firmina dos Reis das outras deste período" (JOB, 2011, p.62), ela está se referindo a Túlio e Susana, dois escravos personagens do romance. A autora ainda ressalta: "aspecto inusitado, portanto, pois estes escravos têm voz, pensam e podem expressar seus sentimentos" (Idem).

Também para Régia Agostinho Silva (2013), que examinou as representações da escravidão e da mulher na literatura firminiana, é possível afirmar a constituição de uma subjetividade do negro na obra de Maria Firmina desta forma:

> Existe também o **espaço da construção de uma subjetividade cativa**, ou seja, **o espaço da mente**, que **não poderia ser escravizada**; ao contrário do que pensavam alguns de seus contemporâneos, Maria Firmina não via os escravos como mercadorias ou coisas e marcava, em seu romance, o espaço da subjetividade dos escravos, cuja mente era livre (SILVA, 2013, p. 138)

56 Grifos meus.

> Maria Firmina dos Reis [...] acreditava na **capacidade do escravo de se revoltar**, mesmo que **do ponto de vista da subjetividade**, provando assim que a escravidão nunca fora aceita pelo cativo e **dimensionando um espaço para se pensar a própria subjetividade escrava** (Idem, p. 162).

Há, portanto um consenso entre os pesquisadores de que em *Úrsula* aparece pela primeira vez na literatura brasileira, uma narrativa da escravidão conduzida por um ponto de vista afrodescendente; em que se escuta a voz dos escravizados, se fazendo ouvir como uma voz política que inverte o pensamento corrente (de que o continente africano era desprovido da cultura e da civilização), ao fazer a denúncia do tipo de civilização "ocidental" presente no Brasil (REIS, 2004, p.132-145).

Com Maria Firmina, então, as personagens negras passam a construir suas próprias narrativas a partir de um "eu enunciador consciente de sua identidade que se constitui através de marcas textuais" (ROSA, n.p.).

Sandra Job sustenta ainda que "é fato a inovação trazida pelos personagens negros ao possibilitar ao escravo-objeto tornar-se um escravo-sujeito, **sujeito até certo ponto,** da própria voz, pensamentos e sentimentos" (JOB, 2011, p.64); a autora estabelecerá também o que para ela situa o lugar do humano:

> Porém, no breve momento em que os **escravos** deixam de ser apenas objetos para se tornarem **sujeitos da sua história** eles deixam *entrever* aquilo que nos torna humanos: nossa capacidade de pensar, sentir e usufruir do direito de **expressar através da fala e das ações nossos pensamentos e nossos sentimentos** (JOB, 2011, p..64).

Juliano Carrupt também faz afirmação semelhante ao dizer que em *Úrsula* o negro aparece:

> manifesto como ser humano, o negro em sua plena dignidade, o negro *construído africanamente* como crítico escravocrata, **seja por sua caracterização, por seus atos, pensamentos e voz, que o definem também como sujeito**, passando ele de ser representado como vítima de um sistema economicamente perverso a **pensador** *de sua condição servil* e **de sua liberdade**[57]. (NASCIMENTO, 2011, P. 37).

Para empreender o *exame* das *experiências de subjetivação do escravo ou do liberto* e das *relações que determinam o processo de sua constituição enquanto sujeito* – no sentido da construção do *significado* de sua *história pessoal*, ou seja, de uma *construção de si* – expressas nas obras de Maria Firmina dos Reis, tomaremos os trechos grifados acima como norteadores de nossa reflexão e do estabelecimento de uma metodologia de análise. Para tanto sublinhamos algumas possibilidades temáticas:

I. **"Sujeito até *certo ponto*"** – Verificar a extensão da ideia de sujeito negro expressa na obra de Maria Firmina dos Reis.

II. "**Expressar através da *fala* e das *ações* nossos *pensamentos* e nossos *sentimentos*"** – Definir e distinguir quais *pensamentos* e *sentimentos* podem ser identificados nas falas e ações das personagens negras de Maria Firmina dos Reis que possam ser tomados como expressão da *vontade* ou do *desejo* do escravo no século XIX e que possam indicar o *significado* por ele atribuído a sua *experiência individual*.

III. **"Seja por sua *caracterização*, por seus *atos*, *pensamentos* e *voz*, que o definem também como sujeito**" – Pode-se estabelecer *caracterização*, *atos*, *pensamentos* e *voz* dos personagens como variáveis para a análise, destacando-os do texto e dispondo-os em um quadro analítico.

IV. **"Dimensionando um *espaço para se pensar a própria subjetividade escrava*"** – Descrever e definir qual é esse espaço

57 Grifos meus.

possível para se pensar a subjetividade escrava. Trata-se de identificar espaços simbólicos ou mesmo espaços geográficos, no sentido de sua localização concreta dentro do romance e que servem para balizar o lugar simbólico.

Todos esses elementos poderão servir para a questão maior, a saber: "o negro possui sua própria voz, constrói sua própria identidade, tornando-se livre por sua própria imaginação". Assim, procuraremos agora descrever o processo pelo qual a identidade social subalternizada do negro (escravo ou forro) vai se construindo a partir de uma nova perspectiva, segundo a qual é possível constituí-lo enquanto sujeito no interior das relações escravistas do Brasil do século XIX.

Para pensarmos no conceito de identidade, acreditamos que seja interessante pensar nas definições[58] estabelecidas por Manuel Castells (1999). Em especial a noção de *Identidade de projeto,* que para o autor ocorre quando atores constroem uma nova identidade capaz de redefinir sua posição na sociedade. Isso porque essa noção permite compreender que *"a identidade de projeto,* produz *sujeitos*[59]*"* (CASTELLS, 1999, p.26). Segundo o autor:

> Chamo de **sujeito** o **desejo de ser um indivíduo**, **de criar uma história pessoal**, **de atribuir significado** a todo o conjunto de **experiências** da **vida individual**. [...] **Sujeitos não são indivíduos**, mesmo considerando que são constituídos a partir de indivíduos. **São o ator social coletivo** pelo qual **indivíduos atingem o significado** holístico em sua **experiência**. Neste caso, a construção de identidade **consiste em um projeto**

58 Ele identifica três formas e origens de construção de identidade as quais não constituem uma essência e sim estão inseridas em uma dinâmica, podendo ser transformadas umas em outras. São elas: Identidade legitimadora – introduzida pelas instituições dominantes da sociedade no intuito de expandir e racionalizar sua dominação em relação aos atores sociais; Identidade de resistência – criada por atores em posições desvalorizadas ou estigmatizadas pela lógica dominante, com base em princípios diferentes ou mesmo opostos aos vigentes nas instituições; Identidade de projeto – quando atores constroem uma nova identidade capaz de redefinir sua posição na sociedade.
Interessa-nos particularmente focar essa última forma de construção social da identidade formulada por Manuel Castells, porque ele nos diz que "o terceiro processo de construção da identidade, a identidade de projeto, produz sujeitos". Cf.: CASTELLS, Manuel. O poder da Identidade. Vol. II; São Paulo: Paz e Terra, 1999.

59 Grifos meus.

> **de uma vida diferente**, **talvez com base** em uma **identidade oprimida** (CASTELLS, 1999, p.26).

Assim, podemos entender, segundo Castells (1999), que o *projeto de construção de uma vida diferente expressa no desejo de dar significado à vida individual e de, assim, criar uma história pessoal, e tudo isso talvez com base em uma identidade oprimida, é que dá origem ao processo de subjetivação. O sujeito é,* dessa forma, *o ator social coletivo pelo qual indivíduos atingem o significado de sua experiência.*

As ideias expostas contribuem para iluminar os percursos que utilizaremos para buscar na obra de Maria Firmina dos Reis as ideias de subjetivação do escravo negro no Brasil do século XIX.

Examinaremos a *caracterização*, os *atos*, os *pensamentos* e a *voz* dos personagens escravos negros, buscando verificar se é possível identificar *representações do desejo*, por parte do escravo, de ser indivíduo; do desejo de criar uma *história pessoal*; do desejo de atribuir *significado à vida individual* (e qual seria ele?), como *marcas de subjetivação*. Além de descrever e dimensionar os *possíveis espaços* para se pensar as subjetividades e examinar a extensão de tal conceito na obra, ou seja, identificar qual é esse *certo ponto* que Maria Firmina dos Reis atinge na subjetivação de seus personagens negros.

Passaremos agora a análise da *caracterização*, *atos*, *pensamentos* e *voz* do personagem Túlio, do romance *Úrsula* de Maria Firmina dos Reis, buscando definir e distinguir quais *pensamentos* e *sentimentos* podem ser identificados em suas *falas* e *ações* que possam ser tomados como expressão da *vontade* ou do *desejo* do escravo, e também, como indicativos do possível *significado* atribuído à *experiência individual*.

Trata-se de entender como, no século XIX, o romance aborda um problema complexo: o da possibilidade dos cativos ou libertos construírem uma história *pessoal*.

Foram selecionados os primeiros parágrafos que introduzem e descrevem os personagens Túlio e Simeão em suas respectivas narrativas – *Úrsula,* primeiro capítulo, "Duas almas generosas" e *As vítimas-algozes*[60], "Simeão – o crioulo", seções de II a VI – e expostos em um quadro. Esse quadro contém os parágrafos numerados, o número da página em que aparecem na edição e o número da página em que aparecem na narrativa propriamente dita (excluindo o prólogo em *Úrsula* e a seção I, que funciona como um prólogo, em *Simeão o crioulo)*; e a caracterização, os atos, os pensamentos e a voz dos personagens. Estes dois personagens podem ser tomados como tipos para comparação.

Análise de cenas - uma abordagem multidisciplinar: apresentando Túlio e Simeão

Quadro comparativo: *Úrsula* - Túlio[61] (página 21 da edição e 7ª página do romance/narrativa)

Descrição/Ação

1º§ - "Nesse comenos alguém despontou longe, e como se fora um ponto negro no extremo horizonte. Esse alguém, que pouco e pouco avultava, **era um homem**, e mais tarde suas formas já melhor se distinguiam". Trazia ele um quer que era que de longe mal se conhecia, e que descansado sobre um dos ombros, obrigava-o a reclinar a cabeça para o lado oposto. Todavia essa carga era bastante leve – um cântaro ou uma bilha; o homem ia sem dúvida em demanda de alguma fonte".

---

60 MACEDO, Joaquim Manuel. As vítimas-algozes: quadros da escravidão. Rio de Janeiro: Editora Scipione Ltda., 3ª ed.; 1991.

61 Esse quadro comparativo possui dez páginas originalmente, em formato de tabelas. Como exemplo, apresentamos nesse artigo a análise da terceira coluna (Descrição/Ação) ficando de fora a quarta (Voz/Fala/Pensamentos), pois ultrapassaria o número de páginas.

2º§ - "**Caminhava com cuidado**, e **parecia** bastante **familiarizado com o lugar** cheio de barrocais, e ainda mais com o **calor do dia em pino**, porque **caminhava tranquilo**".

3º§ - "E mais e mais se aproximava ele do cavaleiro desmaiado; porque seus passos para ali se dirigiam, como se a Providência o guiasse! Ao endireitar-se para um bosque à cata sem dúvida da fonte que procurava, seus olhos se fixaram sobre aquele triste espetáculo".

Voz/Falas/Pensamentos

1ªF/4º§ - "- Deus meu! – exclamou, **correndo para o desconhecido**".[É também a primeira fala do texto]

Considerações

Apresentado como homem desde o início.
Características que articulam emoções e ambiente físico.
Compaixão, Alteridade – interesse por alguém desconhecido.

No romance *Úrsula,* Túlio **é** apresentado como homem desde o início. No primeiro e sétimo parágrafos a palavra homem é utilizada para descrever o personagem. No décimo oitavo parágrafo, a palavra rapaz. Apenas no sétimo parágrafo a condição de escravo de Túlio é revelada a partir de duas referências: sangue africano e revolta.

Então, Túlio passa a ser referido não mais pelo termo homem, mas sim pelo termo negro e escravo. No décimo, décimo-segundo, décimo-terceiro, décimo-quarto e décimo-quinto parágrafos notamos a utilização do termo negro e no décimo-sétimo, a do termo escravo.

Em geral é descrito como dotado de uma nobreza de espírito, capaz de ação desinteressada, bondade e altruísmo como atributos de humanidade, a ideia de virtude se sobrepõe à desumanização da escravidão. Aparece também a ideia de resignação, amargura, tristeza, acanhamento e consciência da desvalorização social.

Os modos de agir e sentir de Túlio são descritos a partir de termos como: balbuciar, acanhamento, baixar a vista e timidez: "comportava-se com o **acanhamento que a escravidão gerava**, fiel ao **humilde hábito do escravo de descair a vista para terra e aguardar tímido**.[62] Porém sua linguagem e forma de expressão se enquadram na norma culta.

Aqui, podemos notar uma marca da constituição do modo de agir dos escravizados, segundo Maria Firmina, e atitudes perante o outro que definirão sua maneira de interação social. Ou seja, algumas ações de Túlio mostram sentimentos interiorizados na experiência da servidão que agem na constituição de uma identidade marcada pela sujeição.

Assim, no momento de contato com o jovem cavaleiro a quem salvara a vida teremos que Tancredo, o jovem branco:

> **Sentiu pelo jovem negro interesse igual talvez ao que este sentia por ele**. Então nesse breve **cambiar de vistas**...
> – **Meu amigo** – continuou – podes acreditar no **meu reconhecimento**, e na **minha amizade**. Quem quer que sejas, eu ta prometo: sou pra ti um desconhecido; e ainda assim **foste generoso, e desinteressado**. Arrancando-me à morte **tens desempenhado** a mais nobre missão de que o homem está incumbido por Deus – **a fraternidade**. (REIS, 2004: p.25.)

Temos desse modo expressa uma relação de alteridade[63] entre os dois personagens, a qual se percebe na referência que a escritora faz à ideia de *interesse* pelo outro, ou seja, na ideia de que Túlio é visto por Tancredo como outro, *reconhecido* como humano, como igual

62 Todos os grifos que seguem na análise são da autora e correspondem aos grifos dos quadros comparativos que não estão presentes neste artigo pois ultrapassaria o número de páginas.

63 A noção de reconhecimento do outro, do diferente. Ver SPIVACK, Gayatry. "Quem reivindica a alteridade? "In: Tendências e impasses: o feminismo como crítica da cultura. Org. HOLLANDA, Heloisa Buarque. Rio de Janeiro, 1994.

(ou como quer Firmina, pela fraternidade). E é esse *cambiar de vistas* que retira o escravizado da invisibilidade social.

No trecho selecionado encontramos oito falas de Túlio. Vemos na sétima fala e vigésimo primeiro parágrafo a expressão do desejo (subjetividade) de Túlio: reconhecimento social.

> – ah! meu senhor – exclamou o escravo enternecido, **continuai**, eu **vô-lo suplico, em nome do serviço que vos presto**, e que tanta importância quereis dar, continuai, pelo céu, **a ser generoso, e compassivo para com todo** aquele que como eu, tiver a desventura de ser vil e miserável **escravo**! **Costumados como estamos ao rigoroso desprezo dos brancos,** quanto **nos será doce vos encontrarmos no meio das nossas dores!** Se todos eles, meu senhor, se assemelhassem a vós, **por certo mais suave nos seria a escravidão.** (REIS, 2004: p.28)

Vimos acima que o processo de subjetivação é originado no projeto de construção de uma *vida particular* que se expressa por meio do *desejo* de dar *significado* à *vida individual* e de, assim, criar uma *história pessoal*. Com isso, a subjetivação passa a ser o processo pelo qual indivíduos atingem o significado de sua experiência.

Podemos, aqui, tomar a ideia de reconhecimento social (e alteridade) como expressão da vontade de Túlio, que pode ser entendida também, como desejo de atribuir significado a sua experiência. Mas seria também um projeto de uma vida diferente? Se tomarmos o final dessa fala "por certo mais suave nos seria a escravidão", notamos que o personagem reivindica como expressão de sua vontade o desejo de ser reconhecido em sua dignidade pelo outro (o branco), mas para suavizar, docilizar a escravidão.

A ideia aqui é que ao cativo importava o reconhecimento como fator essencial que lhe devolveria o sentimento de dignidade humana, possibilitada pelo sentimento de alteridade proporcionado pelo tratamento que Tancredo lhe dispensara. "E o negro dizia uma verdade: era o **primeiro branco que tão doces palavras lhe havia dirigido**;

e sua alma, ávida de uma outra alma que a compreendesse, transbordava agora de felicidade e de **reconhecimento"** (REIS, 2004: p.29).

Joaquim Manuel de Macedo, ao contrário, apresenta seu personagem negro, Simeão, a partir de um enfoque que o desumaniza. No romance, narra-se a história de um escravo criminoso, Simeão. Este cresceu sem atingir a dignidade do homem livre, e sem reconhecer nem sentir a absoluta submissão do escravo.

Quadro Comparativo: *As Vítimas-algozes* – Simeão[64] (página 14 da edição e 2ª página do romance/narrativa)

Descrição/Ação

1º§ - "Às quatro horas da tarde um cavalo, correndo à desfilada, veio estacar à porta da venda, pondo-se o cavaleiro de um salto no chão".

2º§ - "O cavaleiro **era um crioulo escravo** ainda muito jovem". [uma fala do vendilhão]

4º§ - "Simeão **recebeu** logo um copo cheio de **aguardente**, que **bebeu de uma vez, atirando o resto à cara do menino, que o servia**".

5º§ - "**Simeão devia ter vinte anos: era um crioulo de raça pura africana**, mas cujos **caracteres físicos** aliás **favoravelmente modificados pelo clima e pela influência natural do país** onde nascera, **não tinham sido** ainda **afeiados pelos serviços rigorosos da escravidão**, embora ele fosse escravo".

6º§ - "**Havia em seus modos a expansão que só parece própria do homem livre**: ele **não tinha** nem as **mãos calejadas, nem** os pés esparramados do negro trabalhador de enxada: **era um escravo de cabelos penteados, vestido com asseio e certa**

64 Esse quadro possui onze páginas originalmente, em formato de tabelas. Como exemplo, apresentamos nesse artigo a análise da terceira coluna (Descrição/ Ação) ficando de fora a quarta (Voz/ Fala/ Pensamentos), que é mais extensa.

faceirice, calçado, falando com os vícios de linguagem triviais no campo, mas sem a bruteza comum na gente da sua condição; até certo ponto, **pois aceito, apadrinhado, protegido e acariciado pela família livre, pelo amor dos seus senhores**".

[4 parágrafos: ficção/realidade; ama-de-leite]

7º§ -"[...] o crioulo era **esperto** e engraçado, começou fazendo rir, **acabou fazendo-se amar**. Simeão **divertia**, dava encanto às travessuras de Florinda [criança senhorial]: Domingos Caetano e Angélica [casal de senhores] o amaram em dobro por isso".

Voz/Falas/Pensamentos

1ªF/3º§ - "- Uma pinga que estou com muita pressa – disse este, e correu para dentro da venda".

Considerações

Apresentado como escravo desde o início.

Modo de agir – rudimentar.

Características que articulam traços biológicos e ambiente físico e escravidão- raça, clima, estética.

Modos de agir, características físicas, de linguagem/expressão.

Características de personalidade.

No romance Simeão é apresentado como escravo desde o início. Em nenhum momento é referido a partir da palavra homem, ou seja, de uma condição humana.

Em geral é descrito por características que articulam traços biológicos e ambiente físico, tais como escravidão, raça, clima e aparência física (que é aqui fortemente negativada): "**era um crioulo de raça pura africana**, mas cujos **caracteres físicos** aliás **favoravelmente modificados pelo clima e pela influência natural do país** onde nascera, **não tinham sido** ainda **afeiados pelos serviços**

rigorosos da escravidão, embora ele fosse escravo"[65] (MACEDO, 1991, p.15).

Os modos de agir e sentir de Simeão são caracterizados como relativamente rudimentares. Vemos em sua primeira ação na narrativa que "Simeão **recebeu** logo um copo cheio de **aguardente**, que **bebeu de uma vez, atirando o resto à cara do menino, que o servia**". Porém, mais adiante, ele é caracterizado de modo diferente:

> **Havia em seus modos a expansão que só parece própria do homem livre**: ele **não tinha** nem as **mãos calejadas, nem** os **pés esparramados** do negro trabalhador de enxada: **era um escravo de cabelos penteados, vestido com asseio e certa faceirice, calçado".** Com relação à linguagem e formas de expressão, ele é descrito como o escravo que **"falando com os vícios de linguagem triviais no campo, mas sem a bruteza comum na gente da sua condição** (MACEDO, 1991, p.15).

Macedo então interrompe descrição por duas páginas (pp. 17 e18) para realizar o que ele chama de reflexão de passagem e traçar o perfil de um tipo: *crioulo escravo estimado* – caracterizado pela ingratidão e definido como inimigo. Esse tipo traçado por Macedo posiciona-o na mesma condição de liminaridade de Simeão:

> **Até os oito anos** de idade Simeão teve **prato à mesa e leito no quarto de seus senhores**, e **não teve consciência da sua condição de escravo. Depois dos oito anos apenas foi privado da mesa e do quarto em comum**; **continuou**, porém, a **receber tratamento de filho adotivo**, mas **criado com amor desmazelado e imprudente**, e **cresceu** enfim **sem hábito de trabalho**, abusando muitas vezes da fraqueza dos senhores, **sem atingir a dignidade de homem livre, e sem reconhecer nem sentir a absoluta submissão do escravo** (MACEDO, 1991, p.16).

65 Todos os grifos que seguem na análise são da autora e correspondem aos grifos dos quadros comparativos que não estão presentes neste artigo pois ultrapassaria o número de páginas.

Podemos notar noções referentes ao processo de socialização que teria constituído o personagem Simeão. Podemos pensá-las como a representação de uma construção de um tipo de personalidade. Assim, distinguimos diferentes esferas e espaços de socialização que estavam disponíveis a Simeão nomeados como: a sala, a cozinha e a venda.

Neles vemos o papel desempenhado pelos senhores e pelos escravos na socialização de Simeão: "Havia para ele na **casa de seus amorosos senhores** um **céu e um inferno**: **na sala** o néctar da **predileção** e da **amizade**, **na cozinha** o **veneno da inveja** e do golfão dos **vícios**". (MACEDO, 1991, p.19).

A sala como esfera/espaço de socialização do tipo *crioulo escravo estimado* oferecia relações de afeto caracterizadas por termos tais como – predileção, amizade, amor. É apresentada como sendo a origem da liminaridade atribuída à condição de Simeão, a partir da ação dos senhores que "**ameaçando sem realizar jamais a ameaça do castigo**", "**amando-o como filho adotivo, e conservando-o escravo**" (MACEDO, 1991, p.20), produziram a constituição do tipo de personalidade do personagem.

A cozinha como esfera/espaço de socialização do *crioulo escravo estimado* é caracterizada como lócus da corrupção da personalidade, a partir de uma relação afetuosa com os senhores, cujo espaço é a sala. As relações estabelecidas com os outros escravos são tomadas como responsáveis por introjetarem em Simeão os traços desumanizadores de sua personalidade. "A **cozinha** foi sempre adiantando a **sua obra**: quando conseguiram **convencer**, **compenetrar** o crioulinho **da baixeza, da miséria da sua condição**". (MACEDO, 1991, p.19).

É nesse recinto que convenceram-no, compenetraram--no, desmoralizaram-no, ensinaram-no: "a **espiar** a senhora, a **mentir**-lhe, a **atraiçoa**-la, ouvindo-lhe as conversas com o senhor para poder contá-las na cozinha", "**desmoralizaram-o** com as torpezas da **linguagem** mais **indecente**" "com o **exemplo frequente**

do furto e **da embriaguez"**, "e com a **lição insistente do ódio concentrado aos senhores**". (Idem).

Outro espaço é importante é o da venda. Esse se caracteriza pela imagem do vício e do ajuntamento (reunião de escravos e vadios): "**Passou depressa** aos **ajuntamentos da *venda***, e **convivendo** ali com os **escravos mais brutais e corruptos**, e com os **vadios**, turbulentos e viciosos da vizinhança **entregou-se** a todos os **deboches**, e **se fez ativo do jogo aladroado**, **da embriaguez** ignóbil e **da luxúria** mais torpe" (MACEDO, 1991, p.20).

É possível notar uma relação dinâmica entre essas três diferentes esferas/espaços de socialização – a sala, a cozinha e a venda – no trecho selecionado, essa inter-relação se daria no sentido da contiguidade entre a cozinha e a venda, espaços de em que os escravos e os vadios são corrompidos. No entanto, o "amor desmazelado" dos senhores auxilia a corrupção de Simeão.

"E **a sala ajudou** sem o pensar, sem o querer, **a obra da cozinha**" "**tolerando seus abusos**", "**auxiliaram** as depravações da cozinha que **perverteram o vadio da fazenda**". "A ***venda*** rematou a obra começada pela **cozinha** e auxiliada pela **sala**" (Idem).

O processo de socialização pode ser entendido como interiorização de valores e crenças, pode identificar elementos importantes na experiência de Simeão para sua introjeção da consciência da condição de escravo. Isso é visível no seguinte trecho: "**Não podendo ter parte nos banquetes, nas reuniões festivas, nos divertimentos da sociedade livre, vendo-os de longe, invejando-os, querendo arremedá-los**" (Idem).

Zombarias, inveja e provocações podem ser considerados como outros disparadores da consciência da condição de escravo de Simeão. "E pouco a pouco, Simeão abalado, incessantemente **influenciado pela inveja e pelas maldades da cozinha**, **deixou-se tomar de um constrangimento leve, mas invencível**, que foi o **primeiro sinal** da triste suspeita do **abismo que o separava dos senhores**" (Idem).

Entretanto, foi a noção do castigo, o elemento de mais significativo para tal conscientização: **"na cozinha a negra má** e impiedosa **castigou-lhe** as travessuras e exigências incômodas e apadrinhadas pelos senhores, **repetindo-lhe mil vezes**: – **Tu és escravo como eu"** (Idem). O castigo físico é a marca fundamental do processo de violência, desumanização do negro escravo.

> **Simeão acabava de contar dezenove anos e nunca houvera sofrido castigo algum corporal. Vira por vezes** o **quadro** repulsivo dessas **punições** que são indeclináveis nas fazendas, mas nem por isso menos contristadoras, e de **cada vez que os vira, experimentava abalo profundo e seguido de melancolia que durava horas: não falava, não manifestava por palavras ou queixas o que sentia**; mas dentro de si estava dizendo: **'e também eu posso ser castigado assim!'** (MACEDO, 1991, p.21).

Diante do castigo físico observa-se a incapacidade de arrependimento e de remissão do personagem, explicitando uma caracterização desumanizadora de Simeão.

> **Domingos Caetano, tomado de justa cólera, levantou o açoite e descarregou-o com vivacidade sobre as costas de Simeão. Seis vezes e repetidamente os golpes se tinham repetido,** quando Florinda em prantos arrancou o açoite da mão de seu pai. **Simeão recebera as chicotadas imóvel, sem soltar um gemido, sem derramar uma lágrima, e sem pronunciar uma só palavra de arrependimento ou desculpa.** (MACEDO, 1991, p.22).

O açoite é representado como marca de sujeição. "**Foi nesse dia** que se **desenvolveu o ódio do escravo**". [...], "**mas a seus olhos só e incessante se mostrava a imagem do açoite, quando atirado no ar, a cair-lhe sobre as espáduas, e a imprimir-lhe nas espáduas a marca da última abjeção**". "Simeão odiava o senhor, que o castigara com o açoite" (MACEDO, 1991, p.23).

Diante do exposto, podemos então afirmar que as resultantes da condição limiar de Simeão em seu processo de socialização acabam por desumanizá-lo por completo, uma vez que: "Simeão que pairava em uma condição média, mas artificial, inconsequente e falsa entre as flores da liberdade que não podia colher de todo e os espinhos da escravidão que embora não dilacerassem, espicaçavam-lhe o coração, desceu da condição híbrida para o fundo do abismo" (MACEDO, 1991, p.20).

Ao final do processo, Simeão torna-se o escravo pleno. Como o trecho afirma: "Simeão foi desde então perfeito escravo (idem)". E essa noção tinha significados muito concretos e fortes, era profundamente desumanizadora. Ele é ele então coisa, e não homem:

> **Mas** vem **um dia em que ele se reconhece escravo**, **cousa e não homem**, apesar da afeição, das condescendências, dos caridosos benefícios do senhor – amigo, da senhora – segunda mãe; vem a primeira hora sinistra em que ele, que até então vivera em sonhos e ilusões, desperta com a certeza horrível de que é um condenado d'aquém berço; condenado sem crime; tendo alma e considerado simples matéria ambulante; **cousa, animal**, que se vende, como a casa, como o boi e como a besta [...] **máquina** para cavar com a enxada, homem desnaturado, miséria respirante e movente que os próprios cães distinguem pela **marca do desprezo social**.
> **O crioulo escravo e estimado, por isso mesmo que tem mais aguçada a inteligência, e por isso mesmo** que lhe deram as mostras do gozo e da superioridade, **mas não lhe deram a condição e educação próprias do homem livre**, **pesa melhor que os escravos brutais** o preço e o encanto da verdadeira liberdade; no meio dos benefícios compreende que lhe falta um que vale mais do que todos os outros somados e multiplicados; feliz pelos favores que recebe, pelos dons da afeição de que é objeto, esbarra sempre diante da realidade da **escravidão**, que **o abate, avilta e moralmente o aniquila**: **deseja e não tem, quer e não pode, sonha e não realiza** o bem supremo

> da terra, escravo se reconhece e bebe o ódio, os maus costumes, o veneno, a perversidade da escravidão (MACEDO, 1991, p.18).

Assim, Macedo descreve e caracteriza o personagem Simeão enquanto escravo pela impossibilidade de constituir-se enquanto sujeito. Simeão é aquele que **"deseja e não tem, quer e não pode, sonha e não realiza** [...] **o escravo se reconhece** e bebe o **ódio**, os maus costumes, o veneno, a perversidade da escravidão"; ou seja, é aquele incapaz de "chegar a ser dono de si próprio" (Idem). Ele é visto como incapaz de ser alguém que compreende sua própria individualidade e reconhece sua identidade (está podendo ser entendida como a percepção que as pessoas têm de si e das características fundamentais que as definem como seres humanos), possuidor do domínio da experiência subjetiva da formação de si.[66]

Joaquim Manuel de Macedo enfatiza características que posicionam o negro na esfera da natureza, dos instintos, na condição de coisa e simples mão de obra. Com isso ressalta a *marca do desprezo social* como elemento definidor das relações sociais vivenciadas pelos negros escravizados. Por fim, Simeão é definido como aquele que *deseja e não tem, quer e não pode, sonha e não realiza,* **é aquele para quem, em suma, estão negadas as condições de subjetivação.**

Neste sentido, essa obra é profundamente diferente da de Firmina dos Reis, pois enquanto ela constrói seus personagens como *escravos-sujeitos,* ele o faz enquanto *escravos-sujeitados.*

Considerações Finais

Discutimos neste artigo a questão da representação da subjetividade negra na forma literária. Para realizá-la, foi necessário empreender esforços no sentido de elaborar uma metodologia própria de

66 Conforme define Kabengele Munanga em: MUNANGA, Kabengele. Construção da identidade negra no contexto da globalização. In: DELGADO, Ignacio G. et alli. Vozes (além) da África: tópicos sobre identidade negra, literatura e histórias africanas. Juiz de Fora: Ed. UFJF, 2006.

análise da obra firminiana. O resultado desse desafio foi encaminhar a discussão da questão da *representação da subjetividade negra na forma literária* por meio de uma abordagem multidisciplinar que articula as contribuições da Crítica Literária, da História e da Sociologia.

Nesse sentido, em termos metodológicos, procuramos construir um método capaz de articular as questões amplas provenientes da teoria social e estudos sobre escravidão com a dimensão literária. Isso significou uma atenção ao modo com que Firmina construiu seus personagens nas obras, em especial os negros, mulatos e forros, assim, identificamos algumas "variáveis" que compõem esse quadro, tais como: a) *caracterização, atos, pensamentos, voz; b)* os elementos presentes nos trechos selecionados: *sentimentos, desejos, representações de histórias pessoais, de projetos de vida e de expressão da vontade.* Tais pontos foram escolhidos como operadores analíticos a partir da leitura de textos da área da Crítica Literária, especialmente os estudos, sobre Maria Firmina desenvolvidos por Juliano Carrupt Nascimento e Sandra Maria Job. Estes estudos foram cruzados com outros advindos da área de História, em especial, o trabalho sobre as representações da escravidão e da mulher em Maria Firmina, de Régia Agostinho Silva e o importante estudo de Maria Cristina Cortez Wissenbach (1998) sobre as práticas de escrita entre os escravos. Procuramos identificar a maneira com que a autora procurou representar tal processo de subjetivação, o qual consistia numa tomada de posição importante num contexto escravista em que o negro era considerado força útil, mercadoria, negando-lhe assim sua humanidade. Para tanto, procurou-se perceber como ela apresenta os cativos como sujeitos de sua história, tirando-os da posição de marginalidade, contestando o estatuto de objetos (mercadorias) com que usualmente eram compreendidos pela sociedade e representados nas obras literárias. Nesse sentido, é interessante ressaltar que a autora defende uma agência[67] escrava e sua capacidade de se expressar no contexto da escravidão, o que era uma perspectiva incomum e ousada.

Tomados assim como sujeitos, com relativa margem de ação, com sonhos, com vivências familiares, amores, famílias, os personagens negros de Firmina adquirem uma densidade, uma individualidade, que os contrasta com a percepção do negro como força bruta, como objeto de compra e venda, em que se erguia a instituição escravocrata no Brasil e que fundava a imagem predominante da representação literária de personagens negras no século XIX.

67 Entendemos como agência escrava o conjunto de estratégias de sobrevivência utilizadas pelos cativos como forma de negociação e resistência no contexto das relações escravistas brasileiras do século XIX.

Referências:

CASTELLS, Manuel. *O poder da Identidade*. Vol. II; São Paulo: Paz e Terra, 1999.

JOB, Sandra Maria. *Em texto e no contexto social: mulher e literatura afro-brasileiras*. (Tese) Doutorado. Pós-Graduação em Literatura da UFSC, Florianópolis, 2011.

MACEDO, Joaquim Manuel. *As vítimas-algozes: quadros da escravidão*. Rio de Janeiro: Editora Scipione LTDA, 3ª ed.; 1991.

NASCIMENTO, Juliano Carrupt do. *O romance Úrsula de Maria Firmina dos Reis:* estética e ideologia no romantismo brasileiro. (Dissertação) Mestrado. Pós-Graduação em Letras Vernáculas da UFRJ, 2009.

REIS, Maria Firmina dos. *Úrsula; A escrava*. 4 ed. Atualização do texto e posfácio de Eduardo de Assis Duarte. Belo Horizonte: PUC Minas, 2004.

ROSA, Soraia Ribeiro Cassimiro "Um olhar sobre o romance *Úrsula*, de Maria Firmina dos Reis" Rosa – Literafro: www.letras.ufmg.br/literafro.

SILVA, Régia Agostinho da. *A escravidão no Maranhão:* Maria Firmina dos Reis e a representação sobre escravidão e mulheres no Maranhão na segunda metade do século XIX. (Tese) Doutorado. Pós-Graduação em História Econômica pela Universidade de São Paulo, 2013.

WISSENBACH, Maria Cristina Cortez. *Sonhos africanos vivências ladinas*. Escravos e forros em São Paulo (1850-1880). São Paulo. Hucitec, 1998.

O discurso religioso em *Úrsula*, de Maria Firmina dos Reis

Geraldo Ferreira da Silva

Maria Firmina dos Reis, professora, Mestra Régia, iniciadora da escola mista no Maranhão foi poeta, romancista e negra. Nasceu no dia 11 de março de 1822 em São Luís e viveu desde os onze anos até à sua morte na cidade de Guimarães/MA. Faleceu no dia 11 de novembro de 1917 aos 95 anos de idade, solteira, cega, sem nenhum capital a mais, equiparado a de uma professora, e sem qualquer reconhecimento da crítica literária do seu tempo; é, contudo, uma pioneira no romance antiescravagista/abolicionista no Brasil ao publicar *Úrsula*.

A linha principal da tese de Maria Firmina dos Reis, expressa em *Úrsula*, é da antiescravidão. Tal tema encontra-se camuflado na relação amorosa entre homem e mulher que deve ser companheira, fiel e eterna; e numa convivência parceira, fraterna e cidadã entre negros e brancos. Para tanto, a autora requisitava, nas páginas do romance, uma aplicação do cristianismo, através da conversão, da partilha e do perdão. A escritora, seguindo a tendência do Romantismo, opta pela causa religiosa como pano de fundo do seu romance. Sobre isso nos informa Antonio Candido em *Formação da literatura brasileira: momentos decisivos*:

> Embora os poetas da primeira fase tivessem sido os mais declaradamente religiosos, no sentido estrito, todos os românticos, com poucas exceções, manifestavam um ou outro avatar do sentimento religioso, desde a devoção caracterizada até um vago espiritualismo quase panteísta. [...] (CANDIDO, 1981, p. 17).

A escritora maranhense decide usar o tema religioso católico para sensibilizar os leitores para a causa escravocrata. A escolha do tema cristão no romance é visível desde o título da narrativa e pelo nome homônimo da protagonista; ambos se chamam *Úrsula*, que acreditamos ser uma intertextualidade com a história de Santa Úrsula. Essa Santa foi uma moça bela, filha de um soberano bretão, que foi secretamente consagrada a Deus. Foi pedida em casamento pelo príncipe pagão Ereo, mas, fundamentada em sua fé, resistiu aos assédios do soberano, sendo assim, martirizada por sua decisão, como nos informa o *site* Ursulinas:

> Ela pede tempo para decidir e durante esse tempo reza para a conversão de seu pretendente. Úrsula e as onze mil virgens se exercitavam na virtude, até que, inesperadamente, resolvem fugir através dos mares. Chegam à Colônia, depois de muitas peripécias, mas são barbaramente trucidadas pelos hunos. Somente Úrsula foi poupada por sua beleza e nobreza. O rei dos hunos se apaixona por Úrsula e pede-a em casamento. Mas ela já tinha por esposo um rei muito mais poderoso que todos os reis da Terra, Jesus Cristo.

> Ela também é martirizada por não ter aceito o casamento do rei dos hunos (URSULINAS, (201?).[68]

A semelhança da trama do romance com a história de Santa Úrsula pode ser comprovada. O texto da autora maranhense traz pontos em comum com a história da Santa: ambas foram virgens e morreram na mesma condição de pureza; resistiram aos assédios possessivos dos seus algozes; tiveram apenas um único amor e a este lhes foram fiéis: Úrsula a Tancredo e a Santa a Jesus Cristo.

A narradora de *Úrsula* usa em sua obra duas características fundamentais do Romantismo, exaltação à natureza e religiosidade, como se vê:

> São vastos e belos os nossos campos; porque inundados pelas torrentes do inverno semelham o oceano em bonançosa calma — branco lençol de espuma, que não ergue marulhadas ondas, nem brame irado, ameaçando insano quebrar os limites, que lhe marcou a onipotente mão do rei da criação. Enrugada ligeiramente a superfície pelo manso correr da viração, frisadas as águas, aqui e ali, pelo volver rápido e fugitivo dos peixinhos, que mudamente se afagam, e que depois desaparecem para novo voltarem — os campos são qual vasto deserto, majestoso e grande como o espaço. Sublime como o infinito (REIS, 2009, p. 15).

Os autores do Romantismo enalteceram a natureza em suas obras, pois viam nela a existência de Deus e marcas da sua criatividade. Segundo Peter Gay, em *O coração desvelado: a experiência burguesa – da rainha Vitória a Freud*, para os escritores românticos: "as coisas humildes que encontravam diariamente – regatos e colinas, pássaros e outros animais, riso e as canções das crianças – eram lições da religiosidade natural" (1999, p. 96).

Segundo os religiosos, a natureza é criação de Deus, ela é a revelação da sua existência. Para Maria Firmina dos Reis, esse Deus que

68 SANTA ÚRSULA. Disponível em <http://www.ursulinas.org.br/pagina/santa-ursula> Acesso em 14-10-2016.

ela marcou como "a onipotente mão do rei da criação" e em todas as demais referências que ela faz ao longo da narrativa, é o Deus composto pela "Santíssima Trindade".

Maria Firmina dos Reis faz uso de tal artifício, por vezes, de maneira às avessas. Este avesso acontece na narrativa de Firmina quando, além de ela descrever lugares, cenas, costumes, fatos do povo brasileiro, ela descreve a exploração que os latifundiários fazem ao povo e ao cenário nacional destruindo a natureza. Na narrativa, ela também adverte que a natureza humana é destruída, pois a liberdade, atributo essencial às criaturas de Deus, não é permitida aos negros escravizados.

Na descrição do espaço ela já manifesta, de início, um questionamento sobre a falta de importância que os homens dão à natureza que é um produto de Deus e que deveria ser louvada com cânticos de amor. Vejamos:

> E as águas, e a esses vastíssimos campos que o homem oferece seus cânticos de amor? Não por certo. Esses hinos, cujos acentos perdem-se no espaço, são como notas de uma harpa eólia, arrancadas pelo roçar da brisa; ou como o sussurrar da folhagem em mata espessa (REIS, 2009, p. 16).

Na descrição, é perceptível como a exploração dos espaços – "vastíssimos campos" – evocam a sensação de amplitude e reforçam o tema da liberdade.

A escrita de Maria Firmina dos Reis defendia a liberdade dos negros, utilizando estratégias de convencimento. Numa descrição do Capítulo I, ela faz uma sutil e ambígua comparação da noite comum com a horrível investida de Domingos Jorge Velho quando exterminou o Quilombo dos Palmares matando Zumbi e transferido o sonho de liberdade dos negros para um futuro distante: "E desce depois o crepúsculo, e logo após a noite bela, e voluptuosa e plácida, que lhe branqueia o tapete de relva, derramando suave claridade pelos leques recurvados dos palmares" (REIS, 2009, p. 17).

As luzes das "estrelas" e da "lua vagarosa" nos aproximam da metáfora da resistência dos negros contra a escravidão, a esperança isolada dos antiescravagistas/abolicionistas que lutam por um país sem escravidão e que ela prega como um vago sentimento de amor: "Então um vago sentimento de amor e de uma ventura, que mui longe lobrigamos, arrouba-nos a alma de celestes eflúvios, e doce esperança enche-nos o coração, outrora mirrado e frio pela descrença, ou pelo ceticismo" (REIS, 2009, p. 17).

Confiante no sentimento abolicionista que se expandia pelo país, a narradora de *Úrsula* assume sua voz de profetisa da liberdade, tomando os espaços naturais como referenciais:

> Quem haverá aí que se não sinta transportado ao lançar a vista por esses vastos páramos ao alvorecer do dia, ou ao arrebol da tarde, e não se deixe levar por um deleitoso cismar, como o que escuta o gemer da onda sobre areais de prata, ou o canto matutino de uma ave melodiosa (REIS, 2009, p. 17).

A voz de Maria Firmina dos Reis expressa crença em um Deus venerado pelos exploradores do seu povo. Parece estranho, ela sendo negra e antiescravagista não pedir proteção e nem mencionar nenhum Deus ou Santo das religiões de matriz africana em sua trama. É neste ponto que ela crê na sua argumentação de pregar as premissas de Deus, da partilha e do perdão, no sentido de convencer os seus leitores à conversão ao verdadeiro cristianismo e, consequentemente, mudar o comportamento destes de exploradores para um relacionamento fraterno: "A vista expande-se e deleita-se, e o coração volve-se a Deus, e curva-se em respeitosa veneração; porque aí está Ele" (REIS, 2009, p. 17).

Segundo a narrativa de *Úrsula*: "O campo, o mar, a abóbada celeste ensinam a adorar o supremo Autor da natureza, e a bendizer-lhe a mão; porque é generosa, sábia e previdente" (REIS, 2009, p. 17). As imagens com que a narradora evoca esse Deus também são imagens de imensidão e amplitude. Estas referem-se não somente à grandiosidade divina, mas referendam as ideias de liberdade por ela defendidas, como podemos ler no excerto a seguir:

> Eu amo a solidão: porque a voz do Senhor aí impera: porque aí despe-se-nos (*sic*) o coração do orgulho da sociedade, que o embota, que o apodrece, e livre dessa vergonhosa cadeia, volve a Deus e o busca — e o encontra; porque com o dom da ubiquidade Ele aí está! (REIS, 2009, p. 17).

A cena inicial do romance, o encontro do negro com o branco, um escravo, o outro advogado, parece ter sido arranjada para trazer desconfiança às diferenças sociais. O que lemos no encontro entre Túlio e Tancredo é um encontro entre iguais:

> — Deus meu! — exclamou, correndo para o desconhecido.
> E ao coração tocou-lhe piedoso interesse, vendo esse homem lançado por terra, tinto em seu próprio sangue, e ainda oprimido pelo animal já morto. E ao aproximar-se contemplou em silêncio o rosto desfigurado do mancebo; curvou-se, e pôs-lhe a mão sobre o peito, e sentiu lá no fundo frouxas e espaçadas pulsações, e assomou-lhe ao rosto riso fagueiro de completo enlevo, da mais íntima satisfação. O mancebo respirava ainda.
> — Que ventura! — então disse ele, erguendo as mãos ao céu — que ventura, podê-lo salvar! (REIS, 2009, p. 21-22).

Na descrição do escravo Túlio, veem-se todas as características do Romantismo, dada aos cavalheiros: a nobreza; a pureza de espírito. Sua personagem era um escravo, deixando clara ao leitor a posição dolorosa e excludente ocupada pelo negro na sociedade de então. Notamos como a consciência da autora reafirma a origem e ancestralidade africana:

> O homem que assim falava era um pobre rapaz, que ao muito parecia contar vinte e cinco anos, e que na franca expressão de sua fisionomia deixara adivinhar toda a nobreza de um coração bem formado. O sangue africano refervia-lhe nas veias; o mísero

> ligava-se à odiosa cadeia da escravidão; e embalde o sangue ardente que herdara de seus, pais, e que o nosso clima e a servidão não puderam resfriar, embalde — dissemos – se revoltava; porque se lhe erguia como barreira — o poder do forte contra o fraco!... (REIS, 2009, p. 22).

A revolta era de Túlio e de todos os negros escravizados que gritavam, por meio da voz da narradora, sua situação infeliz: "Oh! Esperança! Só a têm os desgraçados no refúgio que a todos oferece sepultura!... Gozos!... só na eternidade os anteveem eles!" (REIS, 2009, p. 22). Voz que revela a causa da construção da tese de Maria Firmina dos Reis, no romance, que clama que se cumpra pelos homens, em especial por seus leitores, à vontade expressa de Deus nos mandamentos:

> Senhor Deus! quando calará no peito do homem a tua sublime máxima — ama a teu próximo como a ti mesmo —, e deixará de oprimir com tão repreensível injustiça ao seu semelhante!... a aquele que também era livre no seu país... aquele que é seu irmão?! (REIS, 2009, p. 23).

Esse clamor da narradora não é necessariamente destinado a Deus em quem ela acredita, mas sobretudo aos católicos, seus leitores. A retórica da escritora ultrapassa à de uma pregação, de natureza espiritual; é principalmente uma argumentação de cunho político, pois nela articulava seu pensamento em defesa da libertação dos negros.

Na descrição do escravo, fica evidente o tormento vivido por ele, devido à consciência de sua posição:

> E o mísero sofria; porque era escravo, e a escravidão não lhe embrutecera a alma; porque os sentimentos generosos, que Deus lhe implantou no coração, permaneciam intactos, e puros como a sua alma. Era infeliz; mas era virtuoso; e por isso seu coração enterneceu-se em presença da dolorosa cena, que se lhe ofereceu à vista (REIS, 2009, p. 23).

Túlio que poderia matar ou deixar Tancredo à própria sorte porque ele era um escravo e o branco um suposto escravocrata, resolveu ajudá-lo, porque foi tocado por sua generosidade de cristão.

Tancredo recompensou Túlio dando lhe dinheiro para comprar sua alforria. Mesmo depois de "liberto" Túlio passou a servir a Tancredo por gratidão e subserviência. A autora, sabiamente, prevê que os grilhões da escravidão avançam além dos estabelecidos na relação servil. Anos de subserviência e de anulação dos negros não lhe permitem igualar-se ao branco. "Abolir" a escravidão é algo duradouro, demorado, que significava, também, abolir relações de servilismo, desigualdade, menosprezo.

Vejamos a amargura irônica que está na observação da narradora: "Túlio obteve pois, por dinheiro, aquilo que Deus lhe dera" (REIS, 2009, 42). São palavras de denúncia, que carregam a consciência da autora de que a questão da escravidão do negro não se dissolveu com a alforria.

A preta Susana faz parte incisiva na tese da escritora antiescravagista como símbolo de resistência ao poder autoritário, mandonista, patriarcal e escravocrata do século XIX, para tanto, Maria Firmina dos Reis construiu a negra Susana como uma personagem de costume, porém representante de uma liberdade altiva, possivelmente fundamentada nas histórias dos seus entes negros que foram escravizados e que viviam em Guimarães e em São Luís/MA. Sua descrição física é comum a qualquer negra velha que foi vítima da escravidão e exposta à miséria e à fome, como se ler no seu perfil: [...] "trajava uma saia de grosseiro tecido de algodão preto, cuja orla chegava-lhe ao meio das pernas magras, e descarnadas como todo o seu corpo: na cabeça tinha cingido um lenço encarnado e amarelo, que mal lhe ocultava as alvíssimas cãs" (REIS, 2009, p. 112).

A escolha do nome da personagem faz-se uma analogia intencional com a denominação e história de Santa Suzana de Roma, martirizada em 293 d. C. e festejada no dia 11 de agosto juntamente com

São Tibúrcio, que como a escrava Susana foi resistente aos mandos dos poderosos, como veremos ao longo deste trabalho.

Como sobrevivente do traslado no navio negreiro, Susana atribui a sua sobrevivência à ação divina: "Não sei ainda como resisti — é que Deus quis poupar-me para provar a paciência de sua serva com novos tormentos que aqui me aguardavam" (REIS, 2009, p. 118). Maria Firmina dos Reis dar a Susana uma personalidade de mártir como aos santos católicos e um comportamento de uma guerreira portadora de uma resistência exemplar pelos seus ideais e em defesa da liberdade cidadã, como veremos ao longo da sua história.

O Estado e o Clero mantinham relações corporativistas, uma vez que a Igreja Católica era religião oficial no Brasil. O comendador Fernando P..., como representante da monarquia tinha em sua casa um padre capelão ao seu dispor e o tratava como a um súdito. Seu objetivo ao chegar da viagem em sua residência era de levar o Padre F... à casa de Luísa B... para fazer o seu casamento com sua sobrinha. O vigário tinha saído para ir à casa de Úrsula.

Fernando P... e seus pajens, rapidamente montados em seus descansados cavalos, encontraram, logo perto de sua casa/sede, o padre que ele tratava-o como se fosse sua propriedade humana, a ponto de chamá-lo de "Meu padre" (REIS, 2009, p. 180).

O padre disse-lhe que estava indo consolar Úrsula pela morte de sua mãe. O comendador ficou ligeiramente condoído com a notícia da morte de sua irmã.

Esse pequeno traço de humanidade foi quebrado, quando Fernando P... adentrou à porta da casa de Luísa B... e soube, por intermédio de Susana, que Úrsula saíra. Ficou tomado de cólera. Ameaçou agredir fisicamente a velha interlocutora e foi interceptado pela mediação inteligente do padre que lhe propôs: "Prudência, filho! Por que vos encolerizais contra essa mísera velha? Mandei primeiro que tudo a Santa Cruz, e talvez lá seja possível encontrá-la" (REIS, 2009, p. 182). Fernando P... ao ouvir o sacerdote, desesperadamente dirigiu-se, com seus acompanhantes, ao Cemitério de Santa Cruz. Chegou ao campo-santo já à meia noite, a hora dos mistérios.

No decorrer da narrativa, percebemos que a autora faz jogos opositivos entre o dia e a noite, interpondo em tal jogo, a beleza e opulência da natureza diurna à melancolia e à tristeza contemplativa, propiciada pela escuridão. Nesses momentos, a autora relaciona a noite ao lado perverso. São momentos também em que ela evoca, mais fortemente, a figura de Deus:

> A noite era já adiantada, e o galo, que cantara na fazenda de Santa Cruz, e que ele ouvira ao longe, veio revelar-lhe que tinha soado a hora dos mistérios, a hora em que aquele, que medita em meio dos palmares, ou sobre as ribas do mar, debaixo do nosso opulento e magnífico céu todo estrelado, enche o coração de maga poesia, e de um sentir delicioso, que vai como nuvem de incenso desfazer-se puro aos pés do trono do monarca do universo. A hora alta e silenciosa da noite encerra mistérios tão profundos que só os compreende a alma, que verga ao peso de uma dor íntima e incurável, ou o coração, que transborda de afetos, que a vida inteira não pode resfriar (REIS, 2009, p. 183).

A autora sublinha que só os excluídos, os escravizados dão relevância à hora dos mistérios para descanso e reflexão acerca dos males sofridos, tendo Deus como seu último recurso. A alusão aos palmares também é dúbia podendo anuir tanto às palmeiras, como ao famoso quilombo, abrigo dos escravos fugitivos. Os senhores e os que tinham a vida apaziguada desconheciam tais sentidos de valores, como se lê: "Para os demais a hora da meia-noite não tem significado" (REIS, 2009, p. 183).

No momento em que Fernando P... vai à morada dos mortos, desenha-se um espaço gótico, horripilante. Ele entrou no cemitério e seus pajens seguiam-no amedrontados; verificou todas as sepulturas, inclusive as daqueles que foram suas vítimas, sem remorso. Frustrado por não ter encontrado Úrsula junto à sepultura da sua mãe retornou blasfemando até a porta da sua casa para ordenar ao seu feitor branco que lhe trouxesse Susana atada à calda de um cavalo e que dobrasse a jornada de serviços dos negros escravos.

O feitor, horrorizado com tamanha crueldade, renunciou à função de torturador a que lhe impunha o patrão. Saiu apressadamente da sede de Fernando P... com destino à casa de Luísa B... arquitetando um plano de socorro para salvar a infeliz escrava e a encontrou caminhando acompanhada por dois negros e pelo Padre F... que murmurava o salmo 138.

A velha não estava desesperada, com medo, ao contrário postava uma determinação e consciência de que não havia feito nada de errado, como nos descreve a narradora: "Susana não vinha atada à cauda de um cavalo, caminhava com a fronte erguida, e com a tranquilidade do que não teme; porque é justo" (REIS, 2009, p. 187). E os justos têm sempre uma atitude de resistência frente aos abusos dos poderosos, era o que manifestava a condenada e o Padre F... que, ao contrário da orientação de conivência do Clero com o Estado e com a oligarquia que o representava, apoiava e defendia os miseráveis, os excluídos, os condenados dando lhes orientação de fé e da verdadeira prática cristã, aquela de não trair a verdade, era o que ele estava fazendo ao acompanhar Susana.

O homem piedoso, às escondidas, gritou da orla da estrada para Susana fugir, ela pareceu nada ouvir e o sacerdote continuou proclamando o salmo 138. Então o ex-feitor, destemido, se fez presente e foi reconhecido pelo Padre F... e pelos negros que os acompanhavam e disse à escrava:

> — Foge, Susana!
> — Fugir? não, meu senhor. Não sabeis que sou inocente?
> — Louca! — tornou ele, — toma o meu cavalo e foge. Que importa àquela fera a tua inocência? Acaso não conheces o comendador?
> Susana replicou-lhe com vivo reconhecimento:
> — O céu vos pague tão generoso empenho; mas os que estão inocentes não fogem (REIS, 2009, p. 187).

Maria Firmina dos Reis nos faz perceber nestas falas e na atitude de Susana um símile com a postura de Jesus Cristo, em toda sua vida, e principalmente na decisão que tomou no Jardim de Getsêmani, no Monte das Oliveiras, em prol de seus objetivos, de cumprir seu destino com altivez.

Susana, Padre F... e os negros chegaram à casa de Fernando P... de madrugada. O escravocrata, ao se deparar com Susana, ficou alterado: "ao vê-la, o comendador rugiu como um tigre, os olhos injetaram--se-lhe de sangue, e as artérias intumescidas ameaçavam arrebentar: seu semblante tornou-se roxo de ódio, e a fisionomia era medonha, e horripilante" (REIS, 2009, p. 189). O retrato que lemos assemelha-se ao de uma figura distorcida, demoníaca. Maria Firmina dos Reis, de acordo com o gosto romântico, pintava um mundo maniqueísta, em que os bons eram oprimidos, assemelhados ao cordeio imolado das escrituras bíblicas, e os maus eram frequentemente comparados às figuras diabólicas.

Inquirida por Fernando acerca do paradeiro de Úrsula, Susana limita-se a falar apenas o que sabe e não relata suas suposições sobre a atitude do casal desaparecido, mesmo sabendo qual será o seu destino final. A sua fidelidade não é apenas para defender Úrsula e Tancredo, necessariamente, mas para honrar a sua verdade, a sua capacidade de não mentir, premissa fundamental nos justos.

Percebemos, nesta cena, nova semelhança da atitude de Susana com a postura de Jesus Cristo diante do Sinédrio e do julgamento de Pôncio Pilatos. Embora sabendo que teria uma morte de cruz; Jesus, chamado de "o cordeiro de Deus", não se submeteu à arrogância dos defensores do poder imperialista romano, sendo, assim, exemplo de mártir.

O comendador transtornado ordena que a levem para que ela confesse. O padre roga-lhe, em nome de Jesus Cristo, que desista de fazer mais essa tortura, mas o escravocrata não lhe dá ouvidos e inquire à velha negra: "— Confessa a tua cumplicidade, diz-me onde foi ela, ou apronta-te para morrer" (REIS, 2009, p. 191). Susana, como modelo de resistência exemplar aos poderosos, depois de um momento de reflexão, roga a Deus pedindo-lhe que pusesse um selo nos lábios e o valor do mártir no seu coração.

Enquanto o Padre F... tenta em vão conscientizar Fernando P... de que o sangue de um inocente leva o seu agressor ao inferno, dois negros entram na sala e dizem para o escravocrata que viram uma senhora, um cavaleiro branco e um negro na estrada que leva a cidade de***. A notícia elevou o comportamento sádico do comendador que ordenou a seu feitor e a seus capatazes:

> — Levem-na! — tornou acenando para Susana. — Miserável! pretendeste iludir-me... saberei vingar-me. Encerrem-na em a mais úmida prisão desta casa, ponha-se-lhe corrente aos pés, e à cintura, e a comida seja-lhe permitida quanto baste para que eu a encontre viva.
> Susana ouviu tudo isso com a cabeça baixa, depois ergueu-a, fitou os céus, onde a aurora começava a pintar-se, como se intentasse dar à luz seu derradeiro adeus, e de novo volvendo para o chão, exclamou:
> — Paciência! (REIS, 2009, p. 192)

A atitude de resistência à prepotência do poder tirânico e a resignação da preta Susana nos levam a visualizar dupla similitude de ações de mártires cristãos quando ela fitou os céus e volveu-se ao chão e pronunciou "— Paciência!" (REIS, 2009, p. 192): uma com Jesus Cristo que ao perceber o seu último momento na cruz expressou: "Pai, perdoa-lhes, eles não sabem o que fazem" (Lc 23:34) e logo depois "Então, Jesus clamou em alta voz: Pai, nas tuas mãos entrego o meu espírito! E, dito isto, expirou" (Lc 23:46) e a outra com Santa Suzana, que segundo o Blog Kenosis[69] e Algemira Macêdo Mendes, na sua tese de doutorado, *Maria Firmina dos Reis e Amélia Beviláqua na história da literatura brasileira: representação, imagens*

69 *Santa Suzana, martirizada em 293 d. C. Disponível em* <http://kenosis.blog.br/santa-suzana-martirizada-em-293-d-c/> Acesso em 01-12-2016.

e memórias nos séculos XIX e XX. (2206), resistiu aos assédios e possessividades do imperador Diocleciano que enviou então um cônsul romano chamado Macedônio, um torturador perverso dos cristãos, que também não conseguiu persuadi-la. Suzana negou-se a casar, como também a adorar os deuses greco-romanos, em especial a Júpiter e a renegar a Jesus Cristo. Macedônio começou a bater na mártir com pauladas, mas Santa Suzana permanecia inabalável.

Inteirado da decisão da jovem, Diocleciano determinou a Macedônio que a decapitasse e esquartejasse com a espada da Santa Virgem, na casa paterna. Suzana, antes de morrer, pediu perdão por seus carrascos. Foi martirizada em 293 d. C. Maria Firmina dos Reis faz uma comparação ideológica de Susana com os mártires católicos a fim de demonstrar para seus leitores "cristãos" que uma mulher negra, escrava, tem honradez e fidelidade com seus princípios.

Vê-se, ao contrário, na atitude do escravocrata que embora a aristocracia estivesse ligada em comunhão institucional e econômica com o Clero, a ponto de ter um padre aos seus serviços, não seguia os preceitos do Cristianismo como prática de fé e conduta humanista.

Quando orientado pelo padre a não seguir seus instintos de vingança, Fernando P... extrapola o poder arbitrário que lhe era concedido e decreta a prisão do Padre F... : "— Silêncio! – exclamou Fernando ardendo em ira, e aproximando-se-lhe, disse: — Sois meu prisioneiro. A justiça da terra não me estorvará a vingança, porque ninguém senão vós ousará denunciar-me" (REIS, 2009, p. 196).

Após alguns dias, depois de muito vagar, já no final da tarde, Fernando P... sentou-se no banco do seu jardim aguilhoado por seus delírios, vendo os fantasmas de suas vítimas. Já não era mais o mesmo homem arrogante de outrora, estava completamente desfeito, tanto do lado físico quanto do mental.

Foi despertado, por um instante, da sua confusão mental, pela voz do Padre F... que lhe mostrava o cadáver de Susana que estava sendo levado ao Cemitério de Santa Cruz envolto em uma rede velha por dois negros. O remorso o fez gelar e esconder seu rosto entre as mãos em busca de uma fuga dos fatos e expressou a sua negação: "— Não! não fui eu" (REIS, 2009, p. 225). Além da morte de Tancredo, Fernando ainda se responsabilizava pela morte de Susana e pela desorientação de Úrsula.

O capelão descreve a Fernando P... a resistência dos justos e inocentes vividas por Susana na masmorra até a hora de sua morte, como modelo de relutância da mulher e da escrava aos mandos senhoriais arbitrários. Diz-lhe que a negra teve postura de mártir uma vez que fora justa, defendera a verdade e enfrentara a morte, porque acreditava em Deus e na sua misericórdia e via no perecimento o caminho da liberdade de um escravo junto ao Altíssimo que não descrimina ninguém pela cor e posição social.

Esta investida do sacerdote representa o ápice da tese de Maria Firmina dos Reis que ver neste ato a possibilidade de nem só convencer a personagem do comendador mais as de seus congêneres, possíveis leitores, na época, da edição deste romance que promoviam a escravidão do negro e a exploração da mulher, sobretudo a negra, pelo sistema patriarcal a optar pelo perdão.

Através do empréstimo da sua voz para com a do Padre F... Maria Firmina dos Reis apregoa o clímax da sua tese antiescravagista e cristã, envolta neste romance, que é a conversão e a partilha, como se ler no discurso direto do sacerdote: *"Indenizai os vossos escravos do mal, que lhes heis (sic) feito, dando-lhes a liberdade. Esse ato de abnegação e de caridade cristãs agradará a Deus, e então talvez na sua misericórdia infinita ele abra para vós os tesouros da sua inefável graça"* (REIS, 2009, p. 227. [grifo nosso]).

O comendador, em seus delírios e com os olhos inclinados para o chão, ouviu o Padre F... e depois pediu para ser levado onde estava Úrsula. O escravocrata parou no limiar da porta, quando a viu, alucinada, sobre a cama. A cena tocou-lhe profundamente e desenvolveu lhe uma grande angústia ao ver a incoerência mental e emocional da sua amada.

Nos momentos finais de Úrsula, o Padre F... no seu papel de sacerdote murmura o salmo dos defuntos, enquanto Fernando P... vê-se tocado gravemente pelo remorso de ser o causador do sofrimento e da morte da sua pretendida. Desta forma, Maria Firmina dos Reis faz um símile da morte de Úrsula com a da Virgem Maria e com Santa Úrsula que morreram castas.

Nesta ficção, Maria Firmina dos Reis apresenta-nos uma Igreja contraditória: por um lado, vemos um Clero conservador, subserviente aos poderes e poderosos da monarquia e da nascente república brasileira e, por outro lado, encontra-se representada aquela Igreja praticada pela fé dos seus sacerdotes e crentes que dão suas vidas para a conversão dos ímpios à Justiça Divina. O paradoxo acontece quando a direção do convento admite que um assassino, latifundiário escravocrata, um alienado mental se submeta ao noviciado sacerdotal sem a devida convicção para o ministério, como se lê na narrativa, onde a autora revela o nome do convento:

> No convento dos carmelitas, havia dois anos, entrara um homem, que pedira o hábito, e logo depois começara o seu noviciado. Esse homem era um velho, com a fronte e o rosto sulcados de rugas, a pele macilenta, e o corpo vergado e encarquilhado como do convalescente de moléstia atroz, debilitante e prolongada. Quem era ele ninguém o sabia no convento. Chamava-se — frei Luís de Santa Úrsula (REIS, 2009, p. 232).

A inserção do comendador ao noviciado parecia ter sido uma ação mediada pelo Padre F... que supostamente teria feito Fernando P... arrepender-se e converter ao sacerdócio, nos mostra, por outro lado, uma atitude insana do escravocrata e de uma Igreja que parecia desatenta em admitir um transtornado mentalmente como a um iniciado sacerdotal.

Numa noite de chuva torrencial, o sino do convento anunciava aos carmelitas que um dos seus estava à porta da eternidade. O agonizante era o frei de Santa Úrsula que tinha a alcunha de "O louco".

Enquanto os religiosos entoavam o salmo dos defuntos, um frei atento à sua função sacerdotal inclinou-se sobre Fernando P..., implorando-lhe para confessar seus pecados, o que foi veemente repudiado pelo moribundo.

Maria Firmina dos Reis encerra a sua tese literária colocando Fernando P... como caricatura dos latifundiários escravocratas, promotores da escravidão, da exploração do negro e das mulheres. A morte dos escravos e amantes os redimem dos problemas da vida, anunciando-lhes promessas: o amor para os enamorados, a liberdade para os negros.

O fim dramático põe em cena o drama individual daqueles que ousam lutar contra o poder constituído. Dando fim semelhante aos namorados brancos e aos negros escravizados, prevalece o argumento fundamental da obra, defendido por meio de imagens da natureza, pensamentos cristãos e triângulos amorosos: o da igualdade entre os homens. Na tese fundante do romance *Úrsula*, todos são iguais; o que diferencia um homem de outro não é a cor da pele, não é o gênero, mas a conduta, o caráter de cada um.

Referências

BÍBLIA SAGRADA. N. T. *Lucas* (23:34) e (23:46). São Paulo. Editora Paulus, 1990. cap. 23, p. 1286-1287.

CANDIDO, Antonio. *Formação da literatura brasileira: momentos decisivos. 6ª ed. – Belo Horizonte: Itatiaia, Vol. 1,1981. 364 p.*

GAY, Peter. *O coração desvelado: a experiência burguesa – da rainha Vitória a Freud.* São Paulo: Companhia das Letras, 1999.

MENDES, Algemira de Macêdo. Maria Firmina dos Reis e Amélia Beviláqua na história da literatura brasileira: representação, imagens e memórias nos séculos XIX e XX. Tese (Doutorado em Letras). Pontifícia Universidade Católica do Rio Grande do Sul, Porto Alegre, 2006. 372 f. Disponível em: <http://hdl.handle.net/10923/4207 ou http://tede2.pucrs.br/tede2/handle/tede/2230> Acesso em 29-02-2016.

REIS, Maria Firmina dos. *Úrsula. A escrava* / Maria Firmina dos Reis: atualização do texto e posfácio de Eduardo de Assis Duarte. Florianópolis: Editora Mulheres; Belo Horizonte: PUC Minas, 2009. 237 p.

Remexendo arquivos: abolição e existencialismo em Maria Firmina dos Reis

Bárbara Simões

Na única referência a Maria Firmina dos Reis em *A imprensa,* jornal que circulou de 1857 a 1862 em São Luís do Maranhão, o romance *Úrsula,* cuja descoberta mais de um século depois a retiraria da obscuridade, é anunciado.

O referido periódico era publicado nas quartas e sábados de cada semana, na "typographia do Progresso". Na edição de 01 de agosto de 1860, há um anúncio de venda do romance e um comentário sobre a obra da autora: "Vende-se nesta typographia este excellente romance, que deve ser lido pelos corações sensíveis e bem ornados e por aquelles que souberem proteger as lettras pátrias (...) um volume de 200 páginas, preço 2$000." [70] Na mesma página do periódico, antecede o anúncio de venda o comentário que transcrevo a seguir:

> Acaba de sahir dos prelos do Progresso o romance original – *Úrsula* – nitidamente impresso e em elegante formato. É a primeira tentativa de uma comprovinciana – a Sra. D. Maria Firmina dos Reis, professora de Guimarães – e para tentativa estréa ella mui bem a carreira de romancista, e porisso pedimos-lhe desculpa de vir imprudentemente denunciar o seu nome, que com tanto empenho e modéstia tracta de ocultar. Descripções mui bellas da nossa natureza, reflexões philosophicas e moraes de subido valor, muita imaginação, são qualidades que tornam recommendado este romance. Alguma incorreção de estylo, um ou outro typo incompletamente desenvolvido são defeitos próprios de quem começa, e principalmente em uma senhora, que não tem estudos completos e que vive retirada em uma villa, longe do tracto e das conversações, ou melhor, como se ella expressa no prólogo de sua estimavel obra: - 'de educação acanhada, e sem o tracto e a conversação dos homens illustrados, que aconselham, que discutem e que corrigem.' Não devemos deixar morrer no nascedouro um talento tam formoso e cumpre que o aceroçoemos e o aplaudamos para que, animado e confiado em si, produza fructos melhores e bem mais sazonados. A aceitação nestes casos é a procura da obra – é o esgotamento rápido da edição. É o que cremos acontecerá com esta publicação apesar de ter aparecido em epocha de efervescência eleitoral." [71]

A partir do comentário publicado, nota-se que Maria Firmina dos Reis era figura conhecida, embora modesta, como convinha a uma mulher que escrevesse naquele tempo. Entretanto, a escritora não permanece no anonimato, e seu livro publicado sob a forma de folhetim em 1859 é ofertado à venda em uma edição no ano posterior. Curiosamente, o comentarista justifica os erros e incorreções do romance com base no argumento de que foi escrito por uma senhora

70 *A imprensa*, 1860, n. 61, p.4.

71 *A imprensa*, 1860, n. 61, p.4.

de "poucos estudos", que vive um tanto quanto reclusa, e parece deixar escapar a ironia do comentário da própria autora sobre si mesma e sua condição, "de educação acanhada, e sem o tracto e a conversação dos homens illustrados, que aconselham, que discutem e que corrigem." Quanto ao conteúdo do romance, o comentarista destaca as "descripções mui bellas da nossa natureza" e as "reflexões philosophicas e moraes de subido valor", além é claro da "muita imaginação", qualidades que, de fato, aproximam Úrsula de tantas outras obras românticas e folhetinescas da época.

Entretanto, o romance *Úrsula* não foi anunciado somente em *A Imprensa*. No dia 11 de agosto de 1860, também o jornal *A Moderação* trazia a seguinte notícia em sua edição:

> "ÚRSULA- Acha-se à venda na Tipografia do progresso, este romance original brasileiro, produção da exma. Sra. D. Maria Firmina dos Reis, professora pública em Guimarães. Saudamos a nossa comprovinciana pelo seu ensaio que revela de sua parte bastante ilustração; e, com mais vagar emitiremos a nossa opinião, que desde já afiançamos não será desfavorável á nossa distinta comprovinciana."[72]

Embora, como vimos pelo anúncio, o livro da modesta escritora tenha sido bem divulgado em sua província, na prática, porém, o tecido literário de Maria Firmina permaneceria nas sombras até que o mesmo romance, único da autora, fosse redescoberto a partir de uma edição fac-similar preparada por Horácio de Almeida e vinda a público em 1975. (DUARTE, 2004, p. 267)

O manto de silêncio que envolveu Maria Firmina, possivelmente a primeira romancista afrodescendente do Brasil, é instigante e talvez revelador. Se por um lado Firmina recebeu boa acolhida na sociedade maranhense, como afirma seu principal biógrafo, José Nascimento

72 *A Moderação*, 11 de agosto de 1860. Biblioteca Benedito Leite. Setor Hemeroteca

Morais Filho, por outro, o esquecimento que a envolveu no século XX suscita discussões.

Escrever publicamente no século XIX era um fato incomum para mulheres como Firmina. Publicar versos em algum jornal, escrever álbuns-diários podia ser até apreciável. Mas o que nossa escritora maranhense faz ao publicar *Úrsula* é colocar-se na roda da discussão contra a escravidão, assunto polêmico e instituição seriamente defendida por muitos nomes importantes de seu tempo. Ao colocar-se na questão, Firmina posiciona-se ainda a favor de um específico abolicionismo, e argumenta em prol da emancipação de todos os escravos a partir dos próprios personagens negros, que ganham histórias, nomes, e, sobretudo, virtudes em sua ficção.

De fato, a maioria das poucas mulheres que se aventuravam a escrever no Brasil patriarcal do século XIX apresentavam aos leitores poesias adocicadas e histórias com fatos e amores triviais, ou uma literatura chamada de "bicos e bordados". (HOOCK-DEMARLE: 1991, p.171-172) Discutir temas como a emancipação em 1859 era assunto para homens, coisa séria e pública em que não se requeria presença feminina. Desta forma, aponta o noticiário de *A Verdadeira Marmota*:

> "Raro é ver o belo sexo entregar-se a trabalhos do espírito, e deixando os prazeres fáceis do salão propor-se aos afãs das lides literárias. Quando, porém, esse ente, que forma o encanto da nossa peregrinação na vida, se dedica às contemplações do espírito , surge uma Roland, uma Stael, uma Sand, uma H. Stowe, que vale cada uma delas mais do que bons escritores; porque reúne à graça do estilo, vivas e animadas imagens, deliciosos quadros, e esse sentimento delicado que só o sexo amável sabe exprimir. Se é, pois, cousa peregrina ver na Europa, ou na América do Norte, uma mulher, que, rompendo o círculo de ferro traçado pela educação acanhada que lhe damos, nós os homens, e indo por diante de preconceitos, apresentar-se ao mundo, servindo-se da pena e tomar assento nos lugares mais proeminentes do banquete da inteligência, mais grato e singular é ainda ter de apreciar um talento formoso, e dotado de

> muitas imaginações, despontando no nosso céu do Brasil, onde a mulher não tem quase educação literária, onde a sociedade dos homens de letras é quase nula."[73]

Ao publicar *Úrsula,* Firmina se desculpa, consciente do lugar que deveria ocupar, mas ao mesmo tempo utilizando-se de uma espécie de "falsa modéstia" feminina, estratégia comum a outras escritoras de seu tempo de forma a minimizar a transgressão que o ato de escrever representava em um meio em que tal atividade deveria ser masculina.

O fato é que, apesar de referências ao seu primeiro romance em *O Noticiário, A Moderação, A Verdadeira Marmota, Jardim dos Maranhenses e A Imprensa,* todos jornais que circulavam em São Luís do Maranhão, o romance – e o nome – da escritora foram esquecidos, talvez pela própria singularidade de sua empreitada. Como afirma Eduardo de Assis Duarte:

> O resultado é que uma espessa cortina de silêncio envolveu a autora ao longo de mais um século. Sílvio Romero e José Veríssimo a ignoram. E muitos dentre os expoentes de nossa historiografia literária canônica fazem o mesmo, à exceção de Sacramento Blake e Raimundo de Menezes (DUARTE: 2004, 267)

A maranhense é somente "resgatada" do esquecimento por José Nascimento Morais Filho em 1975 na sua obra *Maria Firmina: fragmentos de uma vida.* Tal obra, de singular importância, reúne jornais, depoimentos de ex-alunos e alunas de Firmina e reedita o conto *A escrava* e a novela indianista *Gupeva.* Horácio de Almeida, também em 1975, como afirmamos, reedita *Úrsula* em edição fac-símile. A terceira edição de *Úrsula* vem a público em 1988, sendo revista em 2004, pela Editora Mulheres, que então publica a 4ª edição do romance, além de reeditar o conto *A Escrava.*

Uma vez redescoberto, *Úrsula* recentemente vem recebendo atenção da crítica por tratar o tema da escravidão por um olhar diverso do

73 *A Verdadeira Marmota,* 13 de maio de 1861.

de Bernardo Guimarães em *Escrava Isaura* (1999) ou Joaquim Manoel de Macedo em *Vítimas-Algozes,* (1991) para citar apenas dois abolicionistas com obras reconhecidas e aclamadas nos meios intelectuais do século XIX. Mas o que há no romance da escritora que possa ter despertado interesse da crítica contemporânea em Maria Firmina dos Reis?

Um dos pioneiros a investigar a obra de Firmina, Eduardo de Assis, em posfácio à quarta edição do romance, afirma que a autora maranhense inovou por ter abordado a escravidão a partir de um ponto de vista diferente, "do outro". (DUARTE, 2004, p.266) Esse novo olhar, da autora da pequena cidade Guimarães, em uma província afastada da capital do império, ganharia ecos na crítica contemporânea por tratar justamente a escravidão assumindo claramente o ponto de vista do outro, do escravo, em uma perspectiva completamente inovadora em sua época.

Maria Firmina dos Reis ocupa um lugar que Eduardo de Assis Duarte chama "intermediário", porque mais próximo da pobreza. Afastada da Corte e do círculo abolicionista da maioria dos intelectuais de sua época, a escritora desenvolve um outro olhar sobre a questão do negro escravo - e da mulher - dando-o a conhecer especialmente através de ***Úrsula.*** (DUARTE, 2004, p.268)

Entretanto, tal olhar, de fato instigante e inovador, faz parte de toda uma construção de si mesma que a autora faz em seus outros textos, pouco discutidos ainda pela crítica. Firmina não escreveu apenas *Úrsula,* mas contribuiu ativamente no meio literário de São Luís do Maranhão.

Na verdade, tendo nascido na província do Maranhão, em 1825, a referida autora era filha ilegítima e afrodescendente. Morava com a irmã, a mãe e a tia, além da avó, criada, assim, em uma casa de mulheres. Firmina faz concurso estadual em 1847, sendo a única aprovada para instrução primária na Vila de Guimarães, onde passa a residir, na casa construída pela tia. Morando e lecionando na casa, era reconhecida como Mestra Régia, em outras palavras, professora formada e concursada, e leciona as *Primeiras Letras* até se aposentar após trinta e cinco anos, em 1881. Um ano antes da aposentadoria, entretanto, funda em Maçaricó, perto de Guimarães, uma escola mista e gratuita, onde dá aulas para aqueles que não podiam pagar. Tal experimento, uma ousadia para a época, misturava alunos de sexos distintos, mas não apenas: ela dava aulas em um barracão de propriedade de um senhor de engenho, ensinando as filhas do proprietário, mas levando consigo outros alunos. Outros, ainda, vinham das redondezas e aproveitavam para se ajuntar aos primeiros. Em uma época em que escolas mistas eram quase inexistentes, a professora inovava, misturando alunos de sexos e também de classes sociais distintas. (TELLES, 2006, p. 412)

Além de ensinar, entretanto, Maria Firmina participou da vida literária maranhense, como afirmamos. Um ano após a publicação de seu romance, colabora com um poema no jornal *A imprensa,* assinando com as iniciais M.F.R. Participa em seguida na antologia poética *Parnaso maranhense* e ainda começa a publicar seu segundo texto em prosa, *Gupeva,* de tema indianista, no jornal *O jardim dos Maranhenses* em forma de folhetim em cinco capítulos. Tal novela é republicada em dois jornais, *Porto Livre* e *Echo da juventude*. Em 1871, publica *Cantos à beira-mar* e em 1887 o conto *A escrava,* em *A revista Maranhense.* No ano seguinte, compõe o *Hino da libertação dos escravos,* com letra e música. Além dessas publicações, seu principal biógrafo, José Nascimento Morais Filho, atribui à sua autoria alguns enigmas, charadas, trechos do diário *Album,* de 1853 a 1903, várias composições musicais e ainda um *Hino à mocidade.* Em 1895, Firmina aposenta-se do ensino público oficial (mas continua a lecionar em sua casa), passando a colaborar no Jornal *Diário do Maranhão;* em 1897, no *Pacotilha;* em 1903, em *O Federalista.* (MORAIS FILHO, 1975)

A partir da leitura da biografia de Maria Firmina, feita pelo mencionado escritor José Nascimento Morais Filho, percebi que seria possível e necessária uma investigação de sua participação nos periódicos e no cenário maranhense a fim de melhor entender sua obra no cenário literário de seu tempo.

Na segunda metade do século XIX, Maria Firmina dos Reis participa, embora timidamente, com frequência, principalmente nos jornais *Semanário Maranhense, Echo da Juventude, A imprensa, O domingo* e *A pacotilha,* todos de São Luis do Maranhão. Neles, a autora trabalha imprimindo uma ideia de abolicionismo e desenhando teses sobre a nação brasileira que só seriam de fato discutidas principalmente a partir das duas últimas décadas do século XX, em meio à valorização das diferenças étnicas, quando se intensifica o aparecimento da heterogeneidade como forma de reler os paradigmas que pretenderam formar identidades nacionais homogêneas.

Na verdade, em suas contribuições aos periódicos da época, os quais se encontram presentes no acervo da Biblioteca Nacional, Maria Firmina assumia claro posicionamento abolicionista e negava-se a esquecer a diáspora africana ou a escravidão. Assim, pesquisei entre os jornais acima citados, da segunda metade do século XIX, o desenvolvimento de certa tese firminiana que corrobora e também discute as ideias de Eduardo de Assis Duarte a respeito de um ponto de vista abolicionista inovador. A partir das publicações em periódicos em São Luís, de seu romance, conto, novela, poemas e de seu ***Album***, Maria Firmina delineia, longe da Corte e do "trato e conversação dos homens ilustrados, que aconselham, que discutem e que corrigem" , como ela própria afirma no prólogo de ***Úrsula*** (2004, p.13), certo desenho da nação dissonante daquele que o romantismo de Gonçalves Dias pintara com poemas como ***I-Juca Pirama*** ou, ainda, José de Alencar tentara registrar com ***Iracema***. No desenho da escritora, está a recusa em esquecer e o convite à memória da diferença como cor imprescindível à aquarela da nação.

À margem do cânone, a primeira romancista – afrodescendente – partiu, entretanto, de elementos outros a fim de registrar uma outra memória –e com outro enfoque - cuja lembrança permaneceria ao menos à margem do discurso da literatura nacional até o modernismo.

Mesmo consciente das limitações de uma abordagem literária que considere a biografia do autor, partimos aqui também nesse sentido, e em outros, rumo a um dos possíveis sentidos do posicionamento que Firmina vai aos poucos assumindo no cenário maranhense do final do século XIX. Assim, o percurso que traço aqui a partir de sua participação na vida intelectual maranhense não vai somente na direção de uma interpretação pela biografia, mas em direções várias em que é impossível (ou desaconselhável) desconsiderar por completo a inter-relação também entre a autora e sua obra.

Abolicionista e defensora da igualdade entre brancos e negros, Firmina se recusa a receber a nomeação de professora aos 22 anos de palanquim, espécie de liteira onde damas eram comumente carregadas por escravos. Recusando o conselho da mãe, Firmina vai a pé receber a nomeação, afirmando que "Negro não é animal para se andar montado nele." (MORAIS FILHO, 1975, p.80) Entretanto, apesar de toda uma gama de informações sobre sua vida, ela registra, em anotações em seu ***Album*** , um "caderno-goiabada", que de si mesma ninguém sabe, porque não se dá a conhecer. Ainda nessas anotações, afirma ser uma mulher torturada, relatando que, quando jovem, sonhara um futuro radiante e belo, mas que as ilusões deram lugar à sua amargura. (TELLES, 2006, p. 412) O amor, descreve como sendo paixão funesta, e o mundo, "um espelho impassível, cruel":

> "Amo a noite, o silêncio, a harmonia do mar, amo a hora do meio-dia, o crepúsculo mágico da tarde, a brisa aromatizada da manhã [...] amo o afeto de uma mãe querida, as amigas [...] e amo a Deus; e ainda assim não sou feliz, porque insondável me segue, me acompanha, esse querer indefinível..." (REIS apud TELLES, 2006, p. 412)

Buscando entender a melancolia com que a escritora afrodescendente se auto define, e, ainda, buscando rever o cânone literário do romantismo que a deixou para trás, iniciei então a leitura dos periódicos com que Firmina contribuíra, começando pelo *Semanário Maranhense.*

O *Semanário Maranhense,* "jornal literário que representa a aspiração dos que se interessam pelo progresso e engrandecimento da literatura pátria", circulou entre 01/09/1867 a 08/09/1868, justificando o encerramento de suas atividades em virtude da falta de recursos.[74] É interessante notar que, entre os vários nomes que tinham suas obras publicadas no jornal, encontram-se Joaquim de Souza Andrade (Sousândrade), Joaquim Serra, Casimiro de Abreu, José Bonifácio de Andrada e Silva, Machado de Assis e Victor Hugo. Maria Firmina dos Reis figura entre eles, tendo dois de seus poemas publicados nesse periódico, a saber, *Meditação*[75] e *A lua brasileira*[76].

Por um lado, percebe-se que a autora possuía certo reconhecimento que permitia que seu nome figurasse entre os autores da época em um jornal que pretendia ser o estandarte da literatura na província. Por outro, constatamos, após a leitura dos poemas citados, certa melancolia que a aproxima da segunda geração dos românticos brasileiros, muito semelhante (especialmente o poema *Meditação*) ao estilo dos poetas ingleses Byron e, especialmente, Percy Shelley (2009). Deste último, o poema *Estâncias escritas perto de Nápoles, em depressão* parece ter sido transcrito em cores locais pela autora maranhense. Em *Meditação,* Firmina apresenta a morte (ao cair do dia) como única saída e escape para um mundo em desacordo. Em seus versos melancólicos, o eu-poético medita em uma praia deserta sobre a brevidade da vida e a morte como único e inevitável fim. A relação com o poema do autor inglês é direta, mas enquanto em *Estâncias* o eu-poético reflete sobre sua progressiva aniquilação à medida em que o dia se passa, *Meditação* já se inicia ao cair da tarde. Ambos os eus-poéticos estão em praias desertas, e a partir da observação da natureza, chegam à conclusão que toda alegria é vulnerável e efêmera.

> (...) Eu podia deitar-me como criança fatigada
> E chorar sempre a vida de preocupação
> Que suportei e devo ainda suportar
> Até que a morte como sono me acalente (...)
> (SHELLEY, 2009, p.89)[77]

---

74 *Semanário Maranhense,* 01/09/1867 ,n 1, p.1

75 *Semanário Maranhense,* 3/11/1867, n10 p.7.

76 *Semanário Maranhense,* 01/03/1868, n27, p.7.

77 (...) I could lie down like a tired child, / And weep away the life of care / Which I have borne and yet

> (...)Mas, ah! Somente a duração da rosa,
> Tem esse breve devanear da mente!
> Volve-se a vida, onde há só pranto, e mágoa,
> E cessa o encanto do amoroso ente...
> (REIS, *Semanário Maranhense,* 3/11/1867, n. 10 p.7)

Tal constatação sugere que Maria Firmina pendia para uma auto definição melancólica, *gauche,* introspectiva e de isolamento, que se reflete em sua poesia. Logo na primeira estrofe de *Melancolia,* o leitor é transportado a um ambiente de solidão, crepuscular, silencioso, com que a *alma* do eu-poético completamente se identifica:

> Vejamos pois esta deserta praia,
> Qu'a meiga lua a pratear começa;
> Com seo silêncio se harmonisa esta alma,
> Que verga ao jugo d'uma sorte avessa!
> (REIS, *Semanário Maranhense,* 3/11/1867, n. 10 p.7)

Por outro lado, ao ler os números do periódico *Echo da Juventude,* que circulou entre 11 de dezembro de 1864 a 21 de maio de 1865, encontrei o poema *Melancolia.*[78] Nele também, Firmina apresenta a morte (ao cair do dia) como única saída e escape de um mundo em desacordo. Em seus versos melancólicos, clama e anseia pela morte.

> Inda me resta no correr da vida
> Essa esperança de morrer...a só
> Sentida triste, qu'o soffrer ameiga,
> Que segue o homem te fundir-se em pó.
> (REIS, 1865, p.184)

---

must bear,/ Till death like sleep might steal on me (...)SHELLEY, 2009, p.88

78 Echo da Juventude, 1865, n.23, p. 184

Contudo, na estrofe que se segue, o eu-poético considera, diante da certeza inevitável e indiscutível da morte e de um fim próximo, um possível encontro com Deus:

> Morra eu ao menos no cahir da tarde,
> Hora maga, que se pensa em Deos,
> Em que se escuta myst'riosos cantos,
> Concertos sacros nos longínquos céos.
> (REIS, 1865, p.184)

Ao relatar o desejo de morrer "ao cair da tarde", Firmina imprime um significado religioso em seus versos, ausente no poema *Estâncias* de Shelley.

De fato, em outros textos poéticos, o mesmo posicionamento religioso se repete. Assim, o poema ***Hosanna*** [79] traz um hino ao criador, e o poema ***A lua brasileira***[80], apresenta a observação da lua como catalisadora dos sentimentos do eu-poético, que, no fim, diante da ***soledade*** e da dor, sente-se compelido a louvar a Deus:

> Quem não sente uma saudade,
> Vendo a lua em fresca tarde,
> Branca –em plena soledade,
> Vagar nos campos ds céos!
> Quem não gera com fervor
> No peito em que ergue a dor
> Um hymno sacro de amor,
> Um hymno eterno ao seu Deus!?
> (*Semanário Maranhense,* 1/03/1868, n. 27, p. 7)

Em um contexto turbulento de mudanças, Firmina se posiciona em seus versos, optando, na solidão, pelo consolo da esperança no paraíso. Tal conclusão é importante se consideramos que, ainda em *Echo da Juventude,* um comentarista chamado A. Fernandes Queiroz,

79 *Echo da Juventude* 15/01/1865, n. 6, p. 4

80 *Semanário Maranhense,* 1/03/1868, n. 27, p. 7.

católico-ultramontano, posiciona-se contra o progresso, afirmando que "O progresso é a palavra fogueira e seductora.(...)".[81] Outro, ainda, J. M. Lustosa, em um artigo publicado em três capítulos em três edições do *Echo da Juventude*, medita sobre a "Revelação" nos seguintes termos: "O racionalismo contesta, despresa, ridiculariza a isso que chamamos revelação. (...) A philosophia não pode suprir a necessidade da revelação." [82]

Se o mundo se secularizava cada vez mais depressa, o catolicismo ultramontano debatia-se em meio às correntes positivistas e racionalistas que sopravam ventos contrários, e os autores acima citados se colocavam na discussão e no cenário através dos periódicos. Assim como os homens que comentavam e escreviam seus artigos, Maria Firmina posiciona-se em seus poemas, porém, o fazia na linha de um existencialismo cristão, tábua de salvação em um contexto em que individualismo começava a mostrar seu lado perverso.

> A ti poeta – mais te vale a morte
> Na flor da vida – a sepultura, os céos!
> Quem sobre a terra te comprehende as dores?
> Teos sofrimentos, quem compreh'ende? Deos.
> (REIS, 1865, p.184)

O desfecho cristão firminiano, presente em vários de seus textos poéticos, aponta como saída de um mundo melancólico e desigual o caminho cristão da solidariedade, aproximando-se da solução cristã de Kierkegaard para o problema existencial da solidão humana defendido em *O Desespero Humano* (2001) e afastando-se das teses abolicionistas apregoadas pelos intelectuais da Corte brasileira.

Em outras palavras, a autora parte de valores cristãos, dominantes na sociedade oitocentista, para afirmar que os mesmos podem vencer o mal e resistir a tudo, incluindo a escravidão. Firmina então baseia seu próprio clamor em favor da abolição na premissa de que todos são irmãos, filhos de um mesmo pai, e por isso, iguais. Tal discurso perpassa

81 *Echo da Juventude*, 1865, n.4, p. 27
82 *Echo da Juventude*, 1864, n. 3, p. 17

seus poemas melancólicos e escancara-se em sua narrativa, seja no conto *A Escrava*, na novela indianista *Gupeva* ou no romance *Úrsula*.

Embora pessimista e amargurada, Firmina defende que a solução para o problema que assolava o país poderia vir também do alto. Há, de fato, uma esperança de redenção para uma ferida individual, mas também social, através da via da solidariedade.

Nesse sentido, a análise de Kierkegaard (1825) é única. Segundo ele, a tragicidade humana se dá a partir de um ponto crucial: nesse mundo, cada um está entregue a si mesmo. (KIERKEGAARD, 2001) Tragicamente entregues a nós mesmos, porque o momento de cada escolha e decisão é intransferível, resta-nos uma superação pela via da solidariedade, onde aliás estaria contida a *soledade* (solidão). Assim, o amor ideal seria a permuta de solidões, da qual melhor exemplo seria a pergunta de Cristo na cruz "Meu Deus, por que me abandonaste?" A morte do Cristo é entendida então como sua atitude de entrega pelo outro, resposta cristã que Kierkegaard dá ao problema do existencialismo.

Por outro lado, uma vertente do Romantismo francês – que influenciaria sobremaneira o nosso romantismo brasileiro – tem como principal escritor Chateaubriand, com a publicação do *Gênio do Cristianismo*. A finalidade da obra, como se sabe, era mostrar que "de todas as religiões que alguma vez existiram, a religião cristã é a mais poética, a mais humana, a mais favorável à liberdade, às artes e às letras." (ROPS, 2003. p. 523)

O apelo à liberdade e à solidariedade como medidas capazes de sanar os males terrenos era assim apropriado em várias obras que seguiram a linha do romantismo de Chateaubriand. No caso de nossa escritora maranhense, sua aproximação com o lado melancólico e a incompatibilidade da realização, na prática, do sonho da fraternidade, pode ter despertado, em sua escrita, um certo abolicionismo cristão como solução aos problemas existenciais de toda uma sociedade contaminada pelo cancro da escravidão. Assim, jubilosamente, Firmina canta a emancipação em seu *Hino à libertação dos Escravos:*

> Quebrou-se enfim a cadeia
> Da nefanda Escravidão!
> Aqueles que antes oprimias
> Hoje terás como irmão!
> (REIS apud TELLES, 2006, p. 412)

Rompida a "nefanda escravidão", o branco pode ter como irmão o negro, antes escravo. A escravidão feriria assim um dos princípios básicos do cristianismo, a filiação de todos a um mesmo pai, e a possibilidade da solidariedade como solução para a angústia profunda e intransferível do ser humano.

Em *Úrsula,* de fato, Túlio, o escravo alforriado, é descrito como uma "alma generosa" (15), "piedoso" (21), de coração "nobre" e "bem formado" (22); "infeliz", por sua condição de escravo, mas "virtuoso" (23). Homem perfeito dentro da ideologia cristã, é ele mesmo o parâmetro de comparação dos sentimentos do mocinho branco da trama, Tancredo, em uma inversão que chama a atenção pelo aspecto inovador, como afirma Charles Martin no prefácio da terceira edição de *Úrsula*: "o negro não é apenas colocado na trama em pé de igualdade frente ao Cavaleiro. Mais que isto, ele é a base de comparação para que o leitor aprecie o valor do herói branco". (MARTIN, 1988, p.26-27)

Entretanto, ainda que tivesse que recorrer a heróis-Cavaleiros de um imaginário europeu, Maria Firmina buscava, seguindo uma tendência do Romantismo brasileiro, imprimir "cor local" à sua literatura. Tanto assim que, em 1861, a autora publica, entre os números 14 e 17 do periódico *Echo da Juventude, Gupeva,* novela indianista, acompanhando a tendência de buscar no índio a explicação e a diferença para a literatura nacional. Embora a crítica à autora tenha chamado esta obra de "romance indianista *Gupeva*", considerei, após a leitura do texto no periódico, que o "romance" na verdade é uma novela, publicada com o título *Gupeva: romance brasiliense.* Nas palavras que precedem o início da publicação de Firmina, a autora é "talentosa maranhense, cuja tenacidade nos labores litterarios e amor ao estudo são bem conhecidos do público."[83] Mais uma vez, constatamos a inserção de Maria Firmina dos Reis no circuito literário local, e não sua total opacidade, como boa parte da crítica até agora tem apregoado. Ainda nessas palavras introdutórias, a redação do periódico incita outras senhoras, "que cultivão [sic] as letras, porém uma modéstia côndemnável [sic] as tem conservado no silêncio e obscuridade" a seguirem o exemplo de Firmina.

Gupeva não é apenas uma obra indianista. É uma novela com visão pessimista, com uma tese em si mesma: mundos irreconciliáveis habitam o mesmo território e querem compor uma nação. O final, trágico, atenta para o fato de que a solidariedade tem seus limites diante do orgulho humano.

Entretanto, a perspicácia de Firmina está em entender que o encontro de diferenças pode gerar morte, e a visão pessimista da autora, relida nos poemas, oferece um questionamento existencial e constitui a lente com que Firmina verá a questão do negro, da escravidão e da abolição no país em *Úrsula* e no conto *A escrava.*

Este último texto, ainda pouco explorado pela crítica, foi publicado em 1887, na *Revista Maranhense* (1887:1, nº3), e apresenta como personagem principal uma senhora da sociedade que, em meio a uma reunião social, conta a triste história de Joana, posicionando-se contra a escravidão.

Joana é uma escrava perseguida por um feitor feroz e propriedade de um senhor cruel. Esse senhor vendera-lhe os filhos gêmeos, deixando-a louca e aos cuidados do filho que restara, Gabriel, também escravo. A narradora da história de Joana torna-se sua protetora e de seu filho. Membro da sociedade abolicionista da província e do Rio de Janeiro, a senhora que narra às companheiras os infortúnios de Joana enfrenta o proprietário cruel, que se vê obrigado a vender Joana e Miguel. Entretanto, Joana morre, alheada na loucura por uma vida de penúrias e especialmente pela perda dos filhos gêmeos. Entre outras considerações, vemos o apelo da narradora ao relatar a triste história de sua protegida no salão em que se encontra:

83 Echo da Juventude, 1861, p. 107.

> Levantai os olhos ao Gólgota, ou percorrei-os em torno da sociedade e dizei-me: Para que se deu em sacrifício, o Homem Deus, que ali exaltou seu derradeiro alento? Ah! Então não é verdade que seu sangue era o resgate do homem! É então mentira abominável ter esse sangue comprado a liberdade!?
> (REIS, 2009. p.242)

Ao mencionar o sacrifício de Jesus pelos homens, em resgate de todos, a narradora da história de Joana está lançando mão de um dos mais importantes pilares da fé cristã-católica como argumento contra a escravidão. Assim, o homem não pode ser escravizado, porque Jesus já teria morrido em regate de todos. Mas os argumentos da narradora-abolicionista não param por aí. Mais adiante, ela afirma que "Embalde procurará um dentre nós, convencer ao estrangeiro que em suas veias não gira uma só gota de sangue escravo...". (REIS, 2009. p.242) Em outras palavras, a personagem afirma que todos os brasileiros pertencem a uma só família, e o mesmo sangue corre em todos os corpos. Tal argumento, que seria muito bem utilizado por diversas ideologias no século XX, é utilizado em ***A escrava*** entretanto como meio de comprovação do absurdo da escravidão, já que branco e negro seriam irmãos de uma mesma família.

Confirma tal proposição a descrição do feitor que persegue impiedosamente a escrava enlouquecida: ela corria de um homem "de cor parda, de estatura elevada, longas espáduas, cabelos negros, e anelados" (REIS, 2009.p. 244). Ora, o feitor pardo e de cabelos anelados é a prova concreta de que a escravidão feria a moral cristã, já que todos seriam filhos de um único pai.

Desta forma, Maria Firmina, apresenta um abolicionismo que se aproxima do modelo estadunidense. Célia Maria Marinho de Azevedo (2003), em *Irmão ou amigo: o escravo no imaginário abolicionista dos Estados Unidos e do Brasil,* diferencia o abolicionismo estadunidense do abolicionismo brasileiro. Segundo ela, enquanto o primeiro imaginava o escravo como irmão da família humana, o segundo o pintava como um inimigo doméstico do senhor e de sua família. Assim, para chegar a uma mesma tese, de que a escravidão deveria ser abolida, os principais escritores estadunidenses e brasileiros partiam de premissas diferentes. A afirmativa de Azevedo comprova que, de fato, o abolicionismo de intelectuais como Joaquim Manuel de Macedo era regra.

Macedo apela, em *As vítimas-algozes* (1869), para o "imaginário do medo", na expressão de Flora Süsssekind, como forma de convencer os senhores dos perigos da escravidão, uma vez que o escravo tornava-se o inimigo doméstico, verdadeira ameaça para a família branca. Alimentava tal corrente abolicionista o medo da "onda negra" do processo revolucionário de emancipação do Haiti. Recorrendo mais uma vez aos periódicos, um V. de Carvalho escreve um artigo em três números do *Echo da Juventude* intitulado "A Escravatura no Brasil". Na última parte, publicada no número 6, em 15 de janeiro de 1865 (p. 42), esse autor, possivelmente maranhense, apela aos leitores que escutem os ensinamentos do bispo da Bahia:

> "Escutemos ao arcebispo da Bahia, chorando a condição dos meninos: 'Sempre lastimei, diz elle, a sorte dos tenros meninos brasileiros, que, nascendo e vivendo entre escravos, recebem desde os seus primeiros annos funestas impressões dos contagiosos exemplos desses seres degenerados; (...) oxalá que tantas famílias não tivessem deplorado a infâmia e a vergonha em que as tem precipitado a immoralidade dos escravos.' Eis, pois, quantos males traz consigo a escravatura, e eis porque dissemos que sua extincção engrandece sobremaneira o estado moral e religioso de nossa nação."

De fato, o medo do inimigo doméstico, que dormia lado a lado com o patrão era uma ameaça constante. Se o livro de Macedo apresenta três histórias trágicas, a comédia de José de Alencar, *O demônio familiar*, de 1857, não deixa dúvidas de que o negro, em sua condição de escravo, era um ser nocivo à sociedade brasileira.

Por outro lado, vale citar, o abolicionismo de Bernardo Guimarães em *A escrava Isaura* é no mínimo diferente daquele apresentado no conto *A escrava*. Isaura, a escrava de Guimarães merece ser liberta porque é branca, e, sendo branca, formosa e linda, é "bonita demais para mucama".

(GUIMARÃES, 1999, p. 42) Assim, dizia-se dela: "Ó céus! É possível que uma moça tão linda seja uma escrava", pois era "bonita e civilizada como qualquer moça branca". (GUIMARÃES, 1999, p. 105, 52) Em outras palavras, a ideia de superioridade racial branca está presente o tempo todo no texto.

Ao contrário, Maria Firmina inaugura não apenas um novo olhar em seu romance, partindo do ponto de vista do escravo, mas em sua obra há indícios de uma profunda questão existencial que, para ela, só poderia, na prática, ser resolvida pela via da solidariedade. Apropriando-se do discurso religioso, como sua personagem não-nomeada de seu conto, Firmina constrói seu próprio discurso afirmando a necessidade da redenção para um mundo que estava em desacordo. "Timidamente", como convinha, mas sistematicamente, a maranhense apropriou-se dos meios de que dispunha para pregar certa tese que poderia convencer os ouvidos cristãos-católicos de sua época. Assim, sua maior sagacidade foi basear seu próprio clamor em favor da abolição na premissa católica e no discurso dominante de fraternidade, que poderia, quem sabe, por fim à sua grande questão existencial:

> "Senhor Deus! quando calará no peito do homem a tua sublime máxima – ama a teu próximo como a ti mesmo – e deixará de oprimir com tão repreensível injustiça ao seu semelhante!... a aquele que também era livre no seu país... aquele que é seu irmão?!". (REIS, 2004, p. 23)

REFERÊNCIAS

ALENCAR, José de. O demônio familiar. 1858. *Obra completa*. Vol. IV. Teatro, poesia, crônica, ensaios literários, escritos políticos e epistolário. Rio de Janeiro: José Aguilar, 1960.
AZEVEDO, Célia Maria Marinho de. *Abolicionismo: Estados Unidos e Brasil, uma História comparada* (século XIX). São Paulo: Annablume, 2003.
DOURLEN, Michèle Ansart. *A noção de Alteridade*. In: NAXARA, M.: MARSON, L; BREPOHL, M. (org) *Figurações do outro*. Uberlândia: EdUFU, 2009, p. 97-124.
DUARTE, Eduardo de Assis. Maria Firmina dos Reis e os primórdios da ficção afro-brasileira. In: REIS, Maria Firmina dos. Úrsula. Florianópolis: Mulheres; Belo Horizonte: PUC Minas, 2004.
GUIMARÃES, Bernardo. *A escrava Isaura*. São Paulo: Klick Editora, 1999.
KIERKEGAARD, Sören; *O Desespero Humano*. São Paulo: Martin Claret, 2001.
MACEDO, Joaquim Manoel de. *As vítimas algozes: quadros da escravidão*. São Paulo: Scipione, 1991.
MARTIN, Charles. "Prefácio." In: REIS, Maria Firmina dos. Úrsula. Rio de Janeiro: Presença, 1988.
MORAIS FILHO, José Nascimento. *Maria Firmina, fragmentos de uma vida*. São Luís: Instituto Histórico e Geográfico, 1975.
REIS, Maria Firmina dos. Úrsula. Florianópolis: Mulheres; Belo Horizonte: PUC Minas, 2004.
ROPS, Henri Daniel. *A Igreja das revoluções I* São Paulo: Quadrante, 2003. P. 523
SHELLEY, Percy B. *Ode ao vento oeste e outros poemas*. São Paulo: Hedra, 2009.
TELLES, Norma. Escritoras, Escritas, Escrituras. In: DEL PRIORE, Mary. (org.) *História das Mulheres no Brasil*. 8 ed. São Paulo: Contexto, 2006.

Acervo de Periódicos - Coleção Biblioteca Nacional
Semanário Maranhense, São Luís.01 de setembro de 1867 a 08 de setembro de 1868. (coleção microfilmada)
Echo da Juventude, publicação dedicada à literatura.São Luís.11 de dezembro de 1864 a 21 de maio de 1865. (coleção microfilmada)
A imprensa, São Luís. 4 de junho de 1857 a 1 de fevereiro de 1862. (coleção microfilmada)
O domingo: jornal crítico, literário, noticioso e recreativo.São Luís. 07 de outubro de 1883 a 15 de novembro de 1883.
A pacotilha: hebdomadário crítico e noticioso. São Luís. Outubro de 1880 a janeiro de 1881 e abril de 1881.(coleção microfilmada)
Revista do Liceu Maranhense. São Luís. s/d.

Autores

Alexandre Maia Lago

Graduado em Direito pela Universidade Federal do Maranhão – UFMA, exerce a advocacia, precipuamente nas áreas cível, criminal, eleitoral e administrativa. É colaborador do *Jornal do Maranhão,* órgão da Diocese de São Luís/MA e escreve a coluna literária Letras de Sempre no *Jornal Pequeno.*

Bárbara Simões

Mestre em Letras pela Universidade Federal de Juiz de Fora e doutora em Literatura Comparada pela Universidade Federal Fluminense. É Diretora de Relações Internacionais da Universidade Federal de Juiz de Fora, e professora do Departamento de Letras Estrangeiras Modernas da Faculdade de Letras da UFJF, atuando nos seguintes temas: memória, ficção contemporânea e silêncio nas literaturas afro-diaspórica e pós-colonial.

Cristina Ferreira Pinto-Bailey

Graduada em Letras pela UnB; Mestre e Doutora em literaturas brasileira e hispano-americana na Universidade de Tulane, em New Orleans; atualmente é professora na Washington and Lee University. Além da publicação de ensaios sobre escritores brasileiros e hispano-americanos em revistas especializadas, é autora de: *Gender, discourse, and desire in twentieth-century brazilian women's literature* (2004), *O bildungsroman feminino: quatro exemplos brasileiros* (1990), *A viagem do herói no romance de Antonio Callado* (1985) e *Poemas da vida meia* (2002), entre outros.

Dilercy (Aragão) Adler

Doutora em Ciências Pedagógicas (ICCP-Havana/Cuba), Mestre em Educação (UFMA-MA) e professora aposentada da UFMA. Publicações: doze livros de poesia, três biográficos, um de história infantil e três acadêmicos, organizou doze antologias poéticas e tem participação em mais de cem antologias nacionais e internacionais. É membro de diversas entidades, como Sociedade de Cultura Latina do Brasil-SCLB, Academia Ludovicense de Letras – ALL, Capítulo Brasil da Academia Norteamericana de Literatura Moderna, e Titular da Cadeira Nº 1 do Instituto Histórico e Geográfico do Maranhão – IHGM.

Eduardo de Assis Duarte

Integra o Programa de Pós-graduação em Estudos Literários da Faculdade de Letras da UFMG, e o Núcleo de Estudos Interdisciplinares da Alteridade – NEIA. Autor e ou organizador de *Jorge Amado: romance em tempo de utopia* (1996), *Literatura, política, identidades* (2005), *Machado de Assis afrodescendente* (2007); *Literatura e afrodescendência no Brasil: antologia crítica* (4 vol., 2014); *Literatura afro-brasileira: 100 autores do século XVIII ao XXI* (2014); e *Literatura afro-brasileira: abordagens na sala de aula* (2014). Coordena a Comissão Editorial do **literafro** – Portal da Literatura Afro-brasileira – disponível em www.letras.ufmg.br/literafro.

Fernanda Rodrigues de Miranda

Bacharel em Letras pela Universidade de São Paulo, Mestre em Estudos Comparados de Literaturas de Língua Portuguesa pela Universidade de São Paulo, com o estudo "Os Caminhos literários de Carolina Maria de Jesus: experiência marginal e construção estética", e é Doutoranda pela mesma instituição. Tem experiência na área de Letras, com ênfase em Literatura Comparada, Literatura Negra e Literatura Brasileira.

Geraldo Ferreira da Silva

Possui graduação em Letras pela Universidade do Estado da Bahia – CAMPUS VI, Caetité/BA, e Especialização em Letras: Português e Literatura pela Faculdades Integradas de Jacarepaguá, Rio de Janeiro (2008). Tem experiência na área de Linguística, com ênfase em Língua Portuguesa e Literatura Brasileira, mestrando em Letras/Estudos Literários pela Universidade Estadual de Montes Claros – UNIMONTES, Montes Claros.

Imaculada Nascimento

Doutora em Teoria da Literatura e Literatura Comparada, professora do IF-MG – Campus Ouro Preto; membro dos grupos de pesquisa Letras de Minas (Mulheres em Letras) da FALE-UFMG; Escritoras brasileiras do Almanaque de Lembranças Luso-Brasileiras (FALE-UFMG e Universidade de Lisboa) e ATLAS – Análises transdisciplinares em Literatura, Arte e Sociedade (CEFET-MG).

Jéssica Catharine Barbosa de Carvalho

Mestre em Letras pelo Programa de Pós-Graduação em Letras, na área de Literatura, na Universidade Federal do Piauí (UFPI), por onde é graduada em Letras – Português. É também integrante do Grupo de Pesquisa Teseu, o labirinto e seu nome, vigente na UFPI, e do Projeto de Pesquisa Americanidades: lugar, diferença e violência, cadastrado no CNPq.

Josué Montello (1917-2006)

Natural de São Luís do Maranhão, foi jornalista, professor, romancista, cronista, ensaísta, historiador, orador, teatrólogo e memorialista. Apesar de ter residido em diferentes cidades, e também no exterior, como Peru,

França, Portugal e Espanha, sua obra literária – com mais de 160 títulos em diferentes gêneros – traz a marca da inspiração e da cultura maranhense. Ao longo da vida recebeu inúmeros prêmios e exerceu importantes funções, entre elas, a de Reitor da Universidade Federal do Maranhão e de Presidente da Academia Brasileira de Letras.

Juliano Carrupt do Nascimento

Possui Graduação em Letras pela Universidade Geraldo Di Biasi, Mestrado em Letras pela Universidade Federal do Rio de Janeiro, e Doutorado em Literatura Comparada pela Universidade Federal Fluminense. É professor titular da Secretaria de Estado de Educação, e autor do livro *O negro e a mulher em* Úrsula, *de Maria Firmina dos Reis*, publicado pela editora Caetés em 2009.

Karina de Almeida Calado

Doutoranda em Literaturas de Língua Portuguesa, pela PUC Minas. Mestre em Literaturas de Língua Portuguesa, pela PUC Minas, e Graduação e Especialização em Letras, pela Universidade de Pernambuco. Professora da Rede Estadual de Ensino de Pernambuco, e Pesquisadora do Grupo de Estudos Comparados: Literatura, História e Interdisciplinaridade.

Kelen Benfenatti Paiva

Doutora em Letras pela UFMG, Mestre em /Literatura Brasileira, Graduada em Letras – Português / Espanhol, pela mesma instituição de ensino. Professora de Literatura Brasileira e Literatura Espanhola do IF Sudeste-MG, Campus São João del-Rei; é pesquisadora do Grupo de Estudo Letras de Minas e do Núcleo de Acervos de Escritores Mineiros, da UFMG, e do Grupo Núcleo de Estudos Atlas – Análises Transdisciplinares em Literatura, Arte e Sociedade, desenvolvendo trabalhos sobre autoria feminina e arquivos literários.

Laisa Marra de Paula Cunha Bastos

Doutoranda em Teoria da Literatura e Literatura Comparada pelo Programa de Pós-Graduação em Estudos Literários da UFMG. Mestre em Letras e Linguística pelo Programa de Pós Graduação em Letras e Linguística da Universidade Federal de Goiás. Autora do livro *Fetiche neo-orientalista* (2016), publicado pela editora UFG (CEGRAF). É membro do Grupo de Pesquisa do Núcleo de Estudos Interdisciplinares da Alteridade – NEIA/UFMG.

Luciana Martins Diogo

Possui Graduação em Ciências Sociais pela USP e Mestrado em Culturas e Identidades Brasileiras pelo Instituto de Estudos Brasileiros da USP (2016), com a dissertação "Da sujeição à subjetivação: a literatura como espaço de construção da subjetividade, os casos das obras Úrsula e *A escrava*, de Maria Firmina dos Reis". Seus principais temas de atuação e pesquisa são: literatura, raça e gênero; literatura e cultura afro-brasileiras.

Norma Telles

Graduada em História pela Universidade de São Paulo, Mestre em Ciências Sociais pela Pontifícia Universidade Católica de São Paulo e Doutora em Ciências Sociais também pela Pontifícia Universidade Católica de São Paulo, onde foi professora de 1978 a 2006 no Departamento de Antropologia e do Programa de Estudos Pós-Graduados em Ciências Sociais. Dentre outros, publicou *Encantações: escritoras e imaginação literária no Brasil – Século XIX* (São Paulo: Intermeios, 2012).

Rafael Balseiro Zin

Graduado em Sociologia e Política pela Escola de Sociologia e Política de São Paulo, Especialista em Estudos Brasileiros: sociedade, educação e cultura, Mestre em Ciências Sociais pela Pontifícia Universidade Católica de São Paulo, com o estudo "Maria Firmina dos Reis: a trajetória intelectual de uma escritora afrodescendente do Brasil oitocentista". Atualmente é doutorando em Ciências Sociais, pela Pontifícia Universidade Católica de São Paulo, onde participa, como pesquisador, do Núcleo de Estudos em Arte, Mídia e Política (Neamp).

Rilza Rodrigues Toledo

Graduada em Letras, Português/Inglês, pela Universidade Presidente Antônio Carlos, Mestre em Letras pelo Centro de Ensino Superior de Juiz de Fora e também Mestre em Psicopedagogia pela Universidad de La Habana. Especialista em Língua Portuguesa, Literatura Brasileira, Princípios e Recursos Pedagógicos em Música; Supervisão e Inspeção Escolar, é Professora Titular da FUPAC – Fundação Presidente Antônio Carlos, em Visconde do Rio Branco e Ubá. Publicou: *Língua Portuguesa textos, aspectos gramaticais e redação técnica* (2014).

Rosália Diogo

Jornalista, Mestre em Psicologia Social pela UFMG, e Doutora em Letras pela PUC-MG, com a tese "Conceição Evaristo e Paulina Chiziane: Escritas de Resistência". Cumpriu estágio pós-doutoral em Antropologia pela Universidade de Barcelona. Professora titular da Prefeitura Municipal de Belo Horizonte, é membro do Conselho Editorial das revistas Literatas e Baía / Moçambique, e autora dos livros *Mídia e Racismo* (2004) e *Rasuras no espelho de Narciso – educadoras negras e a crítica à representação de negros/as na mídia* (2008), entre outros.

Rosangeli de Fátima Batigniani

Graduada em História pela Universidade Estadual de Montes Claros, tem Especialização em História pela Universidade Estadual de Montes Claros, e Mestrado pelo Programa de Pós-Graduação em História também pela UNIMONTES. Atualmente é professora da Rede Municipal de Ensino Fundamental II, da Prefeitura Municipal de Bocaiúva-MG.

Vânia Maria Ferreira Vasconcelos

Doutora em Literatura Contemporânea pela Universidade de Brasília, Mestre em Literatura pela Universidade Federal do Ceará, e pesquisadora dos Grupos Vozes Femininas e Afroletrias. É professora da Universidade da Integração Internacional da Lusofonia Afro Brasileira, no Campus dos Malês-BA. Publicou *No colo das Iabás – maternidade, raça e gênero em escritoras afro-brasileiras* (2015).

Esta obra foi composta em Arno Pro Light (miolo) e Fine Blackboard (títulos), impresso pela RENOVAGRAF sobre papel Pólen Soft 80, para a Editora Malê, em São Paulo, em agosto de 2020.